Anonymous

Vereinigten Staaten Briefsteller

Oder, Anleitung zur richtigen Abfassung aller in den allgemeinen

Lebensverhältnissen, sowie im Geschäftsleben der Vereinigten Staaten

vorkommenden Briefe, Aufsätze, Urkunden

Anonymous

Vereinigten Staaten Briefsteller
Oder, Anleitung zur richtigen Abfassung aller in den allgemeinen Lebensverhältnissen, sowie im Geschäftsleben der Vereinigten Staaten vorkommenden Briefe, Aufsätze, Urkunden

ISBN/EAN: 9783337413521

Hergestellt in Europa, USA, Kanada, Australien, Japan

Cover: Foto ©Suzi / pixelio.de

Weitere Bücher finden Sie auf **www.hansebooks.com**

Vereinigten Staaten Briefsteller,

oder

Anleitung zur richtigen Abfassung

aller in den allgemeinen

Lebensverhältnissen, sowie im Geschäftsleben

der

Vereinigten Staaten

vorkommenden Briefe, Aufsätze, Urkunden ec.,

nebst einer

Einleitung über Rechtschreibung und Interpunktion

und einem

Anhange von Gelegenheitsgedichten.

Zwölfte Auflage.

Philadelphia:

Verlag von Schäfer und Koradi.

1871.

Inhalt.

Einleitung.

Briefsteller.
Erste Abtheilung.
Glückwunschbriefe.

Zweite Abtheilung.
Bitten, Empfehlungen, Entschuldigungen, Vorwürfe.

Dritte Abtheilung.
Dank-, Beileid-, Trost-Schreiben und freundschaftliche Briefe.

(II)

Vierte Abtheilung.

Erinnerungen. Berichte. Einladungen.

Fünfte Abtheilung.

Liebesbriefe und Heirathsanträge.

Sechste Abtheilung.

Geschäftsbriefe.

Siebente Abtheilung.

Geschäftsaufsätze.

Achte Abtheilung.

Kauf- und Tausch-Verträge.

Neunte Abtheilung.

Mieth- und Pachtverträge.

Siebenzehnte Abtheilung.

Schuldscheine und Verschreibungen, Bodmereibriefe, Bürgschaften und Cautionen.

Achtzehnte Abtheilung.

Pfandscheine.

Neunzehnte Abtheilung.

Quittungen. Verzichte. Rechnungen.

Zwanzigste Abtheilung.

Ein und zwanzigste Abtheilung.

Englische Buchführung.

Zwei und zwanzigste Abtheilung.

Anhang.

Einleitung.

Ueber Orthographie und Interpunktion.

Da es ein Haupterforderniß eines guten Briefes ist, daß er keine orthographischen Fehler enthält, so schicken wir unsern Musterbriefen die nöthigen Winke über Orthographie (Rechtschreibung) und Interpunktion (Zeichensetzung) voraus.

Die Orthographie ist der Inbegriff der Regeln, nach denen das Hochdeutsche schriftlich dargestellt werden muß. Die wichtigsten derselben sind:

I. Schreibe jedes Wort so, wie es im Hochdeutschen ausgesprochen wird, dann wirst du mit Leichtigkeit folgende so häufig vorkommende Fehler vermeiden; du wirst:

1. keinen Buchstaben zu viel setzen, z. B. nicht: Vatter statt Vater;

2. keinen Buchstaben zu wenig setzen, z. B. nicht: Schue statt Schuhe, Futer statt Futter;

3. keinen Buchstaben an eine falsche Stelle setzen, z. B. nicht: handlen statt handeln, Bauren statt Bauern;

4. keinen Buchstaben mit einem andern verwechseln, z. B. nicht: Tach statt Dach, Freinde statt Freunde, Riebe statt Rübe.

II. Wenn du im Zweifel bist, wie du ein Wort zu schreiben hast, so besinne dich, von welchem Worte es abstammt und schreibe es demgemäß. Schreibe also z. B. Handlung, nicht Hantlung, denn es kommt von „handeln" her; Herrschaft, nicht Herschaft, denn es kommt von „Herr" und „herrschen" her.

Viele von andern herstammende Wörter erhalten einen Umlaut. So kommt das Wort räuchern von Rauch her; das a erleidet den Umlaut ä. Man darf also nicht reuchern, oder gar raichern schreiben. Rühmen von Ruhm, höhnisch von Hohn, häuslich von Haus.

III. Bei solchen Wörtern, deren Abstammung du nicht aufzufinden vermagst, richte dich einfach nach dem Schreibgebrauch, d. h. merke genau darauf, wie diese Wörter von gebildeten Menschen geschrieben werden oder in guten Büchern gedruckt sind. Solche Wörter sind z. B. behende, emsig, Becher ꝛc.

1 [1]

Ganz dasselbe merke dir bei Fremdwös: ein die in unsere Sprache eingebürgert sind: z. B. Physik, Philoso.hie, Rheumatismus.

Beim Schreiben fremder Wörter und Namen darfst du dich nicht danach richten, wie sie in unserer Sprache ausgesprochen werden, also z. B. nicht Buttelje, sondern Bouteille; nicht Mähr, sondern Mayor. Namentlich merke dir dies auch bei Eigennamen, also z. B. nicht Cäß, sondern Caß; nicht Pihrs, sondern Pierce; nicht Nu York, sondern New York. Auch mußt du Eigennamen genau mit ihren eigenthümlichen Buchstaben bezeichnen. Schreibe also z. B. nicht Zäsar statt Cäsar, Kristus statt Christus, Zinzinnati statt Cincinnati.

IV. **Achte genau darauf, wo du einen großen Buchstaben zu setzen hast.** Große Buchstaben gebraucht man:

1. **In allen Hauptwörtern** und solchen, die zu Haup.-wörtern erhoben sind. Groß geschrieben werden also: Krieg, Mann, Tugend, Tisch; ferner alle Eigennamen, wie: Carl, Friedrich, Marie, Webster, Delaware, Philadelphia, Illinois; ferner solche Eigenschafts- und Zeitwörter, die zu Hauptwörtern erhoben sind, z. B.: der Weise, der Kranke, das Stehlen, das Lügen.

2. **Zu Anfang eines Satzes.** Ein neuer Satz beginnt nemlich dann, wenn der Sinn des vorhergehenden Satzes vollendet ist, was bald durch einen Punkt (.), bald durch ein Fragezeichen (?), bald durch ein Ausrufungszeichen (!) angedeutet wird. Doch pflegt man, wenn die Rede eines Anderen wörtlich angeführt wird, auch nach dem Doppelpunkt (:) einen großen Buchstaben folgen zu lassen; z. B.: Er fragte mich: „Wie alt bist du?" Ich antwortete: „Am 3. April werde ich zwanzig Jahre alt." — Hinter dem Frage- und Ausrufungszeichen wird jedoch in einem Falle kein großer Buchstabe gesetzt; dann nemlich, wenn sie in einem fortlaufenden Satze nur den Ton der Rede bezeichnen, z. B.: Aber mein Gott! wie kalt ist es heute!

3. **Am Anfang jeder Zeile in Gedichten,** z. B.:

> Auch unser edles Sauerkraut,
> Wir sollen's nicht vergessen;
> Ein Deutscher hat's zuerst gebaut,
> Drum ist's ein deutsches Essen. (Uhland.)

4. **Bei allen Anredewörtern** in Briefen und anderen schriftlichen Anreden, also namentlich bei Fürwörtern: Du, Dir, Dich, Ihr, Ihnen, Sie; und bei andern Titelwörtern, wie: Ew. Excellenz ꝛc.

V. Gebrauche die einzelnen Buchstaben stets richtig.

Im Allgemeinen merke dir hierbei Folgendes

1. Wenn ein Vokal gedehnt ausgesprochen wird
so ist dieß oft auch in der Schrift angedeutet und zwar auf verschiedene Weise:

   a. Durch Verdoppelung des Vokals, z. B. Aal, Haar, Saal,
      Meer, Seele, Moos, Boot. (Beim u ist dieß jedoch nie
      der Fall.)

   b. Bei dem gedehnten Vokal i durch ein eingeschobenes stummes e, z. B. Spiel, die, dieser, dienen.

   c. Durch ein eingeschobenes h, z. B. Kahn, Sohn, Stuhl,
      kühl.

   d. Jedoch gibt es auch eine große Menge von Wörtern, in
      welchen ein Vokal gedehnt ausgesprochen wird, ohne daß
      dieß in der Schrift besonders bezeichnet ist, so in den Fürwörtern der, dem, den, in hören, Honig, Schale, schön,
      Strom, Bibel, Biber x., und namentlich auch in den
      Nachsylben bar, sam, sal, z. B. wunderbar, heilsam,
      Schicksal.

   e. Das ih ist nur in den Fürwörtern ihm, ihn, ihnen, ihrer,
      ihr x. gebräuchlich.

   f. ieh steht außer in Vieh nur in Wörtern, in welche das h
      durch die Abstammung hineinkommt, z. B. er stiehlt, sieht,
      befiehlt von stehlen, sehen, befehlen.

   g. Das y gebraucht man jetzt nur noch in solchen Wörtern,
      die aus fremder Sprache entlehnt sind, wie: Sylbe, Asyl,
      Lyceum, Tyrann, Physik x.

2. Bei den Consonanten merke dir Folgendes:

   a. Der Laut d steht häufig nach n, also in den Participien
      und Endsylben end und and, z. B. hoffend, wissend. Heiland, Niemand; ferner in Bad, Brod, Tod, Held x.

   b. Das t dagegen ist gebräuchlich in den Endsylben et und
      te, entlich, heit, keit und icht, z. B. hoffet, hoffte, hoffentlich, wissentlich, Freiheit, Zufriedenheit, neblicht. Ferner
      in den Anfangssylben ant und ent, sowie in den Wörtern
      fort und mit und den damit zusammengesetzten, z. B. Antwort, Antlitz, Entschluß, Entwurf, Fortsetzung, Mittheilung.

   c. Das dt, aus der Sylbe det zusammengezogen, kommt
      außer Stadt, Städter und todt nur in Participien vor,
      z. B. beredt, gesandt, verwandt.

   d. Das th besonders in den Endsylben ath, uth und thum,
      wie Heirath, Hausrath, Armuth, Wehmuth, Christenthum.

Fürstenthum; ferner im Wortanfang, z. B. Thal, Thräne, Thau, Thurm ꝛc.

e. Das ht ist aus der Sylbe het entstanden und kommt nur in Zeitwörtern vor, z. B. blüht, geht, steht. — Das tt schreibt man in Duett, Terzett, Quartett ꝛc.

f. Der Laut f steht regelmäßig in den Endsylben haft und schaft, z. B. glaubhaft, Freundschaft. — Das ff steht nach einem Vokal, der kurz ausgesprochen wird, z. B. treffen, trefflich, schlaff ꝛc.; steht aber in der Stammsylbe noch ein Consonant, so wird nur das einfache f gebraucht, z. B. Luft, Duft, Kraft, Schrift. — Das pf steht zu Anfang in Pfand, Pfad, Pfahl, Pferd, pfropfen, pflücken ꝛc., und zu Ende in Dampf, Schimpf, Strumpf, stumpf ꝛc.

g. Das ph findet man nur in wenigen deutschen Wörtern, wie Adolph, Rudolph, Epheu, Kampher, dagegen in vielen Fremdwörtern, wie Alphabet, Apostroph, Delphin, Kata-strophe, Paragraph, Phlegma, Philosophie, Triumph, ꝛc.

h. Das v kann weder vor einem Consonanten, noch vor den Vokalen u, ü und i stehen. Nur in den Wörtern viel, voll, von, vor und der Endsylbe ver und in den damit zu-sammengesetzten Wörtern ist es gebräuchlich. Außerdem kommt es noch in wenigen deutschen Wörtern vor, als: Vater, Gevatter, Vetter, Veilchen, Vers, Vieh, vier, Vogel, Volk. In Fremdwörtern hat das v in der Endung iv seine Stelle, z. B. Archiv, massiv, passiv.

i. Das g wird regelmäßig gebraucht bei Adjectiven in der Endsylbe ig, wenn entweder kein l vor dieser Sylbe vorher-geht, oder dieses zum Stammworte gehört, als: eifrig, eilig, gefällig, gnädig. Ferner steht es in den Endsylben ung und ling, als: Handlung, Hoffnung, Findling; fer-ner in Gunst, Grab, Glocke, gloßen, Gelag, Zwang, Zwerg, sang, Krieg.

k. Das ch, das niemals verdoppelt wird, steht in der End-sylbe lich der Adjective, wenn das Stammwort sich nicht auf t endigt, als: brüderlich, täglich, ziemlich; in der End-sylbe icht, z. B. dornicht, thöricht. Bei den Substantiven in der Endsylbe rich und chen, als: Fähnrich, Gänserich, Wütherich, Häuschen, Mädchen, Blümchen. Zu Anfang steht es in keinem eigentlich deutschen Wort, außer in Charfreitag, Charwoche.

l. Das ck steht nur nach einem kurzen Vokal, als: Backe, Blick trocken, Zucker; das k nach einem Consonanten oder gedehnten Vokal oder auch Doppelvokal, also Bank, Dank.

Zank, Ekel, Haken, Pauke, Schaukel. — Das j (Jod) wird nur vor einem Vokal gebraucht, z. B. jetzt, Jahr, Jammer, Jungfer; ferner in zusammengesetzten Wörtern, z. B. in Vierteljahr, verjüngen. — Das qu lautet in der Aussprache wie kw in Qual, quälen, Qualm, Quelle, Quitte.

m. Die Consonanten l, m, n, r werden nach einem gedehnten Vokal oder Doppelvokal einfach, nach einem kurzen aber doppelt geschrieben; z. B. viel, allmählig, Wallfahrt, dem, Damm, an, Anna, gar, scharren.

n. Das lange ſ steht am Anfange, das kurze s am Ende einer Sylbe; z. B. Sack, salben, Gras, versenken, Glasbläser. Dagegen bleibt das lange ſ ausnahmsweise auch am Ende der Sylbe, wenn es vor einen Apostroph zu stehen kommt, z. B. „weiſ' und gut." — Das ſſ findet sich nur zwischen zwei kurzen Vokalen, z. B. Gasse, fassen, lassen; das ß nach einem langen Vokal oder Doppellaut, z. B. süß, heiß, aßen, grüßen, Fleiß, ꝛc., und in den kurzen Sylben miß und niß: Mißtrauen, mißrathen, Finsterniß, Aergerniß. — Das ſt steht, wenn zwischen dem ſ und t kein e weggefallen ist, z. B. Lust, fasten ꝛc. — Das ßt steht für ßet und ſſet, z. B. ihr schließt, laßt, müßt.

Einer besondern Beachtung bedürfen: das und daß. Das schreibt man, wenn es entweder Geschlechts- oder Fürwort ist. Im ersteren Falle steht es vor einem Hauptworte (das Feld, das Glas, das Bier), und im letzteren Falle kann es mit dieses oder welches verwechselt werden; z. B.: Das (dieses) hat seine Richtigkeit. Das Buch, das (welches) du mir geliehen hast, ist lehrreich.

Daß schreibt man, wenn es Bindewort ist, also in zusammengesetzten Sätzen die einzelnen Satzabtheilungen mit einander vereinigt; z. B.: Ich fürchte, daß es regne. Daß Gott gerecht ist, beweist die Erfahrung. (Die Erfahrung beweist, Gott ist gerecht — verbunden durch daß.) Das (dieses) ist die Liebe zu Gott, daß wir seine Gebote halten.

Nicht minder wichtig als die Orthographie ist die Interpunktion (Zeichensetzung), denn sie trennt nicht allein die Sätze und Satzglieder, sondern bestimmt auch den Ton und Nachdruck, mit welchem ein Satz oder ein Wort gesprochen werden soll. Die Interpunktionszeichen sind folgende:

1. Das Komma oder der Beistrich (,) trennt die einzelnen Gedanken und Sätze, und steht vor und nach jedem Zwischensatze

1*

vor allen beziehenden Fürwörtern und den meisten Bindewörtern, z. B.: so, damit, daß, weil 2c.

Die Bindewörter und und und oder leiden nur dann ein Komma vor sich, wenn ihnen ein neues Subjekt oder Gegenstandswort der Rede nachfolgt. Es steht ferner vor und nach eingeschobenen Anreden und verkürzten Sätzen. Z. B.:

Das Haus, das ich gestern kaufte, ist schön.

Ich habe es Ihnen, theuerster Freund, schon vor zwei Monaten geschrieben 2c.

Wenn sich die Sache so verhält, oder er bezeugt Reue über seinen Fehler, dann 2c.

Ich grüßte ihn höflichst, und er dankte mir freundlichst.

Dort fand er, kaum angelangt, zwei alte Freunde, die sich seiner auf das Kräftigste annahmen 2c.

2. Das Semikolon oder der Strichpunkt (;) trennt Vorder- und Nachsätze, die Grund und Folge enthalten, von einander und steht überhaupt da, wo ein Komma zu wenig und ein Punkt zu viel sein würde; besonders gebraucht man es vor den Bindewörtern denn, aber, allein, daher, also, dagegen, vielmehr, indessen, dennoch.

3. Das Kolon oder der Doppelpunkt (:) wird gesetzt 1) um einen aus mehreren gleichartigen Sätzen bestehenden Vordersatz vom Nachsatz, der dann in der Regel mit so anfängt, zu scheiden (doch setzen hier viele statt des Doppelpunktes ein Semikolon); 2) wenn man seine oder eines Andern Worte wörtlich anführt; 3) wenn Beispiele angeführt oder verschiedene Sachen aufgezählt werden, also namentlich nach den Wörtern: als, nämlich, folgende 2c.

a. Obgleich Napoleon fast ganz Europa in Schrecken gesetzt hatte, obgleich ihm die Truppen und ungeheure Geldsummen seiner Verbündeten zum beliebigen Gebote standen: so zitterte doch Rußland nicht 2c.

b. Er sagte zu mir: „Ich thue, was in meinen Kräften steht" 2c.

c. Unter den zahmen Thieren sind dem Menschen vorzüglich nützlich: das Pferd, der Hund 2c.

4. Das Fragezeichen (?) steht nach einer ausdrücklichen, direkten Frage, worauf eine Antwort erwartet wird oder folgen kann. Z. B.: Hat er Dir das wirklich versprochen? Ja. Wird die Frage nur erzählungsweise angeführt, so bleibt das Fragezeichen weg; z. B. er fragte mich wohl, ob ich diese Arbeit liefern könnte; allein 2c.

5. Das Ausrufungszeichen (!) wird nach jedem Ausrufe, einer lebhaften Gemüthsbewegung, der Bitte, des Befehls 2c. gesetzt, z. B. O! welch' herrlicher Anblick ist dies! Komm mit! ich

bitte Dich darum! Sogleich entferne Dich! Das Ausrufungszeichen steht aber auch nach jeder Anrede in Briefen, z. B.: Lieber
Freund! Geehrter Herr!

6. Der Punkt (.) dient dazu, die Vollendung eines Satzes
oder einer Periode anzudeuten, ferner steht er nach Ueberschriften, bei
abgekürzten Wörtern und hinter Zahlen, wenn jede einzeln für sich
ausgesprochen werden soll.

7. Der Gedankenstrich (—) wird gebraucht: a) hinter
einem Punkte am Ende einer Periode, mit welcher eine lange Ge-
dankenreihe geschlossen wird. b) wenn man absichtlich Etwas in
Gedanken behält und voraussetzt, daß der Leser das nicht Ausge-
sprochene verstehen und sich selbst hinzudenken wird; z. B. ich wünsche jetzt nach solchen Erfahrungen, ich wäre nie darauf eingegangen·
doch — — —. Was hilft nach Geschehenem klagen. c) Wenn
man die Aufmerksamkeit auf das Folgende richten will, um dies
besonders hervorzuheben; z. B. der Mensch muß vor allem darauf
bedacht sein—vernünftig zu handeln. Was ist's denn, das er gethan
hat?—nichts; d) wird es häufig auch statt des Einschlußzeichens
oder der Parenthese gebraucht; z. B. der bescheidene, gute Vater, —
du kennst ihn ja, — er blieb, wie er war; nichts vermochte seine Gesinnung zu ändern, obschon er oft verkannt wurde.

8. Die Parenthese oder das Einschließungszei-
chen () [] dient theils dazu, einen erklärenden Beisatz, der in den
eigentlichen Satz eingeschaltet wird, einzuschließen, z. B. die Han-
delsregulationen (so nannte das britische Parlament seine bedrücken-
den Zollgesetze,) wurden eine furchtbare Last der Colonien; theils
gebraucht man sie, wenn man einige erklärende Worte, Uebersetzung
u. dgl. beifügt, z. B. Festina lente (eile mit Weile) ist ein vernünf-
tiger Grundsatz.

9. Der Apostroph, oder das Auslassungszeichen (')
steht, wenn theils des Versmaßes, theils des Wohlklanges wegen
eine Sylbe ausgelassen wird; vorzüglich in Zusammenziehungen,
wie: Ihr reis't, las't ꝛc.; die Ebb' und Fluth; all' mein Geld ꝛc.

10. Der Trennpunkt (¨) zeigt an, daß zwei Vokale nicht
in einen Laut zusammengezogen werden sollen, z. B. Aëronau-
tik ꝛc.

11. Das Theilungszeichen (-) dient zur Theilung mehr-
sylbiger Wörter am Ende der Zeile. Dasselbe Zeichen wird indessen
auch gebraucht, wenn zusammengesetzte Wörter hinter einander so
stehen, daß der eine Theil des Wortes bei allen folgenden Wörtern
derselbe ist. Dieser Theil wird dann nicht bei allen Wörtern geschrieben, sondern nur bei dem letzten Wort; z. B. alle Spiele, Kar-
ten-, Würfel- und Schachspiel, oder wie sie alle heißen mögen, ich

verstehe keins.—Wollzeug-, Leinwand-, Baumwollfabriken sind in
diesem Ort im lebhaften Betrieb.

12. Das **Anführungszeichen** („ ") steht, wenn die Worte
eines Andern unverändert angeführt werden; z. B. Er sagte. „das
Herz macht unsern Werth, nicht Purpur oder Krone;" oder „Thue
Recht, scheue Niemand," dies Wort werde ich nie vergessen und
stets danach handeln.

Allgemeine Regeln für den Briefschreiber.

In jedem Briefe muß eine **vernünftige Gedanken-
folge** herrschen. Man bedenke daher, ehe man den Brief anfängt,
genau, was man schreiben will und bringe es in eine gehörige
Ordnung.

Der **Eingang** des Briefes sei kurz und nicht weit hergeholt, der
Schluß ebenfalls kurz.

Da der Brief die Stelle der mündlichen Unterhaltung vertritt, so
muß er natürlich sein, d. h. man muß gerade so schreiben, wie es
Einem um's Herz ist, ganz so, wie man denkt und zu sprechen pflegt.
Doch ist zu bedenken, daß man in einem Briefe den Regeln des An-
standes noch ängstlicher Rechnung tragen muß, als in der mündlichen
Rede, denn das geschriebene Wort wiegt schwerer, als das gesprochene.
Deshalb ist im Briefe auch manches Wort, manche Redensart
nicht erlaubt, die man bei einem gewöhnlichen Gespräche verzeiht.
Der Briefstyl verlangt mehr Fleiß in Auswahl und Einkleidung der
Gedanken; er verträgt sich nicht mit dem an das Niedrige Grenzen-
den, sondern man muß unter einem Briefe ein solches Gespräch verstehen, wie es gut **erzogene** und **wohlgesittete** Menschen
unter einander zu führen pflegen.

Außer einer sprachrichtigen, faßlichen und gewandten Schreibart
kommt demnach beim Briefschreiben insbesondere die gehörige Berücksichtigung der Verhältnisse in Betracht, namentlich Berücksichtigung
der Person, an welche man schreibt, weshalb denn zum Schreiben
eines guten Briefes auch Kenntniß des menschlichen Herzens gehört.

Will man einen Brief schreiben, so bedenke man kurz, an wen man
schreiben muß:

1. Ob man von der Person, an die man schreibt, **gekannt** ist?
2. Ob sie unser **Vorgesetzter** ist, oder nicht?
3. Ob sie unser **Freund** ist, oder ob man das Gegentheil zu
   vermuthen Ursache hat?

Schreibt man an Jemand, von dem man nicht **gekannt** ist, so
muß man von vornherein einen günstigen Eindruck auf ihn zu
machen suchen. Man benutze die etwaige Bekanntschaft mit Br—

wandten oder Freunden deſſen, an den man ſchreibt, ein gleiches Va-
terland, Aehnlichkeit des Berufes und Geſchäfts u. dgl.

Bei Briefen an Vorgeſetzte und hochſtehende Perſonen muß man
natürlicher Weiſe höflicher ſein, als bei Briefen an nahe Freunde
und Angehörige, doch darf die Höflichkeit nie in Servilität und niedrige Schmeichelei übergehen.

An Verwandte, Freunde und Geliebte ſchreibt man
in eben dem Tone, mit eben den Ausdrücken, deren man ſich in der
mündlichen Unterredung mit ihnen bedienen würde. Solche Briefe
enthalten ganz den reinen und unverfälſchten Ausdruck der Sprache
des Herzens, und obſchon in allen Briefen Natürlichkeit
herrſchen ſoll, ſo wird und kann dies insbeſondere in den Briefen an
Verwandte, Freunde und Geliebte ſtattfinden, weil dieſe unſerem
Herzen nahe ſtehen, während die andern Briefe durch äußere Verhältniſſe beſtimmt werden, die nicht unberückſichtigt bleiben dürfen.

Am behutſamſten und rückſichtsvollſten muß man in Briefen an
das ſchöne Geſchlecht zu Werke gehen. Denn die Eitelkeit
der Frauen kann des Lobes nicht entbehren, doch darf es nicht gar
zu dick aufgetragen werden. Redlichkeit und Wahrheitsliebe müſſen
auch hier zum Leitſterne dienen.

Die Titulatur

iſt im Lande der Freiheit und Gleichheit kein ſo ſchwieriges Ding,
wie in dem von Majeſtäten, Königlichen Hoheiten, Durchlauchten,
gräflichen und hochwohlgebornen Gnaden, Excellenzen, Magnificen-
zen, Hochedelgeborenen, Wohledelgeborenen, Hochedlen, Geſtrenger
u. ſ. w. wimmelnden Deutſchland. Der Amerikaner giebt ſeinem
Mitbürger, auch wenn er ihm nicht näher ſteht, nur die einfachen
Titel: „Werther Herr oder Geehrter Herr“ und macht nur bei den
(von ihm ſelbſt gewählten) Würdeträgern in Staat und Kirche
eine Ausnahme, die durchaus nichts Erniedrigendes für ihn enthält:

Der Präſident.

An Seine Excellenz, Franklin Pierce, Präſident der Vereinigten
Staaten.

Der Vice-Präſident.

An Seine Excellenz, David R. Atchiſon, Vice-Präſident der Vereinigten Staaten.

Die Gouverneurs der Staaten und Territorien.

**An Seine Excellenz, William Bigler, Gouverneur von Pennſyl-
vanien.**

Vereinigte Staaten-Senatoren und Repräsentanten.

An Seine Ehren (an den ehrbaren), Lewis Caß, Vereinigte Staaten-Senator von Michigan, Washington, D. C.
An Seine Ehren, Thomas H. Benton von Missouri, Repräsentantenhaus, Washington, D. C.

Kabinets-Mitglieder

und andere hohe Beamte der Bundesregierung werden ebenfalls titulirt:

An Seine Ehren, Jefferson Davis, Kriegssekretär.

Richter

der oberen und der unteren Gerichtshöfe werden titulirt:

An Seine Ehren . . . . ., Oberrichter der Supreme Court der Vereinigten Staaten.
An Seine Ehren . . . . ., Gerichtspräsident des 3ten Justizbezirks von Ohio.

Die Offiziere der Flotte und Landarmee

werden mit ihrem militärischen Titel adressirt:

Capitän Duncan N. Ingraham, Commandeur der Vereinigten Staaten Kriegsschaluppe St. Louis.
Hauptmann . . . . ., Compagnie D, fünftes Vereinigte-Staaten Infanterieregiment.

Friedensrichter

und alle niederen Civil- und Gemeindebeamten werden titulirt:

N. N., Esq., Friedensrichter.
N. N., Esq., Vereinigte-Staaten Marschall, westlicher Bezirk von Ohio.

Geistliche.

Hochwürdiger N. N., Bischof der protestantischen Episcopal-Kirche, in der Diöcese New York.
Ehrwürdiger Dr. Georgii, Camden, N. J.

Aeußere Ausstattung des Briefes.

Da die Briefe sehr leserlich geschrieben sein sollen, so kommt es vor Allem auf eine gute Feder an. Jedermann muß aus eigener Erfahrung wissen, welche Art von Federn seiner Hand am meisten zusagt.

Man nehme immer eine schöne, schwarze Tinte. Rothe und blaue Tinte sind in Briefen nicht am Platze.

Was das Papier betrifft, so ist das quartförmige Briefpapier schon wegen seines Formates jedem andern vorzuziehen, nur muß es von einer recht weißen Sorte sein. Natürlich hat man sich beim Schreiben der äußersten Reinlichkeit zu befleißigen.

Als Couvert bediene man sich der in neuester Zeit so wohlfeil und beliebt gewordenen Envelopes.

Ist ein Brief nicht lang, so suche man ihn stets auf e i n e Seite des Papieres zu bringen. Das Datum setzt man hier zu Lande in der Regel an den Anfang des Briefes, ungefähr einen Zoll vom obern Ende des Bogens und zwar so, daß es bis an das rechte Ende der Seite reicht, also:

Trenton, New Jersey, 12. Dezember 1853.

Die Anrede schreibt man etwas unter das Datum und zwar auf das linke Ende der Seite, nämlich so:

New York, 10. Dezember 1853.

Geehrter Herr!

Ihr Werthes vom 5ten d. M. habe ich erhalten und beeile mich, Ihnen die gewünschte Auskunft zu ertheilen.

Dieselbe Symmetrie beobachte man am Schlusse des Briefes, und zwar so:

Mit Hochachtung

Heinrich Simon.

Ist der Brief kurz, so suche man ihn möglichst in die Mitte des Bogens zu bringen.

Eine üble Gewohnheit sind die Nachschriften (Postscripte); sie sind leicht zu vermeiden, wenn man sich, ehe man den Brief beginnt, entweder im Kopf oder auf dem Papier ein Schema seines Inhaltes macht.

Briefporto.

Hinsichtlich des Briefportos hat man sich Folgendes zu merken:

Frankirte Briefe innerhalb des Gebietes der V e r e i n i g t e n S t a a t e n (ausgenommen Oregon und Californien) bezahlen, wenn sie nicht über ½ Unze wiegen, 3 Cents; unfrankirte 5 Cents. Jede halbe Unze Mehr-Gewicht kostet bei frankirten Briefen 3 Cents, bei unfrankirten 5.

Der frankirte Brief nach C a l i f o r n i e n und O r e g o n bezahlt, wenn er nicht über ½ Unze wiegt, 6 Cents; der unfrankirte 12 Cents. Jede halbe Unze Mehrgewicht kostet bei frankirten Briefen 6 Cents, bei unfrankirten 12.

Bezüglich der Correspondenz mit fremden Ländern, namentlich mit Europa, hat man sich, wenn man eine schnelle Beförderung des Briefes wünscht, genau die Abgangszeit der Postdampfschiffe zu meren, die in jedem Jahre vom Generalpoſtmeiſter bekannt gemacht wird und bei jedem einzelnen Schiffe ſtets einige Tage vor ſeinem Abgange in den Zeitungen zu leſen iſt.

Folgendes ſind die Porto-Anſätze für Briefe nach und von Europa. Auf den Linien New York-Liverpool und New York-Southampton (und gleicherweiſe auf den britiſchen Linien) beträgt das Porto eines einfachen Briefes nach oder von jedem Punkte der Vereinigten Staaten (außer Oregon und Californien), ſowie nach oder von jedem Punkte Großbritaniens 24 Cents, gleichviel ob der Brief frankirt iſt oder nicht. Das Porto für den einfachen Brief von Californien und Oregon nach Großbritanien oder umgekehrt beträgt 29 Cents.

Das Porto des einfachen Briefes nach oder von Bremen, auf der Bremer Linie, beträgt 10 Cents, gleichviel ob der Brief frankirt iſt oder nicht.

Das Porto des einfachen Briefes nach oder von Frankreich, auf der Havre-Linie, beträgt 20 Cents und muß vorausbezahlt werden.

Auf der preußiſchen geſchloſſenen Poſt, welche zweimal wöchentlich befördert wird, beträgt das Porto des einfachen Briefes nach Preußen, Oeſtreich und allen andern deutſchen Staaten 30 Cents, worunter aber das volle Porto (auch noch vom Landungsplatze zum Beſtimmungsorte) verſtanden iſt, gleichviel ob man den Brief frankirt oder nicht.

Alle Briefe nach und von fremden Ländern (ausgenommen die britiſchen Provinzen von Nordamerika) bezahlen das einfache Porto, wenn ihr Gewicht ½ Unze nicht überſteigt; ſie bezahlen doppeltes Porto, wenn ihr Gewicht über eine halbe Unze, aber nicht mehr als eine Unze beträgt; das vierfache Porto, wenn ihr Gewicht über eine Unze, aber nicht mehr als zwei Unzen beträgt, und ſo fort immer den zweifachen Betrag mehr für jede Unze oder den Bruchtheil einer Unze, der die erſte Unze überſteigt.

Das Porto für den einfachen Brief nach Mexiko beträgt auf der New Orleans und Vera Cruz Vereinigte Staaten-Dampfſchiff-Linie, wenn der Beſtimmungsort nicht über 2500 Meilen von der Poſt entfernt iſt, 10 Cents, wenn er über 2500 Meilen entfernt iſt, 20 Cents und iſt vorauszubezahlen.

Das Porto für den einfachen Brief nach Cuba und britiſch Weſtindien beträgt, wenn der Beſtimmungsort nicht über 2500 Meilen von der Poſt entfernt iſt, ebenfalls 10 Cents, bei mehr als 2500 Meilen ebenfalls 20 Cents. Dagegen bezahlt der einfache Brief nach den nicht britiſchen Theilen Weſtindiens, ſowie nach Carthagena (Neugranada), Honduras und San Juan (Nicaragua), wenn die Entfernung nicht über 2500 Meilen beträgt, 34 Cents, bei mehr als 2500 Meilen 44 Cents.

Briefsteller.

Erste Abtheilung.

Glückwünschungsbriefe.

1) Glückwünsche zum Geburts- oder Namenstage.

1. An einen Vater.

Geliebter Vater!

Noch wenige Tage, und Dein Geburtstag ist wieder da, und ich sehe schon, wie Mutter und Geschwister an demselben Dir mit Geschenken entgegen kommen, um Dir ihre Liebe zu bezeigen. Ach! ich kann diesmal nicht unter Euch sein, auch nicht einmal ein kleines Geschenk als Beweis meiner Liebe und Dankbarkeit schicken. Aber in einem Briefe will ich wenigstens Liebe und Dank aussprechen, und ich weiß, Du wirst Dich auch darüber freuen. — Ja, theurer Vater, von Liebe und Dank gegen Dich ist mein Herz beständig erfüllt, vornehmlich aber heute, wo der Gedanke an Deinen bevorstehenden Geburtstag die Erinnerung an die unzähligen Beweise der Liebe und Güte, die ich Dir sowie der Mutter verdanke, erneuert. Wie so liebevoll hast Du nicht immer für mich gesorgt, wie so manches Opfer mir sowie Deinen übrigen Kindern gebracht, wie sorgsam Alles, was uns schaden konnte, von uns entfernt und uns zu allem Guten geführt! Innig gerührt erkenne ich die Größe Deiner Liebe, und es soll gewiß stets mein eifrigstes Bestreben sein, mich durch Gehorsam, Fleiß und gutes Betragen derselben immer würdiger zu machen.

Mögest Du nur noch recht lange leben, guter Vater, das ist mein innigster Wunsch.

Ich bin und bleibe mit kindlicher Liebe und Ehrfurcht

Dein   dankbarer Sohn.

Lieber Vater!

Ich rechne es mit zu den vorzüglichsten Pflichten meines Lebens, jede Gelegenheit zu benutzen, um Dir meine kindliche Ehrfurcht zu bezeigen. Da sich mir nun wieder eine solche Gelegenheit in Deinem Namenstage darbietet, so kann ich nicht unterlassen, Dir einen

2   [13]

zwar kleinen, aber aufrichtigen Beweis meiner innigen Hochachtung und kindlichen Liebe zu geben, indem ich diesen Zeilen der kindlichen Wünsche ein kleines Angebinde in dem beiliegenden Packete beifüge.

Möge doch der Allgütige mir recht oft gestatten, Dir an Deinem Namensfeste meine herzlichen Wünsche darzubringen, daß Du zu meiner, sowie meiner Geschwister Freude, noch im hohen Alter diesen Tag feiern kannst. Möge der Schöpfer Dir alle Sorgen, welche Du für mich und Deine sonstigen Angehörigen hattest, mit seinem reichsten Segen belohnen, und Dir bis an das Ende Deiner Tage Wohlsein und Zufriedenheit verleihen; dieses ist täglich das Gebet

Deines   gehorsamsten Sohnes.

2. An eine Mutter.

Liebe Mutter!

Der heutige Tag ist besonders wichtig für mich, denn er erinnert mich lebhaft daran, daß Dein Dasein und Leben auch das meinige, mein Glück und meine Bildung geschaffen hat. Zwar denke ich alle Tage in der Stille mit dankbarem Herzen an die vielfachen Beweise Deiner unermüdlichen Güte und Sorgfalt gegen mich und bete zu Gott für die Erhaltung des theuren Lebens einer so guten, zärtlichen Mutter; aber Du wirst mir besonders heute erlauben, die Gefühle meiner kindlichen Liebe und Verehrung lauter an den Tag zu legen. Dir nicht nur jetzt Freude zu machen, sondern auch einst den Abend Deines Lebens zu verschönern, dies ist das Gelübde, wozu mich Dein heutiges Geburtsfest von Neuem auffordert.

Nimm mit Güte und Liebe das kleine Geschenk auf, das sich mehr durch das Herz des Gebers, als durch seinen Werth empfehlen muß. Ich wünsche nur, daß meine Wahl Dir nicht ganz mißfällt. Denke meiner ferner mit Liebe, und schenke Deinen mütterlichen Segen

Deinem   Dich zärtlich liebenden Sohne.

Liebe Mutter!

Es ist schon spät — nicht weit mehr von 12 — und nur hier und da bezeugt noch ein helles Licht, daß noch Menschen wachen. Da liege ich sonst in der Regel auch schon in guter Ruhe, aber heute muß ich dem Schlafe noch ein Stündchen abbrechen, denn übermorgen ist ja Dein Namenstag, und morgen früh um 7 Uhr geht die Post ab, und ich habe noch nicht dazu kommen können, an Dich zu schreiben, und Dir zu diesem Tage meinen kindlichen Glückwunsch abzustatten. Zwar weiß ich wohl, daß es dessen nicht bedarf, um Dir die Ueberzeugung zu geben, daß ich Dich innig liebe und die herzlichsten Wünsche für Dein Glück und Wohlsein hege; aber ich würde diesen Tag, der mir vor allen so lieb und werth ist, gewiß nicht froh werden können, hätte ich Dir nicht, wenn auch nur in wenigen Zeilen, gesagt, wie sehr ich mich freue, Dich wieder mit einem Wunsche für Deinen Namenstag begrüßen zu können.

Was diesen Wunsch nun selber betrifft, so heißt er mit kurzen Worten: lebe noch lange und glücklich und bewahre mir immer die herzliche Liebe, die mein größtes Glück ausmacht.

Dein   Dich innig liebender Sohn.

3. An einen Bruder.

Liebster Bruder!

Ich kann den Jahrestag Deiner Geburt nicht vorbeigehen lassen, ohne Dir durch ein Paar Zeilen meine liebevolle Theilnahme zu bezeigen. Viel Worte kann ich nicht machen, aber ich meine es gut, das weißt Du. So wünsche ich Dir denn kurz und gut zu Deinem Geburtstage alles das, was Du selbst Dir besonders wünschest, vornehmlich aber Gesundheit und Zufriedenheit, denn das ist doch das Beste. Ja lebe noch recht lange gesund und zufrieden zum Glücke der Deinen und zu meiner Freude; das ist der aufrichtige Wunsch

Deines   treuen Bruders.

4. An eine Schwester.

Liebe Schwester!

Nimm meinen (und meines Mannes) innigsten Glückwunsch zu Deinem Festtage mit der Liebe auf, die ihn von unserer Seite erweckt hat. Möge dieser Tag Dir immer so heiter entgegenlächeln wie bisher, mögest Du ihn noch oft im Kreise der lieben Unsrigen feiern, damit die guten Eltern nicht zu bald allein stehen und sie dieser Tag schmerzlich an die Vergangenheit erinnere.

Beifolgendes Hütchen trage zum Andenken an mich, und so oft Du, damit geschmückt, frohe Stunden erlebst, erinnere Dich meiner in Liebe.

Lebe wohl für heute, bringe Dein Geburtsfest recht vergnügt zu, und denke unter Deinen Freundinnen auch an

Deine   Dich herzlich liebende Schwester.

5. An einen Onkel.

Verehrter Onkel!

Nimm zu Deinem herannahenden Namenstage die Versicherung meiner aufrichtigsten Liebe und Verehrung gütig an. Du hast mir so viele Beweise Deiner Güte gegeben, mich so oft mit Rath und That unterstützt, daß ich in der That ganz gefühllos sein müßte, wenn ich das Glück, Dein Verwandter zu sein, nicht erkennen wollte. Ich bitte daher den Allgütigen, daß er Dich unter seiner weisen Leitung ein hohes und glückliches Alter möge erreichen und das heutige Fest noch recht oft feiern lassen! Diese Wünsche für Dein Wohl

werden mich stets beseelen, und ich werde nie aufhören, mit wahrer
Ehrfurcht und Erkenntlichkeit zu sein   Dein
                                            ergebenster Neffe.

6. An eine Tante.

Liebste Tante!

Heute ist Dein Geburtstag, folglich für mich ein großes Fest;
denn wie könnte man Jemand lieben und verehren, ohne dessen Geburtstag als einen Festtag zu betrachten! Möchtest Du diesen Tag
nur noch recht oft erleben, das wäre meine größte Freude! Mit In-
brunst habe ich heute auch darum zu Gott gefleht, und er erhört
mein Gebet gewiß. Du bist mir immer ein Muster und Vorbild
gewesen, und ich habe mir namentlich heute recht fest vorgenommen,
Dir immer ähnlicher zu werden. Darum erhalte auch ferner Deine
Liebe und Gewogenheit   Deiner gehorsamsten Nichte.

7. An einen Schwager.

Theurer Schwager!

Höchst wichtig ist mir der Tag Deiner Geburt; denn ihm danke
ich ja einen so braven Schwager und Freund.

Mögest Du diesen frohen Tag noch recht oft wiederkehren sehen
und denselben stets recht froh begehen! Mögest Du frei von Kummer und Krankheit Deine Tage verleben! Dieses sind meine aufrichtigen Wünsche.

Um Dich aber auch nicht mit bloßen Wünschen abzuspeisen, so
überschicke ich Dir Beiliegendes für Deine Küche, mit der Bitte, es
gerade an Deinem Geburtstage zu verzehren.

Deiner ferneren Liebe und Freundschaft empfiehlt sich
                  Dein   aufrichtiger Schwager.

8. An einen Großvater.

Lieber Großvater!

Heute ist Dein Geburtstag, Dein achtzigster Geburtstag, und eine
Schaar von Kindern und Enkeln schickt heute fromme Wünsche und
Gebete für Dich zum Himmel. Auch ich thue das aus vollem Herzen, fühle mich aber zugleich auch gedrungen, Dich an diesem Tage
durch ein Paar Zeilen der Verehrung und Liebe zu versichern, wovon mein Herz gegen Dich erfüllt ist. Ja, theuerster Großvater,
seit meiner frühesten Kindheit hat mich Dein Bild mit seinen weißen
Locken und freundlichen Zügen schon mit Liebe und Ehrfurcht gegen
Dich erfüllt, und Alles, was ich später von Dir gesehen und erfahren habe, hat diese Gefühle nur erhöht und verstärkt. Darum ist
meinem Herzen nächst meinen Eltern Niemand in der Welt so werth
als Du, und eben deshalb hege ich denn auch nächst dem Wunsche

für die Fortdauer des Lebens und Wohlergehens meiner geliebten Eltern keinen andern, der mich so lebhaft interessirte, als den, daß auch Du noch recht lange in Wohlsein und heiterer Ruhe leben mögest. Daß Dein jetziger Gesundheitszustand die beste Hoffnung dazu giebt, ist mir eine große Freude. Schone Dich nur in jeder Weise, daß Du den Deinigen diese Hoffnung nicht selbst vereitelst! Mit dem Wunsche, noch recht oft Gelegenheit zu haben, Dir mündlich oder schriftlich seine kindlichen Glückwünsche zu Deinem Geburtstage abzustatten, empfiehlt sich Dir bestens Dein

ergebenster Enkel.

9. An einen Freund.

Lieber Freund!

Obgleich Glückwünsche bei häuslichen Festen als eine Gewohnheit zu betrachten sind; so weiß ich doch, Du wirst von mir nicht denken, daß ich Dir nur deswegen schreibe; denn Du kennst mein Herz und weißt, daß die vielfachen Beweise von Edelmuth und Liebe, die ich Dir danke, Dir meine aufrichtige Gegenliebe sichern. Also nicht aus Gewohnheit, sondern durch die Gefühle des Herzens gedrängt, bringe ich Dir heute meine Wünsche dar, wünsche Dir namentlich Gesundheit, Zufriedenheit und häusliches Glück bis in das späteste Alter, und bitte, mir auch ferner die Liebe und Freundschaft zu erhalten, womit Du mich bisher beglücktest. Ich bin mit wahrer Liebe Dein aufrichtiger Freund.

10. An eine Freundin.

Geehrte Freundin!

Mit wahrer Sehnsucht sah ich diesem Tag entgegen, wo ich Gelegenheit habe, Ihnen wieder einmal zu sagen, wie sehr ich Sie schätze, und welche lebhafte Wünsche für Ihr Glück mich erfüllen. Vieler Worte enthalte ich mich, denn Wortmacherei paßt nicht zu wahrem Gefühle, und hoffentlich sind Sie von mir auch so schon versichert, daß ich Ihnen nicht nur an Ihrem Namenstage, sondern alle Tage meines Lebens Glück, Wohlsein und Zufriedenheit wünsche. Darum wünsche ich Ihnen kurz und einfach viel Glück heute und immerdar, und bitte, als einen Beweis meiner Verehrung, beiliegendes Angebinde wohlgefällig aufzunehmen. Möge es Sie zuweilen an den erinnern, der Ihrer stets mit herzlicher Zuneigung gedenken wird, an Ihren unveränderlichen Freund.

11. An einen Geliebten.

Lieber Karl!

Was gäbe ich darum, wenn mich an dem Jahrestage Deiner Geburt die Flügel meiner Liebe zu Dir trügen! Ein Gedanke nur

2*

ist's, aber ein Gedanke, der mich mit Wonne erfüllt. Ich Glückliche die Dich den Ihrigen nennen kann. Nein, liebster Karl, es ist kein Traum, keine Täuschung, daß ich in Dir Alles habe, was die Welt für mich haben kann; nein, diese beseligende Ueberzeugung erfüllt mein Herz mit Freude, und drängt mich, Dir meine innigsten Glückwünsche für Deine Gesundheit und Dein Glück darzubringen. Nimm zugleich das Angebinde, das diese Zeilen begleitet. Meine Hände haben es für Dich gemacht. Es ist freilich nur wenig, aber Du weißt, lieber Karl, wie beschränkt meine Zeit ist, und ich kenne Dich, daß Dir das Kleine ebenso werth sein wird, als hätte ich Dir etwas Großes senden können. Ich bitte Gott für Dein Wohl, Du Theuerster meines Herzens. Möge es Dir bald gelingen, wieder zurückzukehren, dies wünscht   Deine Luise.

II. Glückwünsche zum Neujahrstage.

1. An Eltern.

Theuerste Eltern!

Das verflossene Jahr erinnert mich an alle Beweise herzlicher Liebe, die ich im Laufe desselben von Euch empfangen habe, und fordert mich dringend auf, Euch meinen wärmsten Dank dafür auszudrücken. Empfanget ihn hiermit, geliebteste Eltern, mit dem Wunsche, daß der gütige Himmel Euch segnen und Euch an mir und meinen Geschwistern recht viel Freude erleben lassen möge. Besonders lasse er auch mit dem angetretenen neuen Jahre recht glückliche Tage für Euch anbrechen und erhalte und stärke, zu unser Aller Wohl, Eure theure Gesundheit. Alles Gute, was Eure Kinder Euch wünschen, wünschen sie sich selbst, da Euer Wohl so unzertrennlich mit dem ihrigen verbunden ist. Möchten doch noch viele Jahre so glücklich für Euch verfließen, wie das letztvergangene, und Alles, was den Menschen auf Erden beglückt und froh machen kann, Euer Leben erheitern.

Lebet wohl, geliebte Eltern, und erhaltet mir immer Eure Liebe. Grüßet auch meine lieben Geschwister, die ich im Geiste herzlich küsse und seid versichert, daß ich ewig bleiben werde

Euer   dankbarer Sohn.

2. An einen Vater.

Geliebter Vater!

Nicht blos Herkommen und Sitte, sondern wahrer Herzensdrang bestimmt mich heute, Dir zum Eintritt in das neue Jahr meinen

Glückwunsch darzubringen. Ja, Glück wünsche ich Dir von Herzen auch in diesem Jahr, wahres, dauerhaftes Glück, und vor allem Andern das, was am wesentlichsten zu einem glücklichen Leben Noth ist, eine dauerhafte Gesundheit. Und gewiß, bester Vater, der Allgütige wird Dir diese, sowie alles Andere, was zu Deinem Glücke gehört, verleihen, denn Dein Glück ist zugleich das Glück so Vieler, für die Du lebst und wirkst. Ja der himmlische Vater wird meine und Anderer Wünsche und Gebete für Dein Wohl erhören und Dich ein hohes und glückliches Alter erreichen lassen, das ist die feste Hoffnung
   Deines   Dich innig liebenden Sohnes.

3. An eine Mutter.

Theuerste Mutter!

Jeder Tag mahnt mich zu Wünschen und Bitten für Deine Gesundheit und lange Lebensdauer, weil jeder Tag mir Wohlthaten von Dir bringt, aber an keinem sind meine Wünsche und Bitten für Dein Wohl inniger und herzlicher, als am Neujahrstag, der mich die Summe aller Wohlthaten, die ich Dir verdanke, mehr als jeder andere überdenken läßt. Ein jedes Kind hat seiner Mutter unendlich viel zu verdanken, ich aber verdanke Dir, o theuerste Mutter, bei weitem mehr, als die meisten andern Kinder der ihrigen, denn eine solche aufopfernde Liebe und unermüdliche Sorgfalt, wie Du gegen mich seit meiner frühesten Kindheit gezeigt hast, ist selbst unter Müttern selten. Ach! welche Opfer kostet es Dir nicht jetzt noch, um mich in den Stand zu setzen, mein Geschäft tüchtig zu lernen. Wie soll ich Dir für diese Aufopferung hinreichend danken? Worte sind nur ein geringer Beweis meiner kindlichen Erkenntlichkeit; aber Gott wird mir helfen, daß ich Dir auch in anderer Weise als durch Worte danken kann, das ist der innigste Wunsch
   Deines   dankbaren Sohnes.

4. An einen Bruder.

Lieber Bruder!

Das Schicksal hat uns zwar seit Jahren getrennt, aber meinem Herzen bist Du fortwährend nahe geblieben; ja es ist eine Sehnsucht, Dich einmal, und recht bald, wieder zu sehen, in mir erwacht, daß ich nur diesem unwiderstehlichen Drange folge, Dir die besten Segenswünsche bei dem bevorstehenden Jahreswechsel aus der Ferne zuzurufen. Gott gebe, daß es Dir in dem neuen Jahre immer recht wohl gehen möge, daß Dir bei Gesundheit und Frohsinn Deine Tage in dem Kreise Deiner neuen Bekannten heiter verfließen und daß Du einst in der heimathlichen Gegend ein behagliches Plätzchen findest, um da Deine Hütte zu bauen. Wie schön, wenn wir da die wichtigsten Tage des Lebens wieder zusammen zubringen könnten!

Ja, daß es sich so fügen möge, das ist mein innigster Wunsch. Ich hoffe, es geschieht; denn wir haben ja stets in Eintracht gelebt, so daß es auch Dir gewiß nicht ganz gleichgültig ist, wenn dies Band der Geschwisterliebe für immer gelöst werden sollte. Daß mein Wunsch in Erfüllung gehe, das hängt meist von Dir ab, Du wirst das Deinige dazu thun und nicht die Heimath über der Fremde vergessen, dies erwartet mit Zuversicht

Deine   getreue Schwester.

5. An einen früheren Lehrer.

Geehrter Herr!

Gestatten Sie mir, daß ich bei dem nahen Ende des Jahres Ihnen meine Freude bezeige, daß der Himmel Sie bisher so gesund und wohl erhalten hat. Sie haben mir unendlich viel Gutes erwiesen, haben treulich das Ihrige gethan, mich zu einem vernünftigen Menschen zu bilden, haben keine Mühe gescheut, um den Kreis meiner Kenntnisse zu erweitern, mich auf alles Nützliche aufmerksam zu machen, und mein Herz zur willigen Erfüllung meiner Pflichten zu gewöhnen; kurz nächst Gott und meinen Eltern danke ich Ihnen bei weitem am Meisten, und wie ich, so auch hundert Andere, denen wie mir das Glück ward, Sie zum Lehrer zu haben. Darum wünsche ich sehnlichst, daß Sie noch eine lange Reihe von Jahren in Ihrer nützlichen Berufsthätigkeit ein vergnügtes Leben führen, und noch oft im besten Wohlsein das Neujahrsfest feiern mögen

Erhalten Sie ferner Ihre Gewogenheit
Ihrem   ehemaligen Zöglinge.

6. An einen Freund.

Theurer Freund!

Mit innigstem Gefühl drücke ich Dich im Geiste an die treue Freundesbrust, danke Dir herzlich für alle Theilnahme, Anhänglichkeit und Güte, durch welche Du mir meines Lebens beste Jahre verschönert und den Genuß alles Edlen und Guten erhöhet hast. Ein freundliches Geschick lächle Dir auch ferner! Wirke fort in heiterer Kraft und gewinne und vertheile reichliche Früchte Deiner nützlichen Bestrebungen. Ein günstiges Gestirn leuchte Dir auf dem Pfade, den Du betreten, und lasse Dich das Ziel Deiner Wünsche glücklich erreichen! Dein Wohlsein und Glück wird auch das meinige sein; Du kennst mich — Du weißt, wie ich es meine.

Noch einmal denn: Glück auf zum heutigen Tage! und obschon ich Dir an jedem Tage und zu jeder Stunde Gutes und Schönes von Herzen wünsche, so sei Dir der Ausdruck dieser Gesinnungen doch heute besonders gewidmet. Vielleicht führt die Gunst des Geschickes uns bald wieder zusammen und dann wollen wir uns dafür schadlos halten, daß wir so lange und besonders an dem heutigen Tage getrennt sein mußten.

Freundlichen Gruß und festen Händedruck! Lebe wohl!

7. An einen Vormund.

Geehrter Herr!

Sie haben mir in diesem Jahr so viele und unzweideutige Beweise Ihres aufrichtigen Wohlwollens gegen mich gegeben, daß ich mir selbst die größte Herzlosigkeit und Undankbarkeit vorwerfen müßte, wenn ich Ihnen zum bevorstehenden Neujahr nicht den herzlichsten Glückwunsch darbrächte. Freilich sind dies nur Worte; aber dieselben kommen aus einer aufrichtigen Gesinnung, der jede Heuchelei fremd ist. Ich betrachte Sie als meinen einzigen Freund, der es väterlich gut mit mir meint, mein väterliches Vermögen treu und umsichtig zu meinem Besten verwaltet und für meine Ausbildung auf alle mögliche Weise sorgt, damit ich einst ein nützlicher Bürger werde. Was könnte ich wohl mehr begehren? und doch kann ich Ihnen, väterlicher Freund, jetzt nur mit Worten danken; indessen ist die Zeit nicht mehr fern, wo ich durch die That den Beweis geben werde, daß Sie Ihre Sorge an mir nicht verschwendet haben. Gott erhalte Sie mit den Ihrigen gesund und kräftig bis in ein hohes Alter, damit Ihnen noch recht oft einen freudigen Dank darbringen kann   Ihr   dankbarer Mündel.

III. Glückwünsche zu Heirathen.

1. An einen Bruder

Geliebter Bruder!

Du bist nun auf ewig mit Deiner Amalia verbunden! Gottes Segen mit Dir und Deiner Gattin! O, lieber Bruder, könntest Du in meinem Herzen lesen, wie sehr mich Dein Glück erfreut!— Könnte ich doch gleich einmal zu Dir eilen, um mit meinen eigenen Augen Dein Glück zu sehen; aber diese Freude wird mir so bald nicht zu Theil werden. Erst im künftigen Jahre will mir meine Herrschaft die Erlaubniß geben, Dich auf einige Wochen zu besuchen und da ich hier mit meinem Schicksale zufrieden sein kann, so muß ich mich bis dahin gedulden. Desto inniger soll dann die Freude sein, Dich und die neue Schwester und vielleicht auch einen kleinen Cousin oder eine kleine Cousine zu umarmen.

Lebe wohl, lieber Bruder, und vergiß über die junge Gattin nicht ganz   Deine   treue Schwester Emilie.

2. An eine Nichte.

Liebe Nichte!

Mit großem Vergnügen habe ich Deinen letzten Brief gelesen, und ich bin sehr erfreut, Deinen Gatten unter unsere Verwandten rechnen zu können. Ich kenne ihn schon längst als einen wackern Mann und habe immer nur Rühmliches von ihm gehört. Da er ein ordentlicher häuslicher Mann ist, so wird er von Dir ebenfalls eine gute Haushaltung fordern, welche zu führen Dir nicht schwer fallen wird, weil Du im Hause Deiner Eltern stets zur Ordnung und Wirthschaftlichkeit angeleitet wurdest. Uebrigens darf ich Dir auch die gehörige Klugheit zutrauen, um Dir stets die Zuneigung und Achtung Deines Gatten zu erhalten, und so kann Dir häuslicher Glückseligkeit nie fehlen.

Noch muß ich Dich ermahnen, liebe Nichte: höre doch ja niemals auf Klatschereien, denn sie stiften viel Unheil in der Ehe; und ist Dein Mann manchesmal mürrisch, wie dieses bei Geschäftsleuten oft nicht anders sein kann, so suche durch Sanftmuth seine gute Laune wiederherzustellen. Nimm mir diese Erinnerungen nicht übel; sie kommen aus herzlicher Liebe und mütterlicher Sorge für Dein Wohl.

Grüße Deinen Gatten. Lebt Beide vergnügt und erfreuet zuweilen durch einen Brief

Eure aufrichtige Tante.

3. An einen Freund.

Mein lieber Freund!

Was Teufel, alter Junge, Du willst heirathen? Das ist ja ein verzweifelter Schritt! Hast Du denn wohl bedacht, daß man hier zu Lande die Weiber Zeitlebens behalten muß? Wenn man nun da so eine böse Sieben am Halse hat? — Ja, könnte man sie wenigstens nach einem Jahre wie einen Kalender bei Seite legen, dann ließe ich mir das Ding schon gefallen, aber so ist es doch außer dem Spaß.

Aber Du schneidest mir da ein Gesicht, als ob man Dich mit Brennesseln kitzelte! Nun beruhige Dich nur; es ist nicht so böse gemeint. Mit einem Mädchen, wie Deine Linna, kann man schon einen Heirathsversuch wagen. In der That, Deine Wahl macht Deinem Geschmacke alle Ehre, und nach Allem, was ich von Deinem Bräutchen höre, kann ich Dir nur von Herzen zu dieser Verbindung Glück wünschen. Ja gewiß, sie wird Euch beglücken, denn Ihr tragt in Eurer moralischen Gesinnung und in Eurer Liebe die Bürgschaft des ehelichen Glückes in Euch. Darum frisch hinein in den

Stand, den nur erbärmliches Volk einen Wehestand nennt! Will's
Gott, so macht Dir's bald nach   Dein   treuer Freund.

4. An eine Freundin.

Liebe Freundin!

In meinem Leben hat mir noch kein Brief von Dir so viele Freude
gemacht, als der, worin Du mir Deine Verbindung bekannt machst.
Liebte ich Dich nicht so innig, so würde ich Dich beneiden, einen so
zärtlichen Mann, wie Dein Friedrich ist, zum Gatten erhalten zu
haben. Welche glückliche Tage wirst Du mit ihm durchleben! Ich
sehe gar nicht ein, wie es möglich sein sollte, daß Ihr mit einander
unglücklich würdet, und daher bleibt mir nichts zu wünschen übrig,
als daß Ihr recht lange lebt, um recht lange glücklich zu sein. Kommen eheliche oder häusliche Sorgen, die leider nicht ausbleiben, nun,
Herzensfreundin, so traue ich Deiner Gesinnung zu, daß Du auch
darin die Gute, Liebe sein wirst, die sich durch Unvermeidliches nicht
niederdrücken läßt.

Genießet in ganzer Fülle die süße häusliche Glückseligkeit; und
wenn als eine Frucht derselben ein gemeinsames Ebenbild von Euch
beiden zur Erscheinung kommt, dann nehme ich eine Pathenstelle für
mich in Anspruch, denn ich muß Dich durch ein neues Band mit mir
zu verbinden suchen, damit Du nicht in Deinem häuslichen Glücke
ganz vergissest   Deine   aufrichtige Freundin.

IV. Glückwünsche zu Geburten.

1. An einen Bekannten.

Geehrter Herr!

Sie haben mich heute durch die Meldung der glücklichen Entbindung Ihrer lieben Frau und insbesondere durch den Antrag, eine
Pathenstelle bei der Taufe des neugebornen Kindes zu übernehmen,
recht freudig überrascht. Den Beweis des Vertrauens, den Sie mir
dadurch geben, weiß ich gebührend zu schätzen, und werde darum
nicht verfehlen, mich zu gehöriger Zeit bei Ihnen einzufinden.

Der Frau Wöchnerin sammt dem Kleinen das beste Wohlsein
wünschend, empfiehlt sich bestens   Ihr   ergebenster N. N.

2. An einen Freund.

Bester Freund!

Ich wünsche Dir zur Entbindung Deiner Frau von einem gesunden Knaben Glück. Dieser Zuwachs Deiner Familie ist ein Segen,
welchen Gott der Ehe verleiht, und für welchen man ihm danken

muß; ich aber werde ihn bitten, er wolle Dir Deine schätzbare Gattin und den geliebten Sohn, — ihnen aber Dich, o Freund! noch lange glücklich erhalten. Gott möge den Kleinen segnen, daß er gedeihe, und zunehme an Alter und Weisheit, um die mit seinen Jahren sich mehrende Sorge der Eltern durch Tugenden und Wohlverhalten zu belohnen, und einst, wenn seine Eltern von Alter gebeugt sind, ihnen zur Stütze, zum Troste zu dienen. Deiner Gattin ersetze der Schöpfer alle verlornen Kräfte, damit Dein werthes Haus durch sie noch weiter gesegnet und vermehrt werde! In diesen Gesinnungen verharrt stets Dein Freund.

V. Antworten auf Glückwünschungsbriefe.

A. Antworten auf Glückwünsche zum Geburts- und Namenstage.

1. Ein Vater an seinen Sohn.

Lieber Sohn!

Ich danke Dir für Deinen Glückwunsch zu meinem Geburtstage. Er rührt aus einem Herzen her, das für das Gute empfänglich ist; wache aber nur über Dich, daß Du Dich nie den entgegengesetzten Eindrücken hingiebst, und von dem Wege der Wahrheit abirrst. Schwer sind die Sorgen, welche ein Vater für sein Kind tragen muß, und nichts kann ihm für diese einen Ersatz gewähren, als die gute Aufführung des Kindes. Bedenke dies stets, mein Sohn, und thue darnach, das ist mein lebhafter Wunsch, und ich denke, daß ich die Erfüllung desselben nicht vergeblich von Dir hoffe. Du erfüllst dadurch auch Pflichten gegen Dich selbst, und bildest Dich durch treue Benutzung Deiner Kräfte für die Jahre des Mannesalters, wo Du dann viel Gutes schaffen kannst, wenn Du die Jahre der Jugend wohl angewendet hast. Strebe, lieber Sohn, einst ein brauchbarer Mann zu werden; versäume nichts, dies zu werden. Dadurch erfüllst Du die Hoffnung Deines Vaters, der Dich liebt. Nach einem so langen Leben, wie Du es mir wünschest, verlangt mich nicht, wohl aber wünsche ich sehr, so lange zu leben, bis ich Dich einst versorgt und somit in Dir der Familie eine neue Stütze gegeben sehe. Erwarte von meiner väterlichen Liebe Alles, was ich zu Deinem Besten beitragen kann. Dein gutmeinender Vater.

2. An eine Freundin.

Liebste Freundin!

Wie freudig haben Sie mich durch Ihr Geschenk und Ihren Brief zu meinem Geburtstage überrascht. Ich weiß nicht, ob ich mehr

Ihre Wahl und Ihren guten Geschmack bewundern, oder ob ich mich mehr über Ihre zärtliche Theilnahme freuen soll. Nehmen Sie daher den wärmsten Dank sowohl für dieses mir so liebe Geschenk, als auch für die liebevollen Wünsche, mit welchen Sie dasselbe begleiten. Sie bedenken mich in Ihren Wünschen nicht schlecht mit Glücksgütern aller Art; wenn mir aber das Schicksal auch noch unendlich mehr verliehe, zum wahren Glücke würde mir doch stets Ihre Freundschaft das Wesentlichste und Nothwendigste sein. Darum erhalten Sie mir diese stets, wie Sie es versprochen; mag dann auch manches Andere fehlen, so wird sich doch stets beglückt fühlen

Ihr   treuer Freund.

B. Antworten auf Glückwünsche zum Neujahrstage.

1. Eltern an ihren Sohn.

Lieber Sohn!

Ich und Deine gute Mutter danken Dir herzlich für Deinen wohlgemeinten Glückwunsch bei dem Beginn dieses neuen Jahres.— Deinen besten Dank für unsere elterliche Liebe werden wir aber jederzeit in Deinem ernstlichen und anhaltenden Bestreben erkennen, Dich zu einem brauchbaren und rechtschaffenen Menschen zu bilden. Suche Dich also mit jedem Tage in Kenntnissen zu vervollkommnen und die Kraft Deines Willens im Kampfe gegen Deine Leidenschaften zu stärken. Jetzt wird Dir Alles leicht, indem die Zeit der Jugend die Zeit der Saat für die Zukunft ist. Säe also jetzt mit Vergnügen, dann darfst Du Dich der herrlichen Früchte freuen, die Du künftig ernten wirst. Erfülle Dein Versprechen und sei auch in diesem Jahre unser guter Sohn: dann kannst Du auch darauf rechnen, daß wir gern und freudig Alles thun werden, was zu Deinem Glücke nöthig ist.

Gott sei auch in diesem neuen Jahre mit Dir, und schenke Dir seinen Segen! Deine Mutter grüßt Dich herzlich, und ich bin

Dein   treuer Vater.

2. Eine Schwester an ihren Bruder.

Vielgeliebter Bruder!

Ob ich gleich von Deiner Liebe gegen mich hinlänglich überzeugt bin, so hat mich der Ausdruck derselben in Deinem Neujahrswunsche doch sehr erfreut. Auch in meinem Innern wird jene Liebe nie aufhören, wodurch Natur und Gewöhnung unsere Herzen so enge verbunden haben. Wir wollen zeigen, daß das Sprichwort: „Geschwister vertragen sich nie gut"—von einem Thoren ersonnen sei, und daß gerade Menschen, welche unter Einem Herzen lagen, gegen einander die innigste Liebe fühlen.

Deinen guten Willen, mir durch ein Angebinde einen thätlichen Beweis Deiner Bruderliebe zu geben, nehme ich für die That; ja es ist mir noch lieber, daß Du es beim Wollen hast bewenden lassen müssen; denn ich weiß ja, daß es Dir in Deiner Lage nicht leicht wird, Geschenke zu machen. Dagegen überschicke ich Dir hierbei ein kleines Neujahrgeschenk, das Du hoffentlich nicht übel aufnehmen wirst.

So Gott will, besucht Dich recht bald

Deine   Dich liebende Schwester.

C. Antworten auf Glückwünsche zu Heirathen.

1. An einen Bruder.

Du loser Bruder!

Mußtest auch Du Dich mit der übrigen Welt vereinigen, um mich wegen meiner Liebe zu quälen? — Es ist ja nichts Außerordentliches, daß ein Mädchen liebt, vielmehr liegt ja dieses in der Ordnung der Natur. Am wenigsten sollten das die Männer seltsam finden; denn sie kennen die Schwächen des weiblichen Geschlechts, und wissen dieselben trefflich zu ihrem Vortheile zu benutzen; wenn sie uns aber überwunden haben, so sind sie noch so grausam, über unsere Niederlage zu spotten.

Jedoch trotz dieser Spöttereien mußt Du wissen, daß ich meinen Adolph recht herzlich liebe. — Zu Euch reisen kann ich ihn nicht lassen; ich kann ihn nicht einen Tag, geschweige eine Woche entbehren; da müßte ich vor Sehnsucht vergehen.

Aber er wird kommen, jedoch in Begleitung meiner; nicht um Eure guten Wünsche abzufordern (denn diese haben wir schon), sondern damit Ihr sehet, daß ich eher zu wenig als zu viel von der Trefflichkeit meines Bräutigams gesagt habe.

Um so weniger zweifle ich daran, daß Du meinen Gatten, wie Du schreibst, als Bruder aufnehmen wirst, und dies wird eine neue hohe Freude sein für   Deine   getreue Schwester.

2. An einen Bekannten.

Werther Herr!

Wenn bloße Saumseligkeit schuld wäre, daß ich Ihnen meine Vermählung nicht zu wissen that, so würden mich Ihre Vorwürfe mit Recht treffen; allein unvermuthete, dringende Geschäfte raubten mir selbst jede Stunde, die ich an der Seite meiner Gattin zubringen wollte. Schon drei Tage vor meiner Verbindung mußte ich anfangen, Tag und Nacht zu arbeiten, und den ersten Tag nach der Einsegnung setzte ich mich in den Reisewagen und verließ meine junge Gattin, zu welcher ich erst nach einem Monate zurückkehren

konnte, mit schwerem Herzen. Doch nun habe ich meine Geschäfte
beendigt, und war gerade Willens, an Sie zu schreiben, als ich Ihren
werthen Brief erhielt.

Ich danke Ihnen für Ihren Glückwunsch recht sehr, und hoffe
recht bald sammt meiner Gattin, welche sich Ihrer Freundschaft bestens empfiehlt, nach V. zu kommen, und Sie zu besuchen.

Nehmen Sie die Versicherung ausgezeichneter Achtung von
Ihrem aufrichtigen N. N.

D. Antwort auf einen Glückwunsch zu einer Geburt.

An einen Freund.

Lieber Freund!

Du gibst mir in Deinem Glückwunsche zu dem mir von Neuem
bescheerten Haussegen schon wieder einen Beweis Deiner warmen
Theilnahme für mich, der mich zu herzlichem Danke verpflichtet. Mögen Deine Wünsche in Erfüllung gehen und sich auch mir bald eine
Gelegenheit darbieten, Dir einen ähnlichen Glückwunsch abstatten
zu können.

In Betreff der Meinigen kann ich Dir zu meiner großen Freude
melden, daß die Mutter, so weit es unter den gegenwärtigen Umständen sein kann, sich vollkommen wohl befindet, und daß das Kind
sehr gesund und lebhaft ist. Künftigen Sonntag werden wir tau-
fen, was aber diesmal in aller Stille abgemacht werden soll. Willst
Du Dich jedoch dazu mit bei uns einfinden, so sollst Du uns sehr
willkommen sein. In jedem Falle erwartet Deinen baldigen Besuch
Dein N. N.

Zweite Abtheilung.

Bitten, Empfehlungen, Entschuldigungen, Vorwürfe.

I. Bittschreiben.

1. Bitte wegen Verlängerung eines Wechsels.

Geehrter Herr!

Es geschähe mir eine große Gefälligkeit, wenn Sie sich entschließen
wollten, meinen Wechsel, der am 30. dieses Monats zahlbar ist, noch
auf sechs Monate zu verlängern. Alsdann würde ich nämlich im
Stande sein, von meinem eigenen Gelde die Zahlung zu leisten, da

ich hingegen jetzt, da ich meinen Tabak noch nicht zu einem guten
Preise habe verkaufen können, eine Schuld durch Anlegung einer
andern tilgen müßte. Wenn Sie sonst keine Bedenklichkeiten tragen, oder das Geld eben jetzt nicht nöthig brauchen; so darf ich
wohl hoffen, daß Sie meine Bitte Statt finden lassen? Die halbjährigen Zinsen erhalten Sie hierbei in dreißig Dollars Banknoten.

Ich bitte Sie, mir hierüber baldigst Antwort zu geben, und unterzeichne in der Hoffnung, daß Sie meine Bitte erfüllen werden, mit
Achtung   Ihr ergebenster   N. N.

2. Bitte um ein Anlehen.

Geehrter Herr!

Ich habe schon so viele Beweise Ihrer Güte erhalten, daß ich mir
erlaube, Sie wieder mit einer Bitte zu belästigen.

Da ich, wie Ihnen bekannt ist, ein neues Haus gekauft habe, so
bin ich vom Gelde so entblößt, daß ich eine Partie Waaren, deren
Einkauf für mich sehr vortheilhaft wäre, nicht an mich bringen kann,
weil mir $1200 Thlen. Um jedoch als redlicher Mann leben zu
können, darf ich keine Gelegenheit versäumen, welche meine Handlung erweitern und mir Vortheil bringen kann; deswegen bitte ich
Sie, mir oben genannte Summe gegen ein sicheres Unterpfand auf
ein halbes Jahr vorzustrecken. Nach Verlauf dieser Frist werde ich
Ihnen mit vielem Danke das Capital zurückzahlen.

Da Sie von meiner Pünktlichkeit überzeugt sein können, und überdies durch eine Schuldverschreibung auf mein Haus vor dem Verlust
Ihres Geldes gesichert sind, so hoffe ich von Ihnen die Gewährung
meiner Bitte.   Ihr ergebenster   N. N.

3. Bittschreiben einer verarmten Frau an eine vermögliche Bekannte.

Sie haben mir, theure Freundin, schon unzählige Beweise Ihrer
wohlwollenden Gesinnung gegeben, daß ich nun gern blos darauf
denken möchte, mich Ihnen für die vorigen Wohlthaten dankbar zu
erweisen. Gleichwohl zwingt mich die äußerste Noth, von Neuem
Hilfe bei Ihnen zu suchen. Alle meine Kinder liegen krank darnie-
der, und das jüngste wird wahrscheinlich ein Raub des Todes werden. Die armen Geschöpfe wimmern nach Hilfe und Erquickung,
und Gott weiß, wie es mir das Herz zerreißt, daß ich sie ihnen nicht
gewähren kann. Alles, was ich noch hatte, ist während der lang-
wierigen Krankheit meines guten seligen Mannes veräußert. Kaum
bin ich, von aller Unterstützung entblößt noch im Stande, für die
nothdürftige Wartung der armen leidenden Kinder zu sorgen; denn
die vielen Nachtwachen haben meine Kräfte so erschöpft, daß mir oft

unwillkührlich die Augen zusinken. Gott, welche Noth! keinen
Mann und Versorger, keinen Cent Geld im Hause; nicht das Geringste, was ich etwa noch in Geld umsetzen könnte, und keine Möglichkeit, mit der Arbeit meiner Hände etwas zu verdienen! Was soll
ich anfangen? wohin soll ich mich wenden? wem soll ich meine Noth
klagen? Ach, es würde mir vielleicht Niemand glauben, wenn ich
mich auch überwinden könnte, das Mitleid anzusprechen!

Zu Ihnen, gute Frau, zu Ihnen nehme ich meine Zuflucht; zu
Ihnen treibt mich mein Herz, durch Ihre Güte dreist gemacht. Sie
sind die einzige edle Frau auf der Welt, der ich mich entdecken kann,
ohne zu erröthen. O erbarmen Sie sich, wohlthätige Frau, erbarmen Sie sich noch einmal meines Elends! Ich darf nicht fürchten,
daß Sie mich für zudringlich halten; so gut ich aber auch Ihre edlen
Gesinnungen kenne, thut es mir doch wehe, daß ich sie so oft in Anspruch nehmen muß. O möchte ich Ihnen nur noch auf dieser Welt
thätig danken können! Geben Sie mir Gelegenheit dazu, und seien
Sie versichert, daß ich mit Freuden das Schwerste für Sie thun
werde, um Ihnen von meiner Dankbarkeit einen Beweis zu geben.

Ihre ergebenste   N. N.

4. Bittschrift einer Frau an den Gouverneur um Begnadigung ihres Mannes.

Eure Excellenz!

Eine trostlose Gattin bittet Sie um Gnade für ihren Mann, der
wegen eines Kassen-Defectes von $600 nach einem gerechten, aber
vielleicht zu strengen Erkenntnisse, zu einer zweijährigen Gefängniß-
strafe verurtheilt worden ist.

Die Richter haben nach den Gesetzen und nach der Strafgerech-
tigkeit erkennen müssen; aber wenn Eure Excellenz geruhen wollen,
das Vergehen meines Mannes einer nochmaligen Untersuchung und
menschenfreundlichen Prüfung zu unterwerfen, so darf ich hoffen, daß
sich Umstände und Gründe finden, denen Sie eine freundliche Berücksichtigung nicht versagen werden. Sein Vergehen ist aus leicht-
sinniger Gutmüthigkeit, und nicht aus der Absicht entsprungen, die
ihm anvertrauten Kassengelder zu verunteuen; er wollte einer unglücklichen Familie helfen, und stürzte sich selbst in das tiefste Ver-
derben.

Von Eurer Excellenz hängt das Schicksal einer verzweiflungsvol-
len Gattin und zweier noch unerzogener Kinder ab; ein einziges
Wort von Ihnen, und wir sehen uns wieder mit unserem Ernährer
vereint. Sprechen Sie es aus, dieses Wort der Gnade! Das
Recht der Begnadigung ist ja das schönste, das Ihr Amt gewährt,

3*

gewiß Sie werden es hier nicht ungeübt lassen; in dieser frohen Hoffnung zeichne ich

Ihre   gehorsamste N. N.

5. Antworten auf Bittschreiben.

A. An einen Bekannten, dem man das erbetene Darlehen bewilligt.

Geehrter Herr!

Es freut mich recht sehr, daß sich mir die Gelegenheit darbietet, Ihnen einen Beweis meiner Freundschaft zu geben, wenn Sie anders die Schnelligkeit, mit welcher ich Ihnen die verlangte Summe zur beliebigen Abholung bereitet habe, dafür ansehen wollen. Das Geld steht jederzeit zu Ihrer Verfügung und wollen Sie es, so bin ich auch bereit, die Zahlung an Herrn N. gleich selbst abzumachen, da ich in diesen Tagen eine Reise nach L. vorhabe. Bei Ihrer bekannten Redlichkeit würde ich keine Pfandverschreibung von Ihnen annehmen, wenn die Möglichkeit eines plötzlichen Todes, wovor uns Gott beide bewahren wolle, dies nicht selbst unter den vertrautesten Freunden rathsam machte.

Ich wünsche, daß mein Darlehen recht viel dazu beitragen möge, Ihr Geschäft zu heben, und stehe gern auch mit größeren Summen zu Diensten, wenn Sie derselben benöthigt sein sollten.

Ihr   aufrichtiger N. N.

B. An einen Bekannten, dem man das angesuchte Darlehen nicht bewilligt.

Werther Freund!

Sie werden denken, daß ich Sie und Ihre Angelegenheiten ganz vergessen habe; aber nein — die Geschäfte meiner Freunde liegen mir so sehr am Herzen, als die meinigen. Leider ist aber an der Verzögerung meines Antwortschreibens ein Umstand schuld, der Ihnen ebenfalls sehr unangenehm sein wird, nämlich der: daß ich nicht im Stande bin, Ihnen die verlangte Summe zu leihen. Durch einen bedeutenden Waareneinkauf habe ich mich unglücklicher Weise eben so sehr von Gelde entblößt, daß ich nur etwa 200 Dollars entbehren kann, die ich Ihnen übermorgen senden will, wenn Ihnen sonst damit etwas gedient ist. Ich dachte Ihnen die verlangte Summe von einem meiner Freunde zu verschaffen, meine Bemühungen deshalb waren aber vergeblich und haben meine Antwort nur verzögert. Nehmen Sie denn diesmal den guten Willen für die That, und seien Sie versichert, daß stets die freundschaftlichsten Gesinnungen gegen Sie hegt   Ihr   N. N.

II. Empfehlungsschreiben.

1. Empfehlung eines Jünglings, der auf e ae höhere Schule geht.

Werther Freund!

Entschuldigen Sie, wenn ich mir hiermit die Freiheit nehme, Ihnen in dem Ueberbringer dieses Briefes den Sohn eines Freundes bestens zu empfehlen. Er ist der Sohn meines Nachbars B., ein guter, wohlerzogener Jüngling, der immer viel in meinem Hause gewesen ist und meine ganze Zuneigung besitzt. Jetzt soll er auf die Academie in Ihrer Stadt abgehen, hat aber nun dort keinen Menschen, der ihn kennt, und sich um ihn bekümmern möchte. Wollten Sie da nicht die Güte haben, ihm eine Wohnung zu verschaffen, ihn bei den Lehrern zu empfehlen, und über seine Finanzen sowohl als über seine Aufführung väterlich zu wachen? Unter Ihrer Anleitung wird er auch seine Studien besser einrichten lernen, als Andere, die keinen Freund von gleichen Einsichten haben. Können Sie selbst ihm Board geben, so werden Sie mich und seinen Vater außerordentlich verbinden, weil wir ihn keinen besseren Händen anvertrauen könnten.—Sollte der junge Mensch in eine Geldverlegenheit gerathen, so belieben Sie ihm gütigst alles Nöthige vorzustrecken. Der Vater ist ein wohlhabender und pünktlicher Mann, der Sie nie auf die Wiedererstattung warten lassen wird.

Viele Empfehlungen des jungen B. halte ich für überflüssig, da sich der Jüngling, wie ich hoffe, selbst empfehlen wird; und Sie erst durch eine lange Reihe von Bewegungsgründen zur Erfüllung meines Gesuchs geneigt machen wollen, würde ein Mißtrauen in Ihr menschenfreundliches Herz verrathen, von welchem ich Alles erwarte, was Menschenwohl befördert.

Der Ihrige   N. N.

2. Empfehlung für einen Reisenden.

Geehrter Herr!

Mein Freund, der Mechaniker N. N., ist im Begriffe, eine längere Vergnügungsreise zu unternehmen, theils um seine Gesundheit zu befestigen, theils um einige fremde Länder und merkwürdige Städte kennen zu lernen. Da er auch Ihre Stadt berühren wird, so benutze ich diese Gelegenheit, in Ihnen das Andenken an unsere Freundschaft zurückzurufen und Ihnen zugleich den Ueberbringer dieses bestens zu empfehlen. Sie werden an ihm einen liebenswürdigen Mann finden, dessen Bekanntschaft Ihnen, wie ich hoffe, nicht unangenehm sein wird. Der Fremde bedarf nicht selten der Anleitung.

des Raths, der freundlichen Unterſtützung. Darf ich Sie bitten, auch um meinetwillen ihm alles dieſes angedeihen zu laſſen? Sie werden mich zu dem lebhafteſten Danke verpflichten, wenn Sie ihn mit derſelben Freundſchaft aufnehmen, als ob ich ſelbſt das Vergnügen hätte, Sie zu beſuchen, und ich darf nicht fürchten, daß Ihnen ſeine Gegenwart unangenehm ſein wird. Leben Sie wohl und bleiben Sie ferner gewogen   Ihrem   N. N.

3. Empfehlungsſchreiben für einen Clerk.

Geehrter Freund!

Einer meiner Clerks, Namens N. N., aus einer achtbaren Familie, im 22. Jahre ſeines Alters, wünſcht ſein Unterkommen an einem andern Handlungsplaße zu finden, und hat mich um eine Empfehlung für ihn gebeten.   Ich will ihm in ſeinem Vorhaben nicht hinderlich ſein, vielmehr zur Beförderung ſeines Glückes ſehr gern Alles beitragen.   Er ſchreibt eine ſehr ſchöne Hand, rechnet mit Fertigkeit, und beſitzt gute Sprachkenntniſſe.   Hiermit verbindet er die geprüfteſte Treue, den anhaltendſten Fleiß im Arbeiten und ein beſcheidenes Betragen.   Erlauben Sie daher, daß ich Ihnen dieſen jungen Mann beſtens empfehle, und Sie bitte, denſelben in New York oder Philadelphia in einem guten Hauſe unterzubringen.   Am liebſten würde es ihm und mir ſein, wenn Sie ſelbſt in Ihrer Handlung eine Stelle offen hätten, und dieſelbe durch ihn beſetzen wollten.

In der Gewährung meiner Bitte werde ich einen neuen Beweis Ihrer Freundſchaft erkennen, zu ähnlichen Dienſten ſtets bereit und mit unveränderter Achtung ſein   Ihr   N. N.

4. Empfehlung für ein Mädchen zu einem Dienſt.

Liebe Freundin!

Ihrem Wunſch gemäß ſtellt ſich Ihnen in der Ueberbringerin dieſer Zeilen die junge N., Tochter des ——, vor.   Sie werden in ihr ein beſcheidenes und gutgezogenes Mädchen erkennen.   Es würde mir eine Freude ſein, wenn Sie daſſelbe in Dienſt nähmen; denn es iſt der Wunſch ihrer Eltern, daß ihre einzige Tochter unter die Leute kommen ſoll, und in guten Händen ſei.   Sind gleich die Eltern arme Leute, ſo haben ſie doch für ihr Kind in der Erziehung Alles getban.   Ihre ergebene   N. N.

5. Antwort auf eine Empfehlung.

Geehrter Freund!

Die Bekanntſchaft des jungen Mannes, den Sie mir empfohlen, macht mir viel Freude, und ich bin Ihnen ſehr dankbar dafür, daß Sie ihn mir zugewieſen haben.

Er ist ein in jeder Beziehung liebenswürdiger, braver junger Mann, und so sehr ich ihn wegen seiner seltenen Geistesvorzüge schätze, eben so werth ist er meinem Herzen wegen seiner biedern Offenherzigkeit und bescheidenen Freimüthigkeit.

Wie er mit mir zufrieden ist, wird er Ihnen vielleicht selbst sagen. Das aber kann ich Ihnen wenigstens versichern, daß ich und die Meinigen Alles thun, um ihm den Aufenthalt in meinem Hause so angenehm als möglich zu machen, um auch Ihnen dadurch zu zeigen, wie schätzbar uns Allen Ihre Freundschaft und das geschenkte Zutrauen ist.

Mich Ihrem ferneren freundlichen Andenken bestens empfehlend,

Ihr   N. N.

III. Entschuldigungsschreiben.

1. Entschuldigung wegen nachlässiger Correspondenz.

Geehrter Freund!

Was denken Sie wohl von mir, daß ich Ihnen schon so lange nicht geschrieben habe? Alles, was Sie wollen, nur nicht, daß ich aufgehört habe, Sie hochzuschätzen. Sie können immerhin sagen, daß ich ein nachlässiger Correspondent bin, das muß und will ich Ihnen zugeben; aber dessenungeachtet hoffe ich, daß Sie mir mein langes Stillschweigen verzeihen und alle Schuld auf meine seither sehr überhäuften Geschäfte werfen werden. Sie werden mir gewiß diese Bitte um so eher gewähren, da Sie wissen, daß ich trotz meiner Saumseligkeit im Schreiben doch nie vergesse, mit Wärme an meine Freunde zu denken. Rechnen Sie für die Zukunft darauf, daß unser Briefwechsel nie wieder durch mich unterbrochen werden soll; aber versichern Sie mich auch Ihrerseits, daß ich Sie stets als meinen Freund betrachten und mich nennen darf

Ihren ergebenen   N. N.

2. Entschuldigungsschreiben wegen eines nicht zur bestimmten Zeit bezahlten Darlehens.

Hochgeehrter Herr!

Ich erkenne Ihre gütige Nachsicht mit so viel Dank, daß ich Alles aufopfere, um den Schein der Vernachlässigung meiner Schuldigkeit von mir abzuwenden. Bei der Unmöglichkeit, derselben aus eigenen Mitteln zu genügen, habe ich mir die hierbei kommende Summe von einem Freunde vorstrecken lassen, um Sie zu überzeugen, daß ich sehr entfernt bin, Ihre Güte zu mißbrauchen.

Seien Sie so gefällig, mir die Quittung darüber zuzusenden und bleiben Sie versichert, daß ich stets bin   Ihr dankbarer N. N.

8. Entschuldigungsschreiben eines Mündels an seinen Vormund über verschwendete Summen.

Geehrter Herr!

Ich müßte Ihrer Güte unwürdig sein, wenn Ihre Erinnerungen, welche Sie stets mit Ausdrücken Ihrer besonderen Liebe und Gewogenheit gegen mich begleiten, nicht den lebhaftesten Eindruck auf mich gemacht hätten. Ich gestehe offenherzig, daß ich seither mit meinem Gelde nicht zum Besten gewirthschaftet habe. Mangel an gehöriger Ueberlegung und falscher Ehrgeiz, es Reicheren nachzuthun, haben mich zu einer Menge von Ausgaben verleitet, die allerdings hätten wegfallen können. Daß dadurch mein Vermögen einen nicht geringen Stoß erlitten hat, erkenne ich jetzt mit Schmerz, bin aber nun auch fest entschlossen, künftig desto sparsamer zu sein. Was man übrigens sonst Nachtheiliges von mir gesprochen hat, dem widerspreche ich dreist, und versichere Sie von dem Ungrunde desselben. Es ist mir leid, daß dergleichen Gerüchte einen üblen Eindruck auf Sie gemacht haben.

Lassen Sie mich Ihrer ferneren Liebe und Vorsorge empfohlen sein; dieses bittet   Ihr gehorsamster   N. N.

4. Entschuldigung wegen später Besorgung eines Auftrages.

Geehrter Herr!

Sie werden verzeihen, daß ich Ihren Auftrag erst jetzt ausgerichtet habe. Dringende Geschäfte haben mich genöthigt, diese Sache wider meinen Willen, länger als ich dachte, aufzuschieben. Auch waren bei Ausführung derselben unerwartete Hindernisse aus dem Wege zu räumen. Es ist mir leid, daß ich Ihre Erwartungen in diesem Falle nicht nach Wunsch habe befriedigen können; ich hoffe aber, zu einer andern Zeit so glücklich zu sein, Ihnen wichtigere Dienste zu leisten, als es mir unter den eingetretenen Umständen möglich war. Es soll für mich das angenehmste Geschäft sein, wenn ich Ihnen in 'rgend einer Sache nützlich sein kann.

Ihr bereitwilliger   N. N.

5. Entschuldigungsschreiben wegen nicht genommenen Abschiedes.

Geehrter Herr!

Morgen reise ich nach O., um dort mein Fortkommen zu suchen. Ich wäre noch zu Ihnen gekommen, um Abschied zu nehmen, wenn

Zeit und Umstände es mir erlaubt hätten. Die Gelegenheit zu meiner Abreise bot sich unerwartet dar, und mein Entschluß war eben so schnell gefaßt. Sehr leid thut es mir, Sie nicht noch einmal gesehen, und Ihnen mündlich für die vielen Wohlthaten gedankt zu haben, die Sie mir erwiesen, und für die guten Lehren, die Sie mir gegeben haben. Wahrscheinlich sehe ich Sie recht bald einmal wieder, da mich einige Geschäfte, die ich hier noch zu besorgen habe, wenigstens binnen einem halben Jahre noch einmal hierher rufen. Bis dahin sage ich denn Ihnen und Ihrer lieben Familie ein herzliches Lebewohl und bitte, mich auch ferner im geneigten Andenken zu behalten.   Ihr   N. N.

IV. Vorwurfsschreiben.

1. Ermahnung eines Vaters an seinen Sohn, welcher in üble Gesellschaft gerathen ist.

Mein Sohn!

Ich glaubte den Trost und die Freude meines Alters an Dir zu sehen, muß aber jetzt zu meinem größten Schmerz erfahren, daß diese meine schönste Hoffnung eitel war. Ich erhalte die traurigsten Nachrichten über Dein Betragen. Spielen, Herumschwärmen bis in die späte Nacht, meistens in Gesellschaft verrufener Leute, ist Deine Beschäftigung. Alles dieses muß einen Vater, dem nichts mehr am Herzen liegt, als das Wohl seiner Kinder, tief darniederbeugen und vor der Zeit in die Grube bringen. Noch will ich nicht alle Hoffnung auf Deine Besserung aufgeben. Dein Herz wird ja hoffentlich noch nicht so verderbt sein, daß es gegen die Ermahnung Deines Vaters, der Dir so große Opfer gebracht hat, unempfindlich bleiben sollte. Sollte es jedoch so weit mit Dir gekommen sein, so werde ich auch meine Wohlthaten nicht länger an Dich verschwenden, weil ich dadurch meine Pflichten gegen Deine Geschwister verletzen und Dir selbst am Ende nur schaden würde.

Es steht bei Dir, ob Du noch länger einen Vater an mir haben willst. Besserst Du Dich nicht, so nenne ich mich zum letzten Male Deinen Vater.   N. N.

2. Verweisschreiben an einen Bekannten wegen eines schlecht gehaltenen Buches.

Geehrter Herr!

Ich erhielt Herder's Werke, welche ich Ihnen geliehen habe, zwar wieder, aber selber nicht so, wie Sie dieselben von mir empfingen. Ich bat Sie doch ausdrücklich, auf die Bücher Acht zu geben, und nun schicken Sie mir dieselben so zurück, daß ich sie kaum für die meinigen erkennen kann. Ich habe meine Bücher gern rein und sauber, und lese mit Verdruß in einem beschmutzten Buche. Sie werden es mir also nicht übel nehmen, daß ich Ihnen S ch i l l e r ' s W e r k e , welche Sie nun verlangen, nicht schicke. Kann ich Ihnen auf eine andere Art gefällig sein, so bin ich

Ihr   N. N.

3. Antwort auf einen groben Brief.

Geehrter Herr!

Nimmer hätte ich Ihnen die Ungeschliffenheit zugetraut, mir einen so groben Brief schreiben zu können. Ihr gemeiner Charakter, den ich schon aus nur zu vielen, für mich schmerzlichen Erfahrungen kennen gelernt habe, spiegelt sich so treu in diesem Briefe ab, daß ich mir nicht genug Glück wünschen kann, auf diese Weise von Ihrer Bekanntschaft loszukommen.   N. N.

4. Vorwurf wegen Vernachlässigung eines Auftrags.

Geehrter Herr!

Als ich Ihnen den Auftrag gab, die Eintreibung meiner Schuldforderung von Herrn S. zu besorgen, hatten Sie die Güte, die Sache nicht allein zu übernehmen, sondern mir auch versprochen, sie eifrig zu betreiben, so daß sie hoffentlich binnen einem Monat entschieden sein sollte. Nach Verlauf dieser Zeit wurde ich von Ihnen nicht einmal mit einer Zuschrift beehrt und erfuhr nur gelegentlich, daß Herr S. zur Bezahlung der Schuld angehalten worden sei. Ich komme durch diese Verzögerung in die größte Verlegenheit; denn wie ich Ihnen damals zugleich eröffnete, habe ich auf dieses Geld bei einer nothwendigen Ausgabe gerechnet. Sollten Sie vielleicht Bedenken tragen, die Sache nachdrücklich zu betreiben, so ersuche ich Sie, mir durch den Ueberbringer dieses die Ihnen gegebene Schuldverschreibung zurückzusenden, wogegen Ihnen derselbe Ihren Rückschein überliefern wird; sind Sie aber noch Willens, mir den versprochenen Dienst zu erweisen, so bitte ich Sie, die Sache nunmehr zu beschleunigen.   Ihr ergebenster   N. N.

5. Wegweisung aus einer geschlossenen Gesellschaft.

Mein Herr!

Da Sie über einen unschuldigen Scherz sich so sehr vergessen konnten, daß Sie mit der Faust eine vermeintliche Beleidigung zu rächen suchten und auf diese Weise Störung in einer Gesellschaft hervorbrachten, in welcher Ordnung und Anstand die obersten Gesetze sind, so sehe ich mich mit allgemeiner Zustimmung sämmtlicher Mitglieder, die sich alle durch Ihr rücksichtsloses Benehmen verletzt fühlen, veranlaßt, Sie zu ersuchen, unser Lokal, in dem nur Friede und Eintracht herrschen soll, mit Ihrem ferneren Besuche zu verschonen.   Sich damit empfehlend

N. N.,
Vorsteher der Gesellschaft X.

Dritte Abtheilung.

Dank-, Beileid-, Trostschreiben und freundschaftliche Briefe.

I. Dankschreiben.

1. Dank an einen Wohlthäter.

Mein theurer Wohlthäter!

Wenn sich die Gefühle, die ich für einen Mann hege, der auf so großmüthige Weise den Grund zu meinem Fortkommen und Glück gelegt hat, in Worten schildern ließen, so würde ich Ihnen heute ein lebhaftes Bild des dankbarsten Herzens vor Augen stellen. Aber ersparen Sie mir das Mißvergnügen, nur unvollkommen sagen zu können, was ich so gern in seiner ganzen Stärke und in seinem ganzen Umfange darlegen möchte.

Erlauben Sie mir dagegen, Sie im Stillen zu segnen und den Geber alles Guten zu bitten, daß er Sie reichlich für Alles belohnen möge, was Sie so großmüthig an mir gethan haben. Leben Sie glücklich, gesund und heiter! Dies ist der dringendste Wunsch

Ihres dankbaren   N. N.

2. Dank wegen einer gewährten Bitte.

Geehrter Herr!

Mein Herz sagte es mir sogleich, daß meine Fürbitte für die Ihrer Wohlthätigkeit empfohlenen drei hülfsbedürftigen Familien nicht ohne Erhörung bleiben würde. — Sie haben Ihre milde Hand reichlich aufgethan und meine Hoffnung bei weitem übertroffen, da ich weiß, daß diese Armen nicht die einzigen sind, die sich Ihrer Wohlthaten zu erfreuen haben. Mit strenger Pünktlichkeit habe ich Ihre Vorschriften befolgt und ermangle nicht, Ihnen hiermit die

4

nöthigen Bescheinigungen zu behändigen. — O, Sie hätten die Thränen der Freude sehen, die Wünsche und Empfindungen der Unglücklichen hören sollen, die sie für die ihnen gereichte Wohlthat mit Innigkeit zu dem ewigen Vergelter emporsendeten! — Doch ich kenne Ihr vortreffliches Herz; ich will Ihnen daher nicht mit weitläufigen Beschreibungen dieser ergreifenden Scenen lästig werden, da es nur Ihr Zweck ist, Gutes zu thun, und Sie zufrieden sind, Thränen getrocknet zu sehen, ohne auf den Dank der Geretteten zu rechnen. Aus diesen Gründen bedarf ich auch keiner langen Entschuldigung meiner Zudringlichkeit, und ich erlaube mir noch, Ihnen die Versicherung der ausgezeichneten Hochachtung zu wiederholen, mit der ich stets bin   Ihr ergebenster   N. N.

3. Dankschreiben an einen Arzt bei Uebersendung des Honorars.

Geehrter Herr!

Sie haben mir in der schweren Krankheit, von der ich nun wieder genesen bin, mit einer solchen Treue und Sorgfalt beigestanden, daß ich Ihnen zu ewigem Danke verpflichtet bin. Sie sind der Retter meines Lebens, und jeden Genuß, den es mir noch bringt, habe ich als ein Geschenk von Ihnen zu betrachten. Ihnen das zu vergelten, vermag ich nicht; um Ihnen jedoch einen Beweis meiner Erkenntlichkeit zu geben, bitte ich Sie, das Beikommende gütigst von mir anzunehmen.

Ich empfehle mich Ihnen und Ihrem verehrten Hause ganz ergebenst, unter der Versicherung, daß ich nie aufhören werde, mit unbeschränkter Dankbarkeit zu sein   Ihr   N. N.

4. Dankschreiben bei Rückzahlung eines Darlehens.

Geehrter Herr!

Nicht ohne Beschämung kann ich endlich daran denken, Ihnen die mir so gütig geliehenen zweihundert Dollars zurückzuzahlen. Ich weiß es nur gar zu wohl, daß ich wegen der verspäteten Erfüllung meines Versprechens bittere Vorwürfe verdiene, und es nur der menschenfreundlichsten Güte zu verdanken habe, daß Sie so lange Nachsicht mit mir gehabt haben.

Im Kampfe mit einem harten Schicksale verlor ich den Muth nicht, und nach den schweren Leiden eines langen Jahres lächelt mir jetzt erst wieder ein besseres Glück. Ich eile, meine Schuld abzutragen und mir Ihre Vergebung zu erbitten.

Edler Menschenfreund, wie bin ich im Stande, Ihnen Ihre Güte jemals vergelten zu können! Was hätte ich anfangen wollen, hät-

ten Sie mir nicht in meiner größten Noth so großmüthige Hilfe geleistet, eine Hilfe, um die ich Sie nicht einmal angesprochen, und bei
der Sie nicht nur die Zinsen Ihres Capitals zum Opfer brachten,
sondern auch dieses Capital der bloßen Ehrlichkeit eines Ihnen ziemlich Fremden anvertrauten! Worte vermögen nicht das Dankge-
fühl auszudrücken, welches mein ganzes Herz erfüllt und gewiß niemals erlöschen wird.

Schenken Sie mir auch in Zukunft Ihre Gewogenheit, und genehmigen Sie die Versicherung meiner bleibenden Dankbarkeit.

Ihr ergebenster   N. N.

**5. Danksagungsschreiben für ein versprochenes
Darlehen, mit Ueberschickung eines Wechsels.**

Geehrter Herr!

Ich vernehme aus dem Schreiben meines Freundes S., daß Sie
auf seinen Antrag erbötig sind, mir mit den benöthigten 300 Dollars aus der drückenden Verlegenheit zu helfen, in der ich mich befinde. Ich bin Ihnen für diese gütige Hülfe um so dankbarer, da
ich mir auf keine andere Art mehr zu rathen wußte. Das Vertrauen, welches Sie mir bei dieser Gelegenheit bewiesen haben, weiß
ich nach seinem vollen Werthe zu schätzen; die Folge wird Ihnen beweisen, daß ich desselben nicht unwürdig bin. In einem Jahre spä-
testens werde ich im Stande sein, Ihr Darlehn zurückzuzahlen, und
auf diese Frist habe ich den beiliegenden Solawechsel ausgestellt. Ich
übersende Ihnen denselben mit der Versicherung der hochachtungs-
vollen Gesinnungen, mit denen ich unwandelbar sein werde

Ihr dankbarer und ergebenster   N. N.

II. Beileid- und Trostschreiben.

**1. Trostschreiben an einen Freund über den Tod
seines Vaters.**

Theuerster Freund!

Recht herzlich traure ich mit Dir; denn auch ich liebte Deinen
vortrefflichen Vater und ehrte ihn kindlich. Sein Umgang ist mir
sehr lehrreich und ermunternd geworden, und das Andenken an ihn
wird mir lebenslang theuer sein. Kann Dich diese meine innige
Theilnahme trösten, so wird Dir dieser Brief allerdings einigen
Trost gewähren. Wohl Dir, daß Du an dem Grabe Deines guten
Vaters mit dem tröstenden Bewußtsein stehen kannst, ihn nie durch
Leichtsinn und Undankbarkeit gekränkt zu haben. Hätte Freude an

feinem Mutter sein theures Leben verlängern können, so würde er lange gelebt haben, denn viel Freude hatte er an Euch Allen.

Sei getrost, mein Theurer, und suche über Deinen Schmerz zu siegen, damit Du die Pflichten gegen Deine jüngeren Geschwister, welche Dir nun obliegen, und die Deinem guten Herzen gewiß theuer sind, desto freudiger erfüllen kannst.

Lebe wohl! Bald hoffe ich Dich zu besuchen, und Dir mündlich zu wiederholen, wie sehr ich Dich bedaure, wie sehr ich Dich liebe. Lebe wohl! es umarmt Dich   Dein   N. N.

2. Trostschreiben an eine Freundin über den Tod ihrer Mutter.

Innigst geliebte Freundin!

Ich muß bekennen, daß die Größe Ihres Verlustes, den Sie durch den Tod Ihrer Frau Mutter erlitten haben, mich zweifeln macht, ob ich Sie darüber trösten kann. Ich selbst, die ich nur durch eine kurze Zeit das Glück gehabt habe, in ihrer Nähe zu sein, bin darüber äußerst betrübt. Sie haben Recht, meine Beste, zu weinen. Eine Frau von so edeln Gesinnungen, ein solches Muster von Frömmigkeit ist der Thränen werth.

Doch, geliebteste Freundin, war es möglich, sie immer zu behalten? Hat sie nicht das gewöhnliche letzte Ziel menschlicher Dauer, ein hohes Alter, erreicht? Fühlte die Selige nicht oft schon die Kraftlosigkeit des Alters, welches an sich schon ein langsames Sterben ist? Sie war nur noch fähig, die Freuden des Geistes zu genießen, und wie herzlich sehnte sie sich nach dem Orte, wo sie dieselben in vollem Maße genießen könnte. Der Himmel hat ihre Wünsche erhört. Dieses, meine Beste, muß sie trösten.

Bringen Sie Ihrer Mutter das letzte Opfer, sie dem Genusse der himmlischen Seligkeit ganz zu überlassen, mit willigem Herzen. Es ist die letzte kindliche Pflicht, die Sie ihr in dieser Welt leisten können. Trocknen Sie also die Thränen ab, meine Liebe! Vergessen Sie über der Empfindung Ihres Verlustes nicht, dem Himmel zu danken, daß er Ihnen diese Stütze so lange und nicht länger erhielt, als Sie menschliche Unterstützung bedurften. Denken Sie mit freudiger Dankbarkeit an das musterhafte Leben Ihrer Frau Mutter und an ihren sanften Tod. Gott gebe uns einen solchen! Dieses ist der größte Wunsch   Ihrer   theilnehmenden Freundin N. N.

8. An eine Freundin bei dem Tode ihres Gatten.

Liebste, theuerste Freundin!

Ein großer, schmerzlicher Verlust hat Sie betroffen — der zärtlich geliebte Gatte ist Ihnen entrissen worden, der Ihr höchstes irdisches Glück ausmachte, und der auch Sie über Alles ehrte und liebte!

Wie oft habe ich Sie, wenn ich sah, daß Sie in so inniger, ungetrübter Eintracht zusammen lebten, für die glücklichsten Menschen gehalten, und so bald, so unerwartet schnell wurde dieses schöne Verhältniß wieder gestört! — Aber Gottes Wege sind unergründlich, und seine härtesten Prüfungen nicht schwerer, als wir Menschen sie ertragen können. Nach Regen läßt er stets erquickenden Sonnenschein und nach Leiden eben so große Freuden folgen; darum, theure Freundin, lassen Sie den Muth nicht ganz sinken und tragen Sie geduldig diese schwere Prüfung. Gewiß wird Ihnen der Himmel einen lindernden Balsam für diese tiefe Wunde Ihres Herzens geben.

Also mäßigen Sie ihren Schmerz, theure Freundin! Suchen Sie Zerstreuung bei Ihren Freunden und in den edleren Freuden der Geselligkeit, und seien Sie versichert, daß Niemand einen herzlicheren Antheil an Ihrem großen Verluste nimmt, aber auch Niemand mehr wünscht, Sie recht bald der Welt wiedergegeben zu sehen, als

Ihr   ganz ergebenster N. N.

4. Trostschreiben an eine Schwester über den Verlust ihrer Tochter.

Geliebte Schwester!

Der Verlust Deiner Tochter, die Du durch die unglückseligen Blattern eingebüßt hast, ist auch für mich sehr schmerzhaft. Ich nahm mir vor, Dich in Deinen Leiden nach Möglichkeit zu trösten, allein ich habe mich getäuscht, und bin unfähig, Dir Trost zu geben, indem bei jedesmaliger Erinnerung an Deine liebe Kleine mir das Herz bricht, und ich mir durch Thränen Erleichterung verschaffen muß.

Doch, geliebte Schwester, laß uns den Schöpfer anflehen, daß er den tiefen Schmerz, womit dieser Verlust unsere Herzen erfüllt, uns standhaft ertragen lasse, und daß unsere Herzen sich bald wieder zu ruhiger Ergebung erheben.

Ermuthige Dich! dieses bittet   Deine

aufrichtige Schwester N. N.

5. An einen Freund bei dem Tode seiner Schwester.

Geschätzter Freund!

Daß ich den aufrichtigsten Antheil an dem großen Verluste nehme, den Sie durch den Tod Ihrer liebenswürdigen Schwester erlitten haben, brauche ich Ihnen gewiß nicht zu versichern. Ich verehrte in ihr ein Herz voll edler Gesinnungen, und ihr früher Hintritt erfüllt mich mit desto innigerer Wehmuth, je mehr sie bei ihrer frischen Jugendblüthe Anspruch auf ein recht langes und glückliches Leben zu haben schien. — Warum mußte sie doch der Welt so bald entrissen werden? Ich kenne keine Antwort auf diese Frage, theuerster Freund, wenn wir nicht annehmen wollen, daß die unerforschliche Weisheit der ewigen Vorsehung immer nach den besten und weisesten Absichten handelt. Lassen Sie uns in diesem Glauben Beruhigung suchen und die Prüfungen dieses Lebens standhaft und gelassen ertragen lernen. Erhalten Sie Ihre Freundschaft

Ihrem   Sie aufrichtigst liebenden N. N.

6. Trostschreiben an einen Freund, der durch eine Feuersbrunst Haus und Hof verloren hat.

Mein theurer Freund!

Tief, sehr tief hat mich die Nachricht von Ihrem Unglücke gebeugt. Ach, wer kann es voraussagen, was ihm in der nächsten Stunde begegnen wird? Doch ich will Ihre schmerzhaften Empfindungen nicht durch meine Klage vermehren. Sie haben Ihr Unglück nicht verschuldet; das muß Ihren Kummer lindern, Ihren Geist aufrichten. Möge dieses Unglück nur keinen nachtheiligen Einfluß auf Ihre Gesundheit haben; das macht mich sehr besorgt! Sie sind Gatte und Vater, die Stütze einer jammernden Familie. Fassen Sie Muth; immer ist die Hilfe da am nächsten, wo die Noth am größten ist. Rechnen Sie auf die Unterstützung Ihrer Freunde; ich darf mich unter diese zählen. Mit dem bereitwilligsten Herzen eile ich Ihnen mit meiner Hilfe entgegen. Sie bedürfen derselben schnell. Melden Sie mir schleunigst, wenn ich Ihnen für den Augenblick dienen kann! Ich bin jetzt und immer

Ihr   wahrer Freund N. N.

III. Freundschaftliche Briefe.

1. Freundschaftsversicherung an einen Bekannten.

Theuerster Freund!

Kaum weiß ich es selbst, aus welcher Ursache wir nun schon über ein halbes Jahr lang getrennt sind, ohne uns auch nur ein Mal von unsern gegenseitigen Schicksalen Kunde gegeben zu haben. Soll ich Ihnen deshalb Vorwürfe machen, oder soll ich die Schuld mir beimessen? Ich mag weder das Eine nach das Andere thun, sondern will nur die Zukunft ins Auge fassen und Ihnen mit der Versicherung entgegen kommen, daß ich Ihrer oft mit treuester Anhänglichkeit gedachte, und daß es mich herzlich freuen wird, wenn ich bei Ihnen noch in gutem Andenken lebe. Ich weiß, daß es nicht Ihre Absicht ist, mich zu vergessen; Sie werden daher nicht ferner bei einem Schweigen verharren, das mich beunruhigt und an dem Fortbestehen

Ihrer Zuneigung zweifeln läßt, während ich meinerseits unausge
setzt mit aller Hochachtung bin

Ihr   treuergebener N. N.

2. Aehnlichen Inhalts zur Antwort

Werthester Freund!

Hätte ich Ihren mir herzlich lieben Brief auch nicht erhalten, so
würde ich doch nicht weniger von Ihrer aufrichtigen Freundschaft
überzeugt sein; denn man kann schweigen, ohne zu vergessen, und
Personen lieben, ohne sie zu sehen oder schriftlich mit ihnen zu ver-
kehren. Wer kann daher auf solch ein zweideutiges Zeichen bauen?
Das Herz verdient mehr Vertrauen; es giebt das unverwerflichste
Zeugniß über Zuneigung und Abneigung. Ihrem Herzen vertraute
ich und war überzeugt, Sie dachten an mich, wenn Sie auch nicht
schrieben; so habe ich mir Ihr bisheriges Stillschweigen zu meinen
Gunsten gedeutet und Ihrer Freundschaft Gerechtigkeit widerfahren
lassen.

Gewähren Sie mir dies ebenfalls, und seien Sie fest versichert,
daß Sie Niemanden mit größerem Rechte den Ihrigen nennen können, als   Ihren   Sie aufrichtig liebenden N. N.

3. An eine Freundin wegen ihres langen Stillschweigens.

Liebe Freundin!

Warum lassen Sie denn so gar nichts mehr von sich hören? Sind
wir denn ganz von Ihnen vergessen? Wie befinden Sie sich? Wie
vertreiben Sie sich die Zeit? Wie steht es mit Ihrem gesellschaftli-
chen Verkehr? Beantworten Sie mir doch recht bald und recht weit-
läufig diese Fragen.

Ich sage recht bald; denn ich bin gesonnen, mit meiner Familie
eine kleine Reise zu unsern Verwandten in S. zu machen, und schon
in vierzehn Tagen würde uns Ihr Brief nicht mehr hier treffen. Sie
verließen uns mit dem Versprechen, uns gleich nach Ihrer Ankunft
in G. Nachricht zu geben; acht Wochen sind aber seitdem verflossen,
und noch hat uns keine Zeile von Ihnen erfreut. Dies heißt doch
nicht Wort gehalten. Sie werden zu Ihrer Entschuldigung sagen,
Sie seien im Geiste oft bei uns gewesen, und das will ich auch glauben; denn auch wir haben sehr oft an Sie gedacht. Aber ein so
ganz geistiger Umgang will uns doch in der Länge nicht genügen.
Es ist schon schlimm genug, wenn wir statt der Freundin selbst, mit
einem Blatte Papier vorlieb nehmen müssen; was sollen wir aber
anfangen, wenn auch dieses ausbleibt?

Also, meine Theure, erfreuen Sie uns bald mit einem Briefe!

In meinem Hause befindet sich Alles wohl; Alles grüßt und umarmt Sie im Geiste und empfiehlt sich Ihrer Liebe. Ich aber küsse Ihre federscheue Hand in Gedanken und bin mit unveränderlicher Achtung   Ihr   N. N.

4. An einen Freund, der eine weite Reise machen will.

Theuerster Freund!

Sie melden mir, daß Sie in einigen Tagen nach San Francisko reisen wollen — ein weiter Weg! Reisen Sie glücklich, und erreichen Sie Ihren dabei beabsichtigten Zweck so leicht und sicher, als Sie es wünschen.

Der Himmel bewahre Sie vor allem Ungemach und erhalte Sie vorzüglich bei guter Gesundheit. Und da Sie wissen, wie vielen und herzlichen Antheil ich an allen Ihren Erlebnissen nehme, so benachrichtigen Sie mich auch zuweilen, wie und wo Sie sich befinden.

So sehr mir jetzt die Trennung von Ihnen nahe geht, so groß werden die Freuden des Wiedersehens sein; denn ich hoffe gewiß, daß Sie nach Ihrer Zurückkunft in Ihre Heimath mich bald mit dem schon so lange versprochenen Besuche erfreuen werden.

Leben Sie wohl, und behalten Sie auch in weiter Entfernung lieb   Ihren   N. N.

5. An einen Bekannten wegen langen Stillschweigens.

Geehrter Freund!

Fast sollte ich auf den Gedanken kommen, daß Sie sich meiner nicht mehr mit d e r Freundschaft erinnern, die Sie mir früher zu erzeigen die Güte hatten.

Schon sind zwei Jahre verflossen, ohne daß ich einen Buchstaben von Ihnen gesehen habe, und doch erfahre ich zu meiner Freude, daß Sie sich noch wohl befinden. Was mag also wohl die Ursache Ihres langen Stillschweigens sein? Dringende Geschäfte pflegen doch selten so lange zu dauern, und man kann schon Angenblicke dabei finden, um einem aufrichtigen Freunde einige Zeilen zu schreiben. Daß Sie die alten Freunde über die neuen vergessen sollten, liegt nicht in Ihrer Denkungsart.

Aber ich rathe Ihnen, lieber Freund, seien Sie auf Ihrer Hut! ich werde alle Ihre Heimlichkeiten aufspüren und Ihnen dann selbst sagen, was der Grund Ihres Benehmens ist.   Ihr   N. N.

Vierte Abtheilung.

Erinnerungen. Berichte. Einladungen.

I. Erinnerungsschreiben.

1. Erinnerung an eine Schuld.

Geehrter Herr!

Eine Veränderung, welche ich vor einiger Zeit in der Einrichtung meines Hauswesens vornehmen mußte, war für mich mit so vielen Ausgaben verbunden, daß ich bis jetzt noch nicht vermögend gewesen bin, sie alle zu bestreiten. Diese Versicherung wird, bei Ihrer bekannten billigen Denkart, die beste Entschuldigung für mich sein, wenn ich jetzt die Bitte an Sie stelle, mich durch gelegentliche Uebersendung des Betrags zu unterstützen, welchen meine am 20. Mai dieses Jahres übersendete Rechnung enthält.

Ihr ergebenster N. N.

2. Wiederholte Erinnerung, eine Schuld zu bezahlen.

Geehrter Herr!

Auf meinen letzten Brief, worin ich Sie auf's Freundschaftlichste erinnerte, mir die Ihnen geliehenen 250 Dollars endlich zurückzuzahlen, waren Sie nicht so gefällig, mir zu antworten. Ich muß aufrichtig gestehen, daß mir Ihr Stillschweigen viel Verdruß macht, und ich sehe daraus, wie wenig Sie die Ihnen erwiesene Freundschaft achten. Es fällt mir schwer, dieses niederzuschreiben, und Sie zum wiederholten Male zu mahnen, allein ich habe Ihnen ja schon im vorigen Briefe geschrieben, daß ich mich in einer Lage befinde, wo ich mein Geld höchst nöthig bedarf.

Wollen Sie nun, daß ich nicht glaube, es sei Ihnen an meiner Freundschaft nichts gelegen, so überschicken Sie mir mein Geld sogleich nach Empfang meines Schreibens, welches auf jeden Fall das letzte sein wird.

In der gewissen Hoffnung, daß Sie es nicht werden darauf ankommen lassen, daß ich gerichtliche Hilfe suche, bin ich mit Achtung

N. N.

8. Erinnerung an einen säumigen Schuldner.

Geehrter Herr!

Ohne Zweifel haben Sie meine Rechnung vom letzten (Monate, Vierteljahre, Jahre) verlegt oder vergessen. Ich muß Sie bitten,

sich daran zu erinnern. Nächstens soll ich ein'ge fällige Zahlungen
berichtigen, und bin nicht bei Geld. Wäre ich nicht in dieser unangenehmen Lage, so würde ich Sie mit keiner Erinnerung belästigen.

Ihr   N. N.

4. Wiederholte Erinnerung an eine Schuldforderung.

Mein Herr!

Dieses ist nun der sechste Brief, den ich wegen meiner Forderung
von 100 Dollars an Sie schreibe. Anfangs hielten Sie mich mit
Ausflüchten, Winkelzügen und leeren Versprechungen hin; nachher
haben Sie beliebt, mir gar nicht mehr zu antworten. Wenn ich es
mit meinen Gläubigern ebenso machen wollte, so würde es bald sehr
schlecht um mich stehen. Soll ich aber meine Gläubiger befriedigen,
so müssen auch mich meine Gläubiger bezahlen. — Sie lassen sich
seit Jahr und Tag nicht mehr bei mir sehen, und besuchen andere
Gasthäuser. *) Das thun Sie immerhin; mir aber zahlen Sie
mein Geld! Das Meiste ist baare Auslage, und nur ein Weniges
gehört mir als redlicher Verdienst. Ich schreibe Ihnen nun nicht
wieder, sondern erwarte Zahlung. Erfolgt diese nicht innerhalb
zweier Wochen, so bin ich genöthigt, Sie auf einem Wege zu suchen,
der Ihnen nur zum Schimpfe gereichen wird.   N. N.

5. Erinnerung wegen rückständiger Hausmiethe.

Geehrter Herr!

Ich glaube nicht, daß Sie darüber böse werden, wenn ich Sie in
allem Ernste erinnere, den Hauszins endlich einmal zu bezahlen.
Die Billigkeit meiner Forderung müssen Sie selbst einsehen.

Andere Hausinhaber fordern den Zins für jeden Monat voraus
und ich fordere ihn erst von Ihnen, wenn Sie schon durch ein halbes Jahr das Quartier benutzt haben. Ich setze zwar in Ihre Redlichkeit kein Mißtrauen, da ich mich aber selbst in einer Lage befinde,
daß ich des Geldes bedarf, so belieben Sie, mir längstens binnen
acht Tagen den schuldigen Hauszins zu bezahlen. Für ein ganzes
Jahr sind Sie ihn nun schuldig; schon nahet der Zeitpunkt heran,
wo wieder ein halbes Jahr verflossen sein wird, und Ihre Sorglo-
sigkeit bleibt sich gleich.

Es wäre mir leid, wenn Sie mich zwängen, andere Mittel zu ergreifen! Daher sieht der richtigen Bezahlung entgegen

Ihr   N. N.

---

*) Statt der Worte „und besuchen andere Gasthäuser" kann ein Profes-
sionist hier setzen: „und lassen anderswo arbeiten." — Ein Händler kann
schreiben: „und nehmen Ihre Waare anderswo."

6 Erinnerung an einen Schuldner, nebst Antwort.

Geehrter Herr!

Als heute habe ich Ihrer Versicherung auf Wiederbezahlung der Summe, welche Sie mir nun schon seit Jahr und Tag schulden, im Vertrauen auf Ihr Wort geglaubt. Indessen ist die Zeit verflossen, und es ist Ihrerseits nichts zu meiner Befriedigung geschehen. Ich weiß nicht, woran ich mit Ihnen bin. Unter solchen Umständen können Sie es mir nicht verdenken, wenn ich Sie hierdurch an die Rückzahlung der Schuld erinnere. Ich bin durch meine eigenen Verhältnisse zu diesem Schritt gezwungen. Die gegenwärtigen mißlichen Geschäftsverhältnisse haben meine Geldkräfte so sehr in Anspruch genommen, daß ich auf die Außenstände Rücksicht nehmen muß.

Gewiß liegt es nur an Ihrem Willen, mich zu befriedigen, und es bedarf daher gewiß nur dieser Erinnerung. Ich setze kein Mißtrauen in Ihr Wollen, und erwarte in kurzer Zeit Befriedigung.

Ergebenst N. N.

Antwort.

Geehrter Herr!

Ihre Erinnerung an meine Schuld trifft mich leider in einer Lage, worin mir das Leben als ehrlicher Mann sehr schwer wird. An meinem Willen zur Rückzahlung der Summe, welche Sie mir vor Jahr und Tag freundschaftlich geliehen haben, fehlt es nicht, aber an den Kräften. Die schlechten Zeiten haben so sehr von mir und meinem Erwerbe gezehrt, daß ich Alles aufbieten muß, um fortzubestehen; an Gewinn habe ich leider nicht denken können. Ich habe bisher nur die nothwendigsten Lebensbedürfnisse, und selbst diese nur mit der größten und anhaltendsten Anstrengung erwerben können. Wäre der Broderwerb leichter und es möglich gewesen, einige Ersparnisse zu machen, so hätte ich an Ihre Befriedigung gewiß zuerst gedacht. Diese liegt mir so sehr am Herzen, daß ich mir selbst der drängendste Mahner bin. Aber denken Sie sich den Familienvater unter den Seinen, für die er zu sorgen verpflichtet ist, und denen er beinahe nichts als Sorgen, statt Nahrungsmittel, vorzusetzen vermag. Ihre Mahnung ist gerecht, aber ich wende mich an Ihr menschlich fühlendes Herz, und bei diesem thue ich gewiß keine Fehlbitte um Nachsicht. Gedulden Sie sich noch einige Zeit, vielleicht werden sich meiner Arbeitslust Mittel und Wege zeigen, wodurch ich dahin gelange, durch Anstrengung meiner Kräfte ein ehrlicher Mann ferner zu bleiben. Der Erwerb ist freilich durch die Zeitverhältnisse bis zum Erdrücken erschwert, und die Aussicht auf die Zukunft düster.

Ich schließe mit der wiederholten Bitte um Nachsicht, und gebe Ihnen die Versicherung, daß meine Sorge mich stets an meine Schuld erinnert, bis ich Ihnen dieselbe dankbar werde abgetragen haben.

Ihr   ergebenster N. N.

7. Erinnerung an einen Handwerker, die versprochene Arbeit zu liefern.

Geehrter Herr!

Als sie es bei unserer mündlichen Verabredung übernahmen, mir das nöthige Hausgeräth binnen eines Vierteljahrs zu liefern, traute ich Ihnen als einem Mann von Wort. Die Zeit ist indessen längst verflossen, und ich habe weder die Waare noch auch eine Nachricht erhalten, wie es damit steht. Ich befinde mich daher in einer großen Verlegenheit, weil ich das Bestellte nun dringend wegen meiner häuslichen Einrichtung brauche. Ich ersuche Sie also, mich wissen zu lassen, ob und wenn ich mit Bestimmtheit auf die Ablieferung rechnen kann. Erhalte ich binnen acht Tagen weder Antwort noch die Waare von Ihnen, so muß ich mich aus einer andern Werkstatt damit versehen. Ergebenst N. N.

II. Berichtschreiben.

1. Verlobungsanzeige eines Sohnes an seine Eltern.

Theuerste Eltern!

Ihr wünschtet bei meinem letzten Besuche, daß ich bald eine Gefährtin auf dem Wege meines Lebens finden möge; und Euer Wunsch ist nun erfüllt. Es ist die älteste Tochter des hiesigen Bürgers und Schlossers T..., die mein Herz gewonnen hat, ein Mädchen voll Unschuld und Herzensgüte, die Euch, theure Eltern, gewiß in jeder Beziehung gefallen wird. Da mir zu meinem Hausstande eine Gehülfin mit jedem Tage unentbehrlicher wird, so denken wir in x ter Wochen unsere Hochzeit zu feiern. Eure Einwilligung und Euren Segen werdet Ihr uns gewiß gern ertheilen; wir möchten ihn aber persönlich in Empfang nehmen: tritt daher kein bedeutendes Hinderniß in den Weg, so kommen wir zu Ende künftiger Woche auf einige Tage zu Euch. Der gute Vater meiner Mathilde, der es herzlich wünscht, Euch kennen zu lernen, will uns begleiten. Hoffentlich werden Euch diese Gäste willkommen sein. Gott gebe, daß wir uns gesund und froh umarmen! Im Vorgenusse dieser innigen Freude empfehle ich mich und meine Braut Eurer elterlichen Liebe. und bin mit kindlicher Hochachtung

Euer   treu ergebener Sohn.

2. Verlobungsanzeige an einen Freund.

Lieber Freund!

Die freundschaftliche Theilnahme, welche Du mir immer bewiesen hast, verpflichtet mich, Dich von einem wichtigen Schritte auf meinem Lebenswege zu benachrichtigen.

Gestern habe ich meine Verlobung mit der ältesten Tochter des hiesigen Kaufmannes Herrn F... vollzogen. Es war für mich der feierlichste Tag, den ich je erlebt habe, und zugleich ein Tag, der mir die froheste Aussicht in die Zukunft eröffnet. Ein achtzehnjähriges Mädchen, in der vollsten Blüthe der Gesundheit, in schlichter, zarter Sitte von ihren guten Eltern erzogen, und mit allen weiblichen Tugenden und Vollkommenheiten geschmückt, die zur Begründung ehelichen Glückes von Einfluß sind, kurz ein Mädchen, wie man es sich nur wünschen kann, wird die Gefährtin meiner künftigen Tage sein. Von den vielen schönen Zügen ihres Herzens ist auch dieser einer, daß sie die Verbindung mit meinen Freunden ehrt und schätzt. So oft ich ihr von den lehrreichen und angenehmen Unterhaltungen erzähle, deren ich mich aus Deinem Umgange noch so lebhaft erinnere, ist sie ganz Ohr. Sie wünscht Dich persönlich kennen zu lernen, und hat mich wiederholt erinnert, Dich ihrer Hochachtung zu versichern.

Lebe wohl, und erhalte auch ferner die alte Zuneigung

            Deinem   aufrichtigen Freunde.

3. Verlobungsanzeige an einen Bruder.

Lieber Bruder!

Nur wenige Zeilen in der Freude meines Herzens. Endlich sind alle Hindernisse einer baldigen Verbindung mit meinem Ernst beseitigt, und ich seine verlobte Braut. Das heißt treues Ausharren, aber es ist belohnt. Deine Bruderliebe wird mir Glück wünschen, das weiß ich, da Du stets diese Verbindung begünstigt hast. Freudig grüßt Dich   Deine   unveränderlich treue Schwester.

4. Ein Sohn berichtet seinen Eltern die Entbindung seiner Gattin.

Theuerste Eltern!

Ich eile, Euch die frohe Nachricht mitzutheilen, daß mir gestern Abends meine Frau einen gesunden Knaben geboren hat. Die Entbindung verursachte dem guten Weibe große Schmerzen, und ich fürchtete beinahe ihren Verlust; doch hat sich Alles zum Besten gekehrt. Die Mutter denkt jetzt nicht mehr an ihre Angst, und befindet sich nebst dem Kinde so wohl, als es die Umstände erlauben. Ihr einziger Wunsch ist, Dich, gute Mutter, bei sich zu sehen und auch

5

mir würde es zur großen Freude und Beruhigung gereichen, wenn
Du uns so bald als möglich auf längere Zeit besuchen könntest.
Setze uns bald davon in Kenntniß, ob dies geht, oder noch besser,
bringe die Nachricht gleich selbst, liebe Mutter.

Unter herzlichen Grüßen   Euer   treuer Sohn.

5. Bericht an einen Freund wegen eines Rechtsstreites.

Werther Freund!

Ich hatte kaum Ihr werthes Schreiben durchgelesen, als ich mich
der berichteten Streitsache wegen mit einem Rechtsfreunde besprach,
und sobann die Beschwerde bei der Court anhängig machte. Es
glückte mir, Gehör zu finden und die Zusicherung zu erhalten, daß
die Sache nächstens vorgenommen werden und zur baldigen Entscheidung gebracht werden solle.

Ich zweifle an dem guten Ausgange um so weniger, da der Richter die List erkennt, welche Ihre Gegenpartei anwendet, um ihn zu
täuschen und Ihnen Ihr Recht zu verkümmern.

So hoffe ich denn, Ihnen nächstens die angenehme Nachricht von
dem erwünschten Ausgang der Sache mittheilen und Sie dadurch
von den Sorgen befreien zu können, in welche Sie durch die fatale
Geschichte nothwendig gestürzt werden mußten. Sehr erwünscht
ist es mir, Ihnen bei dieser Gelegenheit zu zeigen, daß ich in
Wahrheit bin   Ihr   dienstwilliger Freund.

6. Einem Geschäftsfreunde wird die erbetene Auskunft über ein Handelshaus ertheilt.

Herrn N. in N.

In Erwiederung Ihres Geehrten vom 26. v. M. beeile ich mich
Ihnen mitzutheilen, daß Herr M. einer unserer geachtetsten und
reichsten Bürger ist, welcher nebst einem sehr frequenten Geschäft
auch ein großes, völlig schuldenfreies Haus in der Mitte unserer
Stadt, so wie außerdem noch bedeutende Grundstücke besitzt. Sie
können ihm daher den fraglichen Betrag von 2000 Dollars und
nöthigenfalls das Doppelte ohne Gefahr creditiren. Ihre Anfrage
lasse ich, wie sich von selbst versteht, ganz unter uns, so wie ich Sie
bitte, meine Auskunft ohne Verbindlichkeit für mich zu benutzen.

Ihr   ergebenster N. N.

7. Eine Frau giebt einem Arzt Nachricht von dem Befinden ihres Mannes und bittet um Rath und Beistand.

Geehrter Herr Doctor!

Mein Mann befindet sich seit einigen Tagen krank, und da sein

Zustand täglich beunruhigender wird, so sehe ich mich bewogen, Sie um Ihren ärztlichen Rath und Beistand zu bitten.

Schon am vergangenen Montag klagte er über Schwindel, Betäubung und Schmerzen im Kopfe. Er suchte sich, von einem Chirurgen beredet, durch einen Aderlaß zu helfen, und da auf diesen die gewünschte Besserung nicht eintrat, gebrauchte er mit eben so wenigem Erfolg purgirende Mittel.

Auf letztere entwickelte sich im Gegentheil die Krankheit noch mehr durch Hitze und Frost, Irrereden und endlich durch einen anhaltenden Durchfall.

In solchem Zustande befindet er sich noch heute, am Sonnabend, und das Uebel scheint fortwährend zuzunehmen.

In dieser Verlegenheit ersuche ich Sie dringend, uns baldmöglichst mit einem Besuche zu beehren. Ich sende Ihnen zu dem Ende einen Wagen und hoffe, daß es Ihnen möglich sein wird, sich desselben sogleich zu bedienen. Sollten es Ihnen aber Ihre anderweitigen Geschäfte nicht erlauben, uns noch heute Ihren Besuch zu schenken, so bitte ich Sie wenigstens um Anordnung der Mittel, die Sie nach meiner Schilderung von der Krankheit für nöthig halten. Jedenfalls dürfen wir in diesem Falle wohl hoffen, Sie morgen sobald als möglich bei uns zu sehen.

In sehnlicher Erwartung Ihrer Ankunft bin ich

Ihre   ergebenste N. N.

8. Bericht eines Meisters wegen der Krankheit seines Lehrlings.

Geehrter Herr!

Ich wünschte Ihnen niemals andere als fröhliche Nachrichten über Ihren Sohn mitzutheilen, allein diesmal muß ich das Gegentheil thun. Ihr Sohn liegt schon sechs Tage am hitzigen Fieber krank. Aus Liebe zu Ihnen und zu dem Kranken will ich ihn auch in meinem Hause behalten, und nicht nach dem Hospitale bringen lassen; er soll an mir einen guten und dankbaren Meister haben.

Gleich zu Anfange seiner Krankheit habe ich einen sehr geschickten Arzt rufen lassen, der die beste Hoffnung zu seiner Wiedergenesung giebt. An guter Verpflegung wird es Ihrem Sohne nicht fehlen, und so wird es hoffentlich bald wieder besser mit ihm werden; doch wünschte ich wohl, daß Sie ihn sobald als möglich einmal besuchen, damit Sie sich überzeugen, daß von meiner Seite nichts versäumt wird, was seiner Genesung förderlich sein kann. Auch wünscht der Kranke dies sehr und der Arzt ist der Meinung, daß Ihr Besuch nur einen wohlthätigen Einfluß auf denselben haben könne. In der Erwartung Ihres Besuches empfiehlt sich Ihnen hiermit

Ihr   aufrichtiger P. R.

9. Ein Sohn zeigt den Tod seines Vaters an.

Geehrter Herr!

Die Freundschaft, welche Sie stets für meinen Vater hegten, verpflichtet mich zu der traurigen Anzeige, daß derselbe gestern Abend 9 Uhr in Folge eines Schlagflusses sein für mich so theures Leben in meinen Armen beschloß. Der Verklärte hat ein Alter von 70 Jahren erreicht; und daß strenge Redlichkeit und seltene Herzensgüte stets die Grundzüge seines Charakters waren, die stets das Wohlwollen jedes Gutgesinnten gewonnen, habe ich Ihnen, dem langjährigen Freunde, nicht zu sagen. Eben so wenig brauche ich Ihnen meinen tiefen Schmerz zu schildern, da Sie wissen, daß unter uns stets das beste Einverständniß geherrscht hat. Ueberzeugt, daß Sie meine gerechte Wehmuth theilen, bleibt mir nichts mehr übrig, als Sie und alle edlen Männer, welche meinen Vater kannten und liebten, um die Uebertragung ihrer gütigen Gesinnungen auf mich angelegentlich zu bitten. Gewiß werden Sie mir diese Bitte nicht versagen. Sie, den ich unter allen Freunden meines Vaters von jeher am meisten geschätzt habe, bitte ich aber insbesondere, mir den Kummer über meinen anersetzlichen Verlust zu erleichtern.

Genehmigen Sie die Besicherung der ausgezeichneten Hochachtung. mit der ich bin   Ihr   ergebener N. N.

10. Ein Vater meldet seinem Sohne den Todesfall der Schwester des letztern.

Mein lieber Sohn!

Ich habe recht lange nicht an Dich geschrieben, und nach so langem Stillschweigen muß mein erster Brief eine Trauernachricht sein. Als Du von uns Abschied nahmst, war Deine Schwester, unsere gute Christine, so gesund und froh, und blühte wie eine Rose. Wer hätte denken sollen, daß Ihr Euch nicht wiedersehen würdet? Und doch ist es leider nicht anders. Vorgestern Abends um elf Uhr starb sie in den Armen ihrer Mutter und vor meinen Augen. Ein hitziges Fieber, wobei alle Hülfe fruchtlos blieb, war die Ursache ihres frühen Todes. — Ihr Leichnam wurde heute zur Erde bestattet. Mehr kann ich Dir für dieses Mal nicht schreiben, mein lieber Sohn, da der Brief mit der heutigen Post abgehen soll. Gott begleite Dich auf Deiner Reise, und bringe Dich gesund wieder zu uns, damit Deine von Gram gebeugten Eltern sich wenigstens einer Stütze erfreuen!

Deine Mutter grüßt Dich unter tausend Thränen, und ich bin von Herzen

         Dein   treuer Vater.

III. Antworten auf Berichtschreiben.

1. An einen Meister und Bürger, auf eine Krankheits-Nachricht.

Geehrtester Herr!

Die Nachricht von der Krankheit meines Sohnes hat mich erschreckt; doch danke ich Ihnen für den gefälligen Bericht.

Meine Armuth erlaubt mir zwar weiter nichts zu thun, als daß ich meinen Sohn dem lieben Gott im Gebete empfehle, und Sie, mein Herr, auf's Inständigste bitte, dem Kranken Ihre Gewogenheit zu erhalten, und es ihm an fernerer Sorgfalt und Wartung nicht fehlen zu lassen. Ich ersuche Sie zugleich, mir von seinen Umständen weitere Nachricht zu ertheilen, besonders wenn es, was Gott verhüte, mit ihm schlechter werden sollte.

Ich überlasse meinen Sohn der Fürsorge des lieben Gottes und Ihrem guten, wohlwollenden Herzen, und verbleibe in Erwartung besserer Nachrichten, voll herzlichen Dankes gegen Sie

Ihr   dankbarer N. N.

2. An ein Mädchen, auf eine Todesnachricht.

Theuerste Freundin!

Die Nachricht von dem Tode Ihrer trefflichen Mutter hat mich tief erschüttert, obwohl ich nach Ihrer früheren Mittheilung es kaum anders erwarten konnte, als daß sie so heftigen und anhaltenden Schmerzen endlich erliegen müsse. Die sanfte, liebenswürdige Frau wurde den Armen ihres rechtschaffenen Gemahls und ihrer edlen Tochter leider zu früh entrissen. Ich kann mir bei diesem traurigen Zustande die tiefe Erschütterung Ihres gefühlvollen Herzens und die Verwirrung Ihres Hauses ganz leicht vorstellen. Was ist nicht die Mutter einem Hause, und namentlich eine solche Mutter! Ich wundere mich nicht, daß Sie den Schmerz über einen solchen Verlust noch nicht zu unterdrücken vermögen. Nein, unterdrücken läßt solcher Schmerz sich nicht, sondern nur ausweinen, und dazu bedarf es längerer Zeit.—Doch wird die Ruhe auch wieder in Ihr Herz zurückkehren, dafür ist mir Ihre religiöse Gesinnung Bürge. Das ist ja eben der größte irdische Segen der Religion, daß sie einen tröstigen Balsam hat für jede Wunde, welche das Schicksal uns schlägt.

Gott tröste Sie   das wünscht im tiefen Mitgefühl Ihres Schmerzes

Ihr   Freund N.

IV. Einladungsschreiben.

1. Einladung an einen kranken Freund, auf das Land zu kommen.

Theuerster Freund!

Mit dem freudigsten Herzen habe ich die Nachricht empfangen, daß Sie der baldigen Herstellung Ihrer Gesundheit entgegen sehen. Möchten Sie doch auf immer von ähnlichen Zufällen verschont bleiben! Meine ängstlichen Besorgnisse sind nun verschwunden, und an ihrer Stelle ist die frohe Hoffnung zurückgekehrt, Sie bald wieder bei mir zu sehen. Ich darf Sie jetzt an Ihr früheres Versprechen, einige Wochen mit mir auf dem Lande zu leben, nicht nur erinnern, sondern Ihnen auch die Erfüllung derselben zur Pflicht machen. Ja es ist jetzt Ihre vornehmste Pflicht, alles Mögliche zu thun, um Ihre Gesundheit wieder gehörig zu befestigen, und dazu, denke ich, soll die Reise hierher und der Aufenthalt auf meinem freundlichen Landgute beitragen. Eilen Sie deshalb, sobald es Ihr Arzt erlaubt, hierher, um mit dem Lebensodem der verjüngten Natur wieder Lebensmuth und Lebenskraft einzuathmen. Ich warte mit Sehnsucht auf Ihre Antwort, und empfehle mich Ihnen als Ihr Freund N. N.

2. Einladung an einen Freund, eine Spazierfahrt mitzumachen.

Werthester Freund!

Ich wünsche, daß Du morgen mit mir nach N. zu meinen Eltern fahrest. Dieses wirst Du für ein wunderliches Ansinnen halten aber dem sei, wie ihm wolle, es sind Feiertage, und ich weiß, daß Du Zeit hast. Mein Bedienter hat Befehl, Dich morgen früh um vier Uhr abzuholen. Auf dem Landhause meiner Eltern magst Du dann vollends ausschlafen; denn dort wirst Du alle Bequemlichkeit finden, Ruhebetten, Rasenbänke, kurz Alles, was zur Bequemlichkeit dient, nebst einem halben Dutzend hübscher Mädchen, die Dein Vergnügen, wie ich, zu fördern suchen werden. Es wird uns weder das Rasseln der Kutschen, noch ein unangenehmer Besuch stören, und wir können einige Tage das Landleben recht froh genießen, das mir ohne Deine Gesellschaft nicht halb so angenehm sein würde. Mache mir keine Einwendungen, sondern halte Dich hübsch zur Reise bereit, darum bittet Dein Freund.

3. Einladung zur Hochzeit. (An einen Bruder.)

Lieber Bruder!

Es ist ungefähr ein Jahr, daß ich einen meiner vergnügtesten Tage bei Dir zubrachte. Dieses war der Tag, an welchem Du mir eine so würdige Schwester zuführtest. Ich bin nun Deinem Beispiel gefolgt. Mit einem Worte, Bruder! zu einem ebenso schönen und freudenvollen Tage Dich einzuladen, ist nun die Reihe an mir.

Du kennst meine Amalie; Du weißt, daß sie werth ist, von Dir und Deiner lieben Gattin als Schwester auf- und angenommen zu werden. Der Hochzeitstag ist auf den 15. bestimmt, als den Geburtstag meiner Braut; kommt aber beide um einige Tage früher Ich habe Euch Vieles zu sagen, das ich nicht schreiben will; und wenn ich auch wollte, so mangelt mir die Zeit. Meine Braut läßt mir keine Ruhe. Lebet wohl!

Mit Sehnsucht erwartet Euch

Euer   Bruder N. N.

4. Einladung zu einem Hausballe.

Bester Freund!

Ich habe jetzt meine liebe Noth im eigentlichsten Sinne des Wortes; mein Haus ist voll junger Mädchen, die nichts als Singen und Springen im Kopfe haben, und mit denen ich alter Knabe nicht weiß, was ich anfangen soll. Da habe ich beschlossen, künftigen Sonntag, den 5. d. Monats, einen kleinen Familienball zu geben, wozu ich denn alle muntern und tanzlustigen Leute meiner Bekanntschaft auftreiben muß. Natürlich dürfen Sie dabei nicht fehlen, und deshalb bitte ich Sie denn hiermit, sich zu gehöriger Zeit mit flinken Füßen bei mir einzustellen.   Ihr   Freund.

5. Antworten auf Einladungsschreiben.

a. Auf eine Einladung zum Besuche.

Lieber Freund!

Müssen Sie mich denn nun auch gerade zu künftigem Sonntag einladen? Das ist mir höchst ärgerlich! Nicht etwa, weil es mir an Zeit und Lust, Sie zu besuchen, fehlte, nein, gerade jetzt habe ich beides in vollem Maße und werde deshalb Ihrer Einladung auch Folge leisten; aber das ist mir nur ärgerlich, daß ich nun geladen bin, während ich Sie gerade diesen Tag durch einen unverhofften Besuch zu überraschen dachte. Aber Sie sollen mir diese Freude nicht umsonst verdorben haben! Wissen Sie, wie ich mich dafür rächen werde? Zwei ganze Tage werde ich bei Ihnen bleiben und es recht darauf anlegen, Ihnen so viel Noth als möglich zu machen. Strafe muß sein! das ist der Grundsatz

Ihres   Freundes N. N.

b. Auf eine Einladung zum Balle.

Bester Freund!

Sie kennen meine Bereitwilligkeit, mit der ich Ihnen jederzeit zu Diensten stehe. Es freut mich, daß Sie mich an Ihren Hausunterhaltungen Theil nehmen lassen, und ich versichere, daß ich mich bemühen werde, die Bedingnisse Ihrer Frau Gemahlin vollkommen zu erfüllen. Ihr .gehorsamster Diener N. N.

c. Auf eine Einladung zur Spazierfahrt.

Werthester Freund!

Ihre Einladung kommt wie gerufen. Ich habe diese Feiertage keine bestimmten Geschäfte, und da eile ich gern über Land. Ich komme gewiß, und führe Ihnen zwei muntere Freunde zu, die schon jetzt vor Begierde brennen, Ihnen und mir bei den Hasen und Flaschen und Damen alle Ehre zu machen. Morgen, wenn Gott will, mündlich ein Mehreres von

Ihrem   Freunde N. N.

d. Auf eine Einladung zur Hochzeit.

Lieber Bruder!

Du ladest mich zu Deiner Hochzeit ein, und ich werde kommen, aber unter der Bedingung, daß Du Dir meinetwegen nicht die geringste Ungelegenheit machst. Denn ich komme nicht, um zu schmausen, oder bei allen Deinen Bekannten herumzufahren, sondern ich wünschte bei Dir zu sein, und brüderlich mit Dir zu leben. Ich will nach meiner Neigung lieber etwas Ganzes haben, als etwas Gemischtes und Getheiltes.

Ist Dir mein Vorschlag angenehm, so komme ich. Lebe wohl!

Dein   aufrichtiger Bruder N. N.

6. Einladungsbillets.

a. Zum Mittags- oder Abendmahle.

Herrn B. nebst Frau Gemahlin und Fräulein Tochter bittet der Unterzeichnete ganz ergebenst, den 20. dieses Monats an einem Mittagsmahle in seiner Wohnung gefälligst Theil zu nehmen.

N. N.

b. Zur Pathenstelle.

Herrn B. ersuchen wir ergebenst, bei der Taufe unseres Sohnes, den 20. dieses Monats Nachmittags um 3 Uhr, in unserer Wohnung eine Pathenstelle gütigst übernehmen zu wollen.

Namen der Eltern.

c. Zum Leichenbegängnisse.

Den Herrn C. ersuche ich ganz ergebenst, bei dem Leichenbegängnisse meines verewigten Vaters, den 12. dieses Monats Abends 6 Uhr, eintreffen zu wollen.   N. N.

d. Zu einem Ausfluge.

Miß B. lade ich höflichst ein, mich heute Nachmittag auf einer Spazierfahrt nach meinem Landgute begleiten zu wollen.   N. N.

7. Antworten auf Einladungsbillets.

a. Ablehnend.

Ich bedaure, daß ein schon gegebenes Versprechen mich verhindert, Ihrer gütigen Einladung zur Spazierfahrt Folge zu leisten.
     N. N.

b. Zusagend.

Mit Vergnügen nehme ich Ihre gütige Einladung zu der Spazierfahrt an; um Ihnen die Mühe des Abholens zu ersparen, werde ich mich nach Tisch in Ihrer Wohnung einfinden.   N. N. -

c. Ablehnend.

Ihrer gefälligen Einladung zum Mittagsmahle können wir leider nicht entsprechen, da unsere jüngere Tochter A. bedeutend krank ist.
     N. N.

d. Zusagend.

Wir sind Ihnen für Ihre Einladung sehr dankbar und werden nicht ermangeln, zur festgesetzten Stunde bei Ihnen zu erscheinen.
     N. N.

Fünfte Abtheilung.
Liebesbriefe und Heirathsanträge.

1. Ein angesehener Bürger bewirbt sich um die Hand einer jungen Dame.

Mein Fräulein!

Kaum habe ich das Vergnügen gehabt, Sie kennen zu lernen, so ist auch schon der sehnlichste Wunsch in mir erwacht, mit Ihnen auf immer durch die heiligsten Bande vereinigt zu werden.

Sollten Sie, frei von Neigungen zu einem Andern, mir Ihre

Liebe schenken können, so würde ich mich dadurch höchst glücklich
fühlen.

Indem' ich Sie hiermit um Ihre Hand bitte, halte ich es für
Pflicht, Ihnen zu sagen, daß mein Vermögen mich in den Stand
setzt, Ihnen bei einer schon eingerichteten Haushaltung ein angenehmes und von allen Nahrungssorgen freies Leben zu versprechen.

Ich mache nur auf Ihre liebenswürdige Person
Anspruch, und Ihre Hand ist mir von größerem Werthe, als allen
Reichthum.

Entscheiden Sie recht bald über mein Glück!

Fällt Ihre Antwort günstig aus, so werden Sie dadurch mein
Herz mit der unaussprechlichsten Freude erfüllen; denn es kann Sie
Niemand mehr lieben, als

Ihr.   innigster Verehrer und Freund N. N.

2. Zusagende Antwort.

Sehr geehrter Freund!

Ihr werther Brief hat mir das bestätigt, was ich längst schon nach
Ihrem liebevollen Benehmen gegen mich vermuthete.

Ich glaube Ihnen nie Ursache gegeben zu haben, an meiner Ge-
genneigung zu zweifeln, und sollte dies wider meinen Willen geschehen sein, so bitte ich Sie deshalb um Verzeihung, auf die ich um
so mehr hoffe, da ich Sie meiner innigen Erkenntlichkeit für Ihre
mir zugewendete Liebe versichern kann. Ihr freundschaftlicher Umgang gewährte mir jederzeit das reinste Vergnügen, und ich ergreife
mit Freuden die Gelegenheit, das schöne Bürdniß enger und fester
zu knüpfen, sowie ich Ihnen das feierliche Versprechen gebe, nächst
Gott und meinen lieben Eltern, Sie allein als den Vertrauten meines Herzens, als den einzigen Theilnehmer an meinen Leiden und
Freuden anzuerkennen.

Ich habe meinen Eltern nichts verhehlt, ich habe ihnen Ihren
Brief vorgelesen, und sie haben unser Verhältniß gebilligt und Alles
meiner Entscheidung überlassen. Ich habe mich gänzlich und ausschließlich für Sie entschieden und nehme Ihr edles Herz mit froher
Hoffnung auf eine glückliche Zukunft an, die mir Ihre vortrefflichen
Eigenschaften versprechen. Ich bin stolz auf die Liebe eines Man-
nes, den man allgemein seiner seltenen Vorzüge wegen schätzt. —
Aber es ist nicht allein Hochachtung, was ich für Sie fühle; es ist
die reinste, innigste Liebe, die mir Ihren Umgang so unentbehrlich gemacht und alle meine Freuden in Ihren Wirkungskreis gebannt hat.
O, daß es mir nie an Gelegenheit fehlen möge, Ihnen immer neue
Beweise meiner Zärtlichkeit zu geben!

Ihre   ewig treue N. N.

3. Geständniß der Liebe an ein Mädchen, das man nur ein Paar Mal sah.

Theuerstes Fräulein!

Sie werden sich wundern, daß ein Mann, der erst ein Paar Mal das Glück hatte, in flüchtiger Berührung mit Ihnen zusammenzutreffen, sich die Freiheit nimmt, an Sie zu schreiben; aber es ist mir unmöglich, dies zu unterlassen. Fragen Sie: was ich denn aber damit will? O nein, das müssen Sie schon wissen, das muß Ihnen mein Auge bei dem ersten Blicke, den es auf Sie richtete, das muß Ihnen mein Ton bei dem ersten Worte, das ich zu Ihnen sprach, schon gesagt haben! Ich liebe Sie, theure Emilie, liebe Sie mit der ganzen Glut der ersten Liebe und kann es deshalb nicht ertragen, Sie wieder von hier abreisen zu sehen, ohne Ihnen vorher meine Liebe gestanden und aus Ihrem Munde den Urtheilsspruch gehört zu haben, der mich zum Glücklichsten oder Unglücklichsten auf der Erde macht. In banger Ungewißheit sehe ich dem Augenblicke entgegen, der mir diese Entscheidung von Ihnen bringt. Bald ist es Hoffnung, die mein Herz erfüllt und erhebt, wenn ich Ihres holdseligen Lächelns und Scherzens, Ihres ganzen liebeathmenden Wesens gedenke, bald wieder ergreift mich die Furcht mit ihrer Todtenhand, wenn ich bedenke, wie wenig berechtigt ich bin, mich um die Liebe eines solchen Mädchens zu bewerben! Doch hier ist keine Wahl; ich kann nicht leben, ohne zu wissen, ob ich hoffen darf, Ihre Liebe zu gewinnen und Sie einst zu besitzen oder nicht. Lassen Sie mich nicht lange in diesem schrecklichen Schwanken zwischen Leben und Tod! Ewig der Ihrige   N. N.

4. Geständniß der Liebe an ein Mädchen, mit dem man schon länger bekannt ist.

Theuerste Louise!

Oft schon habe ich mir vorgenommen, Ihnen mündlich etwas zu entdecken, was mir auf dem Herzen liegt, aber so oft ich auch im Begriff war, mich gegen Sie auszusprechen, so kam es doch nie dazu, da mir entweder die günstige Gelegenheit oder der Muth zum Reden fehlte; darum nehme ich denn heute zum Schreiben meine Zuflucht. Ihnen das zu sagen, was ich Ihnen sagen muß und doch nicht mündlich sagen kann. Ahnen Sie es nicht, was es ist, meine theure Louise? Ich liebe Sie, das ist es, ich liebe Sie seit Jahr und Tag so herzlich und so innig, daß ich nur in Ihnen lebe, nur an Sie denke, nur bei Ihnen mich wahrhaft wohl fühle. Ich kann mir gar nicht denken, daß ich ohne Sie leben sollte, und darum ist es mein einziges Verlangen, Ihr Herz und Ihre Hand zu gewinnen. Sie

kennen mich und meine Verhältnisse genau, Sie müssen wissen, ob
Sie mich lieben und glücklich mit mir leben können oder nicht, darum entscheiden Sie, theure Louise, ob ich bei Ihrem Herrn Vater
um Sie anhalten soll oder nicht. Wie aber auch Ihre Entscheitung
ausfallen möge, so seien Sie versichert, daß ich nimmer aufhören
werde zu sein   Ihr   treuester Verehrer N. N.

5. Bewerbung eines Wittwers um die Hand eines Mädchens.

Geehrtes Fräulein!

Ich habe von Ihrem vortrefflichen Herzen, so wie von Ihrem
musterhaften Lebenswandel so viel gehört, daß zu dem Wohlgefallen,
das Ihr erster Anblick bei mir erweckte, sich nun die höchste Achtung
gesellt hat. Dies macht mir eine nähere Verbindung mit Ihnen
über Alles wünschenswerth, und ich frage Sie deshalb hiermit:
Könnten Sie sich wohl entschließen, die Gefährtin meines Lebens
und die Mutter meines unmündigen Sohnes zu werden, kurz, Ihr
Schicksal unzertrennlich mit dem meinigen zu verknüpfen?
Ich bin über die Jahre hinaus, in welchen man einem Frauenzimmer bei solchen Gelegenheiten viele Complimente zu machen pflegt,
und Sie selbst würden es abgeschmackt finden, wenn ein Mann meines Alters einen verliebten Gecken spielen wollte; indessen versichere
ich Sie, daß ich die innigste Zuneigung gegen Sie hege. Von meinen Verhältnissen sage ich Ihnen nichts, denn sie sind Ihnen bekannt; nur darauf mache ich Sie aufmerksam, daß Sie doch ja wohl
überlegen mögen, ob Sie auch meinem Sohne eine Mutter sein können. Denn das verhehle ich Ihnen nicht, daß ich selbst mit der
zärtlichsten Gattin nicht glücklich wäre, wenn meinem Kinde, das
mir theuer und werth ist, die liebreiche und sorgfältige Mutter fehlen würde; wenn aber die Gattin den Gatten nicht glücklich sieht,
so kann sie es selbst auch nicht sein.
Ich fürchte nicht, daß ich Sie mit der Sprache der Aufrichtigkeit,
welche die Sache erfordert, werde beleidigt haben; ich bitte Sie auch
deswegen nicht um Verzeihung, wohl aber ersuche ich Sie um eine
eben so aufrichtige Erklärung. Sollte dieselbe auch nicht so ausfallen, wie ich sie wünsche, so werde ich doch nie aufhören, Sie zu ehren
und hochzuschätzen als
        Ihr   ergebenster Freund und Diener N. N.

6. Heirathsantrag an eine Wittwe.

Verehrteste Frau!

Sie haben mir so viele Beweise des Vertrauens und der Freundschaft gegeben, daß ich es wage, Ihnen einen schon lange genährten

Wunſch zu offenbaren, der von Tage zu Tage lebendiger in mir geworden iſt und der einzig und allein von Ihnen erfüllt werden kann. Es betrifft dieſer Wunſch nichts Geringeres als den Beſitz Ihrer eigenen werthen Perſon, nach welchem in meinem Herzen das Verlangen gleich in dem Augenblicke unſeres erſten Zuſammentreffens erwacht iſt. Meine ökonomiſchen Verhältniſſe beſtimmten mich bisher zu ſchweigen, da es gegen meine Grundſätze iſt, zu heirathen, ohne ein Einkommen zu haben, das vor eigentlichen Nahrungsſorgen ſichert; jetzt aber haben ſich meine Umſtände durch glückliche Conjuncturen in meinen Geſchäften ſo gebeſſert, daß ich mit gutem Gewiſſen eine Frau in mein Haus führen kann und darum erlaube ich mir denn, verehrteſte Frau, Ihnen hiermit Herz und Hand zu bieten. Daß wir glücklich mit einander leben werden, iſt meine zuverſichtlichſte Hoffnung, denn ich weiß, daß ich bei Ihnen alle die Eigenſchaften finde, die ich meiner Frau ganz beſonders wünſche, namentlich Häuslichkeit, Ordnungsliebe, Sparſamkeit und einen ſanften, nachgiebigen Sinn, und was mich ſelbſt betrifft, ſo denke ich, daß eine Frau, die nicht etwa einen jugendlich ſchwärmenden Liebhaber, ſondern einen verſtändigen Ehemann wünſcht, ganz wohl mit mir zufrieden ſein wird. Sind Sie darum ſonſt nicht durch Gelübde an den Wittwenſtand gebunden und haben Sie keine Abneigung gegen meine Perſönlichkeit, ſo geben Sie mir in Gottes Namen Ihre Hand und ſeien Sie verſichert, daß ich alles Mögliche thun werde, Ihnen ein angenehmes Loos in meinem Hauſe zu bereiten.

Ihrer gütigen Antwort ſehnſuchtsvoll entgegenſehend verharrt in aufrichtiger Zuneigung Ihr treuer Verehrer N. N.

7. Bewerbung bei einem Vater um ſeine Tochter

Geehrter Herr!

Statt der Geſchäftsbriefe, die Sie ſonſt von Zeit zu Zeit von mir zu erhalten gewohnt ſind, haben Sie hier ein Schreiben, deſſen Inhalt Ihnen ziemlich befremdlich vorkommen wird. Ich erlaube mir nämlich hiermit die Frage: ob Herz und Hand Ihrer Tochter Auguſte noch frei iſt, und ob Sie mich als Schwiegerſohn auf- und annehmen mögen, wenn es mir gelingt, die Zuneigung Ihrer liebenswürdigen Tochter zu gewinnen? — Sie ſtaunen und fragen, wie ich zu dieſer Frage komme? — Ich habe Ihre Fräulein Tochter vor acht Wochen in H. geſehen und geſprochen und augenblicklich mein Herz an ſie verloren. Natürlich wünſche ich das ihrige zum Erſatz zu erhalten und wäre deshalb auch unverzüglich zu Ihnen gekommen, mich um die Liebe Ihrer Auguſte zu bewerben, wurde aber leider durch unaufſchiebliche Geſchäfte von Woche zu Woche aufgehalten. Auch jetzt ſtellen ſich einer Reiſe und namentlich einer längern Abwesenheit aus meinen Geschäften noch mancherlei Schwierigkeiten entgegen, und eben deshalb frage ich denn durch dieses Schreiben erst an, ob mir diese Reise überhaupt etwas nützen kann.

Auf eine baldige Antwort glaube ich bei dem Wohlwollen, das Sie mir immer bewiesen haben, mit Bestimmtheit rechnen zu können. Leben Sie wohl und bewahren Sie in jedem Falle das bisherige Wohlwollen Ihrem ergebensten N. N.

8. Liebesgeständniß an ein Mädchen.

Geehrtes Fräulein!

Ihre mir bekannte edle Denkart ermuthigt mich, Ihnen eine Herzensangelegenheit vorzutragen. Seitdem ich das Glück gehabt habe, Ihre Bekanntschaft gemacht und Sie im näheren Umgange kennen gelernt zu haben, sagt mir mein Herz, daß ich in Ihnen die Gefährtin für's Leben finden würde, wie ich dieselbe suche. Ihre Eigenschaften, die ich mit aller Aufmerksamkeit beobachtet habe, haben nicht blos einen flüchtigen Rausch, sondern eine wohlgeprüfte Herzensneigung zu Ihnen in mir erweckt. Da nun nicht die Neigung allein, sondern auch mein Hauswesen mich dringend mahnen, mir eine Lebensgefährtin zu suchen, so stehe ich nicht länger an, mir durch eine einfache Frage bei Ihnen, ob Sie meine Neigung erwiedern können, über mein künftiges Geschick Gewißheit zu verschaffen. Wie Sie wissen, habe ich mein gutes Auskommen und bin dazu von dem festen Vorsatz beseelt, Sie glücklich zu machen, wenn Sie sich entschließen, mir Ihr Herz und Ihre Hand für's ganze Leben zu schenken. Haben Sie also die Güte, sich offenherzig zu erklären, damit ich aus der quälenden Ungewißheit gerissen werde. So wie ich mich ohne Rückhalt in redlicher Gesinnung und Neigung gegen Sie ausgesprochen habe, so bin ich von Ihnen überzeugt, werden Sie ebenfalls eine wohlgeprüfte Entscheidung mir schenken. Sei dieselbe, welche sie auch wolle, ich werde Sie stets hochachten; und würde mir Ihre Gegenliebe zu Theil, so erkenne ich darin ein Glück, dessen Unermeßlichkeit auch die kühnste Hoffnung weit übertrifft.

Verzeihen Sie es meiner Schüchternheit, daß ich das brieflich ausspreche, was ich Ihnen mündlich hätte sagen können. Ihrer Erklärung mit Sehnsucht entgegensehend, nenne ich mich

Ihren treuen Verehrer N. N.

9. Antwort.

Verehrter Herr!

Obgleich angenehm durch Ihre offene Erklärung überrascht, die mir ein nicht zu verkennendes Glück bietet, so vermag ich es doch nicht, sogleich eine bestimmte Entscheidung darauf zu geben. Sie kennen mich gewiß in so weit, daß es meinerseits nicht erst einer besondern Verwahrung und Betheurung darüber bedarf, wie mir überhaupt Leichtsinn fremd ist, und daß ich deshalb gerade über den wichtigsten Schritt im Leben mich nicht ohne Wissen und Willen meiner Eltern aussprechen kann. Ebenso wenig werde ich indessen die Selbstständigkeit meiner Neigung leichtsinnig und ohne Selbstprüfung opfern. Ist also Ihre Neigung nicht ein flüchtiger Gefühlsrausch, was ich bei Ihnen nicht fürchte, so werden Sie mir wohl gern einige Tage Frist gönnen, damit ich mit meinen Eltern und auch mit mir selbst zu Rathe gehen kann, ehe ich ein bindendes Ja oder Nein antworte. Erlauben Sie mir jedoch, mich Ihre Freundin zu nennen, die Sie aufrichtig hochachtet.   N. N.

10. Eine andere Antwort. (Abschlägig.)

Geehrter Herr!

Hat mich auch die Erklärung Ihrer Zuneigung zu mir erfreut, so sehe ich mich doch in meinen Verhältnissen, die Ihnen nicht unbekannt sind, gezwungen, auf das Glück, welches mir eine Verbindung mit Ihnen ohne Zweifel bringen würde, Verzicht zu leisten. Als die einzige Stütze meiner hochbejahrten und leidenden Mutter halte ich es für die heiligste Pflicht, an deren Seite zu bleiben, so lange sie lebt. Urtheilen Sie selbst, und Sie werden mich deshalb gewiß nicht tadeln. Unter andern Verhältnissen würde ich gern mit Ihnen Hand in Hand als treue Gefährtin durch's Leben gehen. Wird mir auch der Verzicht auf das mir dargebotene Lebensglück schwer, weil ich Sie hochachte, so läßt mich doch die Kindespflicht nicht anders handeln, und das Bewußtsein, eine heilige Pflicht erfüllt zu haben, wird mich entschädigen.

In reinster Hochachtung   Ihre ergebenste   N. N.

11. Zusage einer Geliebten.

Obgleich ich mich schon seit längerer Zeit des Besitzes Ihrer Freundschaft zu erfreuen habe, so ahnte ich doch nicht und konnte, den prüfenden Blick auf mich selbst gerichtet, auch wohl nicht ahnen daß ich Empfindungen in Ihrem Herzen geweckt habe, wie die, welche Sie mir in Ihrem gestrigen überraschenden Schreiben ausgedrückt haben. So will ich denn Ihr offenes, mich ehrendes Geständniß mit gleicher Offenheit und Wahrheit erwiedern. Ja, Albert, ich liebe Sie! ach, ich liebe Sie schon längst mit der ganzen Innigkeit meines Wesens; mein Herz gehört Ihnen und wird Ihnen ewig verbleiben. Sollte dieses aufrichtige Bekenntniß meiner Liebe Ihnen auch nur einen Theil des Glücks gewähren, das ich in dem Gedanlen finde, Ihnen theuer zu sein, so wäre mein schönster Wunsch erfüllt.

Ihr Charakter, theuerster Albert! verdient und genießt die Achtung eines Jeden; wie sollte ich in ihm nicht die Bürgschaft meines Glückes finden! O, möchte es mir gelingen, das Ihrige zu begründen und zu befördern! Mein Sinnen und Streben soll immer darauf gerichtet sein, und keine Kraft meines Geistes und Herzens unbenutzt bleiben, Ihr Glück und Ihre Zufriedenheit zu erhöhen.

Meine Eltern billigen meine Wahl; sie und meine Geschwister freuen sich, Sie fortan mit einem theuern Namen begrüßen zu können. Eilen Sie also in unseren heitern Familienkreis, wo Freundschaft Sie begrüßen wird und wo Sie mit innigster Liebe erwartet

Ihre   Emilie.

12. Liebesgeständniß.

Theuerstes Fräulein!

Ihr stilles häusliches Leben und die anspruchslose Liebenswürdigkeit Ihres ganzen Wesens hat meine Aufmerksamkeit lange angezogen, aber seitdem mir der Zutritt in Ihren Familienkreis gegönnt ist, hat sich die Aufmerksamkeit in Hochachtung verwandelt, zu der sich endlich eine unüberwindliche herzliche Zuneigung gesellte. Ich habe mich streng geprüft, um zu erforschen, ob mich vielleicht blos ein Gefühlsrausch beschlichen hat, der sich mit der Zeit wieder verflüchtigen könnte, aber diese Neigung hat sich in der strengsten Prüfung zu einer lautern Liebe zu Ihnen gesteigert. Verzeihen Sie, Theuerste meines Herzens, daß ich meine Empfindungen Ihnen frei und ohne Prunk gestehe. Mein Gefühl für Sie ist lauter und rein, wie meine schmucklose Sprache. Nur die Hoffnung, daß Sie mir nicht ganz abgeneigt sind, ermuthigte mich zu dem offenen Geständniß meiner Liebe zu Ihnen. Wie mir das Spiel der Schwärmerei fremd ist, so auch die Tändelei einer überreizten Empfindelei; desto inniger sind aber meine Empfindung und Neigung zu Ihnen. Sie drängen mich zu einem Wesen hin, das mir den Blick auf eine freudenvolle Zukunft eröffnet hat. Freilich weiß ich nicht, ob meine Persönlichkeit Ihnen das zu sein verspricht, was ich in der Hoffnung auf einen mir günstigen Entscheid von Ihnen voraussetzen müßte. Indessen vertraue ich in diesem Punkt einem Trost, nämlich daß Ihrem Scharfblick weder meine Schwächen, noch meine bessern Eigenschaften entgangen sind, und daß ich Ihrem Urtheile ruhig vertrauen darf.

Mit wahrer Hochachtung und Liebe

Ihr   N. N.

13. Antwort.

Wertbester Herr!

Ihr Brief kam mir unerwartet; denn ich ahnte nicht, daß Sie im Stillen mich einer Beobachtung würdigten, und dabei doch die eigenen Gefühle so gut zu verbergen wußten. Sie überraschten mich in der That ganz unvorbereitet, wenn ich auch bekennen muß, daß Sie mir nicht gleichgültig sind. Soll ich es Ihnen offen gestehen, so steigert die Ruhe in Ihrem Umgang meine Hochachtung für Sie, und Sie werden mir daher gewiß gern einige Zeit zur Selbstprüfung für eine Entscheidung zum Ja oder Nein gönnen.

Bis dahin erlaube ich mir, mich zu nennen

Ihre   Freundin N. N.

14. Eine andere Antwort.

Verehrter Freund!

Ich ehre den Mann, der mir sein edles Herz, ohne das tändelnde Schaugepränge einer unklaren und bodenlosen Leidenschaft, in der unzweideutigen Sprache eines klaren und tiefen Gemüths anträgt. Wie sollte ich also gegen einen solchen Antrag gleichgültig sein können, (und wenn ich das eitelste Mädchen in der Welt wäre,) sobald ich nur den Werth und Vorzug eines reellen Mannes im Vergleich mit gehaltlosen Schmeichlern zu würdigen gelernt hätte. Schmeichelei und Wahrheit sind sich natürliche Feinde, und das Gefühl der Verständigen und Besseren meines Geschlechts neigt sich dem ernsten Mann zu, der würdevoll das tändelnde Schmetterlingsspiel schönklingender Redensarten verschmäht. Ihr edler Ernst hat mich stets angezogen und mir Befriedigung gewährt; damit entschied sich mein Gefühl für Sie, in dem die heilige Flamme lauterer Liebe verborgen war. Sie wird nie erlöschen und mein Herz stets Ihnen geweiht sein. Ich freue mich des Augenblicks, wo ich Ihnen meine aufrichtige und unwandelbare Liebe persönlich mit Hand und Kuß betheuern kann.   Ihre   Sie liebende N.

15. Eine andere Antwort.

Geehrter Herr!

Die Erklärung Ihrer Zuneigung zu mir ist mir zwar sehr schmeichelhaft, indessen würde ich mich zu Ihrem und meinem Nachtheil ohne Zweifel sehr überschätzen, wenn ich mich als diejenige betrachten dürfte, die Ihren Ansichten und Forderungen an eine künftige Lebensgefährtin entsprechen kann. Noch jung und dazu in der stillen häuslichen Einsamkeit zur Einfachheit erzogen, mangeln mir die Eigenschaften des Umganges für die große Welt, die Ihre Auserwählte

6*

haben muß, um sich in den Gesellschaftskreisen, die Ihre Verhältnisse
ihr eröffnen, Achtung zu verschaffen. Diese Umstände zwingen mich,
nach reiflicher Erwägung der möglichen Folgen eines so wichtigen
Schrittes, geschähe derselbe aus eitler Unbesonnenheit, Ihren Antrag
abzulehnen, so sehr ich auch die mir zugedachte Ehre und Ihr Vertrauen zu mir anerkenne.   Hochachtungsvoll   N. N.

16. Liebeserklärung an eine junge Wittwe.

Verehrteste Freundin!

Obgleich Sie von Bewerbern umschwärmt sind, so wage ich es
doch, mich Ihnen zu nahen, und Ihnen die Neigung meines Herzens zu gestehen. Es ist ein schwerer Schritt für mich; aber ich
vermag dem Drange meines innigen Gefühles nicht länger zu wider-
stehen. Mich begleitet die Hoffnung zu Ihnen und verspricht mir,
eine Fürbitte bei Ihnen zu einem geneigten Gehör einzulegen; zugleich sagt mir meine Ueberzeugung, daß Sie die Gesinnungen
sämmtlicher Bewerber zu prüfen wissen und wohl die lautern von
den unlautern scheiden werden. Dafür bürgt mir Ihre Vergangenheit, die Ihnen so mancherlei Gelegenheiten zu Lebenserfahrun-
gen dargeboten hat. Ich bin freilich unerfahren in der täuschenden
Kunst der Schmeichelei; ich darf jedoch die Hoffnung hegen, daß
Sie in dem einfachen Wort ebenso den Kern der Wahrheit erkennen,
als in Schmeicheleien, und in mir wenigstens nicht die Aufrichtigkeit
vermissen werden, die stets eine Begleiterin der Einfachheit ist. Meine
äußeren Verhältnisse sind Ihnen bekannt, ich darf also darüber
schweigen, indem ich Sie um eine Entscheidung meiner Herzensangelegenheit bitte.

Genehmigen Sie die aufrichtige Versicherung der Hochachtung
        Ihres   treugesinnten N. N.

17. Antwort.

Theuerster Freund!

Um Ihnen zu beweisen, daß es der Kunst der Schmeichelei keines-
wegs bedarf, um zu meinem Herzen zu sprechen, so sende ich Ihnen
meine Antwort mit umgehender Post. Ich achte nur das einfache
Wort der Wahrheit, und diese verbürgt mir Ihre ganze Persönlichkeit, die mir Gegenstand inniger Hochachtung ist. Unter diesen
Umständen konnte meine Entscheidung für Sie so schnell zur Reife
gedeihen. Sie haben keinen Mitbewerber zu fürchten, auch wenn
deren Zahl noch größer wäre; empfangen Sie vielmehr hiermit die
Versicherung, daß ich nach Ablauf der Zeit, welche ich herkömmlicher
Weise dem Andenken meines verstorbenen Gatten schuldig bin mein

künftiges Wohl und Wehe vertrauungsvoll in Ihre Hände lege, und meinerseits es die schönste Aufgabe meines Lebens sein wird, Ihr Leben in allen Verhältnissen zu verschönern.

Ihre   aufrichtige Freundin N. N.

18. Liebeserklärung an ein Mädchen.

Holde, liebe Josephine!

Auch im stillen Wandel weiblicher Eingezogenheit bleiben die edlen, achtungswerthen Eigenschaften des Herzens und Geistes nicht verborgen und selbst der Neid muß verstummen, wo ein ungetheiltes Lob sich erhebt. Nehmen Sie es nicht für eine gewöhnliche Artigkeit, wenn ich Ihnen betheure, daß Ihr tugendhaftes, liebenswürdiges Wesen mein Herz mit Achtung und der Sehnsucht nach Ihrer Bekanntschaft erfüllt hat.

Sollte es Ihren lieben Eltern nicht zuwider sein, einem rechtlichen, jungen Manne, der noch ohne alle Herzensverhältnisse ist, den Zutritt in Ihre Familie zu gestatten, so würde ich nicht säumen, Ihnen meine Aufwartung zu machen, Sie persönlich meiner wahren Achtung zu versichern und Sie um Ihre Freundschaft zu bitten.

Ich werde es stets für mich als ein Glück schätzen, der Begleiter bei Ihren Vergnügungen, der Vertraute Ihrer Hoffnungen und Wünsche, der theilnehmende Freund in allen Ihren Verhältnissen zu sein.

Ich hoffe auch dann auf Ihre gütige Nachsicht meiner Zudringlichkeit, wenn andere Umstände, die ich nicht kenne, Ihnen meinen Antrag nicht annehmbar erscheinen lassen sollten. Dennoch werde ich nie aufhören, der Verehrer Ihrer Tugenden und Ihres edlen Herzens zu sein, und bin in dieser Versicherung

Ihr   Sie hochschätzender ꝛc.

19. Ablehnende Antwort.

Werther Herr N.!

Mit dankbarer Anerkennung Ihres gütigen Antrags fühle ich mich verbunden, Ihnen freimüthig zu gestehen, daß meine nahe Verbindung mit einem biedern, jungen Manne mir jeden näheren Umgang mit einem andern untersagt.

So sehr ich deshalb bedaure, Ihr mir geschenktes Vertrauen nicht erwidern zu können, eben so sehr fühle ich mich Ihnen für Ihre freundschaftliche Theilnahme zu innigem Danke verpflichtet und wünsche Ihrem offenen, biedern Herzen in der Wahl eines andern tugendhaften Mädchens angenehmere Stunden, als ich mit meinen geringen Eigenschaften Ihnen vielleicht hätte bereiten können. Mit

Vergnügen würde ich dann diese Freundin umarmen und in Ihnen den Theilnehmer ihrer künftigen Freuden ehren.

Achtungsvoll   N. N.

20. Liebeserklärung.

Geehrtes Fräulein!

Längst schon hat Ihr tadelloser Lebenswandel mich auf Sie aufmerksam gemacht, und die im ersten Augenblicke unserer Bekanntschaft für Sie gefaßte Zuneigung von Tag zu Tag vermehrt. Ich habe mich streng geprüft und bald gefunden, daß das Gefühl, welches mir Ihren Umgang unentbehrlich macht, nichts anderes, als aufrichtige, wahre L i e b e ist. Verzeihen Sie, meine Theuerste, daß ich nicht gelernt habe, meine Empfindungen in prunkvollen Worten auszudrücken. Mein Gefühl für Sie ist rein und wahr, und ebenso soll auch meine Sprache sein. Nur die Hoffnung, daß Sie mir nicht ganz abgeneigt sind, hat mir die Kühnheit geben können, Ihnen mein Herz anzutragen. Es ist zwar von den kleinlichen Schwärmereien einer jugendlichen Phantasie frei; aber, fern von Empfindelei, besitzt es ein lebhaftes Gefühl für das Gute und Edle, und es ist daher der heiße Wunsch in ihm erwacht, sich an das Ihrige, in dem es so viele verwandte Eigenschaften gefunden, anzuschließen. Ich erwarte daher Ihren aufrichtigen Ausspruch, ob ich von Ihnen dieses schöne Einverständniß hoffen darf. Ich bin überzeugt, daß während der Zeit unserer Bekanntschaft meine bessern Eigenschaften, deren Lobredner ich nicht sein will, eben sowol als meine Schwächen Ihrer Aufmerksamkeit nicht entgangen sind, und ich bitte Sie darüber um eine freimüthige Erklärung. Auch im Fall diese meiner Hoffnung nicht entsprechen sollte, werde ich doch nie ermüden, Ihr theilnehmender, stets aufrichtiger Freund zu sein.

21. Antwort.

Schätzbarer Freund!

Ich ehre den Mann, der mir sein edles Herz, ohne das Gepränge einer überspannten Leidenschaft, blos in der einfachen Sprache eines reinen Gefühls anträgt, und fühle mich glücklich, dasselbe anzunehmen. Könnten Sie glauben, daß ein Mädchen, wenn es selbst das eitelste wäre, den Werth eines braven Mannes verkennen sollte, wenn dasselbe auch der leeren Schmeichelei zur Ausfüllung der Lücken seiner Unterhaltung zuweilen das Ohr leiht? Die Vertrautesten unserer kindischen Freuden sind selten die Vertrauten unseres Herzens; und unser Gefühl neigt sich lieber dem ernsten Manne zu, der mit Würde sich von dem tändelnden Spiele zurückzieht und als

Freund der Wahrheit uns nur in geräuschlosen Stunden als ein theilnehmender, aufrichtiger Freund erscheint. Ich habe diesen edlen Sinn bei Ihnen gefunden, und mein Gefühl hat sich längst für Sie entschieden. Das Schicksal selbst führt übereinstimmende Seelen zusammen, und ich freue mich auf das Vergnügen, Ihnen mündlich meine unerschütterliche Liebe betheuern zu können.

22. Liebeserklärung.

Geehrte Miß N.!

Mit Gefühlen der größten Hochachtung wende ich mich an Sie. Sie sind seit lange der Gegenstand meiner wärmsten und treuesten Liebe. Nur die innigste Zuneigung giebt mir den Muth, an Sie zu schreiben und Ihnen ein Geheimniß zu eröffnen, das lange in meinem Herzen verschlossen war.

Ich kann keine großen Ansprüche machen, weder was Rang, noch was das Vermögen oder die Gelehrsamkeit betrifft; aber ich kenne meine Pflicht und die Erfüllung derselben ist die Quelle meiner Zufriedenheit.

Sie kennen meine Familie und meine Verbindungen. War es ja doch Ihr Umgang mit meinen Schwestern, der mir Gelegenheit gab, jene Vorzüge des Charakters und Geistes an Ihnen kennen zu lernen, die mir Ihren Besitz zu einer Lebensfrage gemacht haben. In Ihrer Hand liegt nun mein Schicksal. Ueberlegen Sie meine Worte und befreien Sie mich bald von den beängstigenden Zweifeln, die mich jetzt beinahe erdrücken.

Mit aufrichtiger Liebe   Ihr   N. N.

23. Antwort.

Geehrter Herr!

Ich war nicht wenig überrascht, einen Brief von Ihnen zu erhalten und dazu noch über einen solchen Gegenstand!

Bis jetzt habe ich noch nie an's Heirathen gedacht, da ich mit meiner gegenwärtigen Lage ganz zufrieden bin. Von Ihrer Aufrichtigkeit bin ich jedoch überzeugt und versichere so viel, daß mir Ihr Antrag wenigstens nicht gleichgültig ist. Ich werde mir den Rath meiner Mutter erbitten, und wenn sie zu Gunsten Ihres Vorschlages entscheidet, dann will ich mein Herz einer strengen Selbstprüfung unterwerfen.

Bald sollen Sie weiter von mir hören.   Achtungsvoll N. N

24. Andere Antwort.

Mein Herr!

Ihr Schreiben habe ich erhalten. Ihre Erklärung setzt mich in

Erstaunen und ich kann die Freiheit, die Sie sich genommen, mit nichts entschuldigen; auch weiß ich mir Ihre übertriebenen Lobsprüche nicht zu erklären, da ich dieselben weder verdiene, noch eine Freundin von derartigen Schmeicheleien bin. Hiermit glaube ich Ihren ganzen Brief beantwortet zu haben und hoffe, Sie werden mich mit weiteren Anfragen verschonen. N. N.

25. Ein junger Mann an sein Mädchen, das ihn beleidigt hat.

Geehrtes Fräulein!

Ich hätte nicht vermuthet, daß eine Dame, der ich stets Achtung gezollt habe, sich so weit vergessen würde, grausam die Gefühle eines Mannes zu verletzen, dessen Herz nur für sie schlägt. Nur zu gut habe ich mich aus Ihrem Betragen überzeugt, daß Ihnen nichts an dem Glücke Desjenigen liegt, der Ihnen so sehr ergeben ist. Wenn sich daher Ihr Betragen gegen mich nicht ändert, so muß ich Ihnen, so unglücklich es mich auch machen würde, für immer Lebewohl sagen. N. N.

26. Antwort.

Lieber John!

Aeußerst schmerzhaft ist es mir, daß Sie je glauben konnten, ich sei gleichgültig gegen Sie, da Sie doch längst der unumschränkte Gebieter meines Herzens sind.

Gewiß hielten Sie mich deshalb für gleichgültig, weil an jenem Abend bei Frau M. mein Benehmen gegen Sie nicht so ungezwungen war, wie das der anderen jungen Frauenzimmer gegen ihre Freunde. Aber nehmen Sie es nicht für eine Beleidigung, lieber John, wenn ich Ihnen sage, daß mir das Benehmen dieser Damen sehr unpassend erschien und daß es nur Anstandsgefühl, oder — wie Sie vielleicht sagen werden — übergroße Aengstlichkeit war, was mich anders handeln ließ.

Kommen Sie diesen Abend zu mir, die ich für immer bin

Ihre N. N.

27. Ein Herr an eine Dame, die reicher und vornehmer ist, als er.

Geehrte Miß!

Die einzige Entschuldigung für meine Kühnheit, an Sie zu schreiben, sei meine tiefe, heiße Liebe zu Ihnen.

Ich beschwöre Sie, halten Sie mich nicht für frech. Denn obwohl mich ein „Nein" von Ihnen zum unglücklichsten der Men-

chen machen würde, so kann ich mich doch nicht enthalten, Ihnen zu
sagen, wie aufrichtig und unauslöschlich meine Neigung für Sie ist.
So biete ich Ihnen denn Herz und Hand mit jener Offenheit, die
keinen Rückhalt kennt.

Sagen Sie mir, theuerste Miß ..., darf ich hoffen? Soll mir
das Glück werden, mit Ihnen durch's Leben zu gehen?

Sie sind für mich, was die Sonne für die Erde, was der Thau
für die Blume ist. Nur Sie kann ich lieben und nie eine andere,
darum wende ich mich voll Furcht und Hoffnung an Sie.

Auf ewig der Ihrige   N. N.

28. Antwort.

Geehrter Herr!

Es hätte Ihres gütigen und achtungsvollen Schreibens nicht be-
durft, um mir einen günstigen Begriff von Ihnen beizubringen.

Ich war Ihnen immer gut — mag es auch etwas unweiblich erscheinen, daß ich es hier gestehe. Doch nie hätte ich geahnt, daß
Sie mir einen solchen Antrag machen würden.

Ich kann meine Willfährigkeit gegen Sie nicht besser beweisen, als
indem ich Ihren Vorschlag annehme, denn ich weiß, Ihr Charakter und Ihre Grundsätze sind gut und Sie werden mir stets ein
treuer, liebevoller Gatte sein.   Ihre treue   N. N.

29. Andere Antwort.

Mein Herr!

Seien Sie versichert, daß ich keine Lust habe, meine gegenwärtige,
glückliche Lage zu ändern; ich trage bis jetzt kein Verlangen nach den
Sorgen und Nöthen des Ehestandes, und selbst wenn ich ein solches
trüge, so wären nicht Sie der Mann, dessen Händen ich mein künftiges Glück anvertrauen würde.   Mit Achtung   N. N.

30. Ein Arbeiter in einer großen Stadt an seine Braut.

Liebe Marie!

Es war ein trauriger Tag für mich, als ich meine Heimath und
meine Lieben verließ, um nach dieser Weltstadt zu reisen. Da ich
aber zu Hause keine lohnende Arbeit finden konnte, und nicht müßig
gehen wollte, so blieb mir nichts anderes übrig, als solche Plätze auf-
zusuchen, wo es etwas zu thun giebt, mochte mein Herz dazu sagen,
was es wollte.

Nun arbeite ich auf meinem Handwerke und habe guten Lohn, den
ich sorgfältig zusammenspare. Mit meiner Kasse wächst auch mein

guter Muth; denn ich denke mir dabei immer, wie glücklich ich sein werde, wenn Du mein liebes Weibchen bist. Ich habe bereits so viel, daß wir ein kleines Haus nehmen und uns bequem einrichten können. Aber man muß auch auf Krankheitsfälle und anderes Unglück vorbereitet sein, und ich halte es daher für's beste, wenn wir noch etwas länger warten. Fasse Muth, liebe Marie, denn wenn wir unsere Pflicht thun, so wird Alles gut werden.

Herzliche Grüße an alle unsere Verwandten. Antworte bald und schreibe so oft als möglich   Deinem   treuen Heinrich.

31. Antwort.

Lieber Heinrich!

Dein Brief hat mir das größte Vergnügen gemacht und ich hatte weder Ruh noch Rast, bis ich die Feder zu seiner Beantwortung ergriff.

Es ist meine frohe Hoffnung, daß unsere Verbindung nicht mehr lange verschoben wird. Du bist bis jetzt in Deinen Bemühungen sehr glücklich gewesen und wir wollen hoffen, daß es so fortgehen wird. Der Vater sagt, unsere Hoffnung werde nicht zu Schanden werden, wenn wir auch künftighin fleißig und sparsam sind.

So schmerzlich mir auch Deine lange Abwesenheit ist, und so viele ängstliche Gedanken mir dieselbe auch verursacht, so weiß ich doch, es ist so am besten. Nur bitte ich Dich, auf Deine Gesundheit recht Acht zu haben.

Die Meinigen lassen Deine Grüße auf's herzlichste erwidern und hoffen mit mir, daß Du uns bald besuchen werdest.

Für immer, lieber Heinrich   Deine   Marie.

32. Ein junger Mann an seine Dame,
(mit seinem Portrait.)

Liebe Sophie!

Lange habe ich in den heutigen Morgenstunden darüber nachgedacht, mit was für einem Geschenke ich Dich wohl am meisten erfreuen könnte. Endlich kam ich zu dem Entschluß, Dir mein Portrait zu schicken, mit dem Wunsche, daß Du es als ein Zeichen meiner Liebe tragen mögest.   Dein Adolph.

33. Antwort.

Lieber Adolph!

Ich danke Dir herzlich und fühle den ganzen Werth Deiner Güte, in die Du mich stets von Neuem durch die Zeichen Deiner Liebe erinnerst.   Deine Sophie.

34. Heirathsantrag.

Geehrte Miß Victorie!

Schon oft suchte ich eine Gelegenheit, Ihnen das mündlich zu sagen, was ich jetzt dem Papiere anvertraue. Aber nie bot sich eine passende Veranlassung und Sie werden daher diese Zeilen entschuldigen.

Den Antrag, welchen ich Ihnen hier mache, habe ich reiflich überlegt und mein Herz sagt mir, daß die Gefühle, die ich für Sie empfinde, niemals erlöschen werden.

Wollen Sie meine Liebe annehmen und erwidern? Mein Leben soll nur Ihrem Glücke geweiht sein, nie will ich Sie durch ein rauhes Wort, durch eine unwürdige Handlung betrüben. Denn ewig werde ich sein   Ihr liebevoller   N. N.

85. Antwort.

Die Gefühle, mein Herr, welche Sie in Ihrem Briefe aussprechen, überraschen mich. Ich hatte keine Ahnung davon, daß Sie so für mich fühlen würden, denn Ihr Benehmen gegen mich war stets zwar achtungsvoll, aber zurückhaltend.

Ich weiß, daß Sie Anspruch auf meine Achtung und auf meine freundliche Gesinnung haben, denn ich kenne Sie als einen Mann von Charakter und Grundsätzen. Ihre Erscheinung und Ihr Benehmen waren mir, ich gestehe es, immer angenehm. Aber ich bin nicht meine eigene Herrin, sondern stehe unter der Aufsicht eines Vormunds, dessen Rath und Verfügungen ich mich zu unterwerfen habe. Es ist daher meine Pflicht, ihn mit Ihrem Antrage bekannt zu machen. Entscheidet er zu Ihren Gunsten, dann wünschte ich zuvor auch den Willen Ihrer Mutter zu erfahren, da ich entschlossen bin, nur dann neue Familienverbindungen einzugehen, wenn es auch den älteren Gliedern dieser Familie angenehm ist.

Von der Antwort meines Vormundes und Ihrer Mutter soll meine Entscheidung abhängen.   Mit Achtung   Victorie N.

36. Antwort des Freiers.

Theuerste Miß Victorie!

Ihre gütige Antwort hat mich mit der freudigsten Hoffnung erfüllt. Meine Mutter macht nicht die geringste Einwendung, sondern ist mit meiner Wahl höchlich zufrieden. Einen Brief von ihr an Sie schließe ich bei. — Kaum kann ich die Stunde erwarten, in welcher auch die Antwort Ihres Vormundes eingelaufen sein wird.

Ihr Sie zärtlich liebender   N. N.

87. Die Mutter des Freiers an seine Auserkorene.

Theuerste Miß!

Sie müssen diesen Brief nicht so verstehen, als wollte ich dadurch zu Gunsten meines Sohnes auf Sie einwirken. Er hat nur den e i n e n Zweck, Sie zu versichern, daß die Meinigen und ich Sie mit der aufrichtigsten Freude in unseren Familienkreis aufnehmen würden.

Es ist so natürlich, daß eine Mutter von ihrem Kinde nur Gutes denkt und spricht; aber ich weiche nicht von der Wahrheit ab, wenn ich Sie versichere, daß mein Sohn ein würdiger junger Mann ist, den alle seine Bekannten hochschätzen. Seine Verbindung mit einer Dame von Ihrem Charakter und Ihrer Bildung war stets mein sehnlichster Wunsch.

Mag Ihre Entscheidung ausfallen, wie sie will, ich werde stets sein   Ihre mütterliche Freundin   N. N.

38. Antwort der jungen Dame an die Mutter ihres Freiers.

Verehrte Frau!

Ich danke Ihnen herzlich für den gütigen Brief, mit dem Sie mich beehrt haben und für die Versicherungen Ihrer Zuneigung und Liebe zu mir.

Ich fürchte, Sie überschätzen das, was Sie meine guten Eigenschaften nennen, denn ich verdiene Ihre gütigen Ausdrücke nicht.

Was meine eigenen Gefühle und Ueberzeugungen betrifft, so droht Ihrem Sohne von dieser Seite kein Widerspruch; denn ich würde es mir zur höchsten Ehre rechnen, Glied einer so würdigen Familie zu werden.

Wollen Sie inliegenden Brief Ihrem Sohne übergeben und ihn versichern, daß meine Gesinnung gegen ihn stets dieselbe bleibt.

Ihre   Sie hochachtende Victorie N.

39. Die junge Dame an ihren Liebhaber.

Lieber Herr!

Ihren Brief und den Ihrer Mutter habe ich erhalten.

Ich brauche Sie kaum noch zu versichern, daß ich Willens bin, Ihre Frau zu werden, so bald ich die Zustimmung meines Vormunds erhalte. In wenigen Tagen werde ich ihn besuchen und ihm unsere beiderseitigen Wünsche vorlegen; das Resultat sollen Sie sogleich erfahren von   Ihrer   ergebenen Victorie N.

40. Antwort des Liebhabers.

Theuerste Victorie!

Ihr Brief macht mich zum Glücklichsten der Menschen. Ihre

Schönheit, Ihr Verstand und Ihre Bildung nehmen mir Herz und
Kopf gefangen; aber die edlen Eigenschaften Ihres Geistes und Ge-
müthes, wie sie mir aus Ihrem ganzen Benehmen gegen mich entgegentreten, regen die besten und heiligsten Gefühle, welche die Natur in den Menschen gelegt hat, in mir auf, ich weiß, für Sie könnte
ich muthig durch tausend Gefahren gehen.

Ihre Antwort hat meiner Mutter die größte Freude gemacht, denn
sie wünscht nichts sehnlicher, als das Glück ihrer Kinder, und der
Tag, an dem es ihr vergönnt sein wird, Sie als Glied unserer Familie zu begrüßen, wird einer der schönsten ihres Lebens sein.

Lassen Sie mich nicht lange im Ungewissen, theuerste Victorie, sondern theilen Sie mir die Entscheidung Ihres Vormunds so bald als
möglich mit. Stündlich schwebe ich zwischen Furcht und Hoffnung,
doch die Hoffnung wird siegen. Liebstes Kind, leben Sie wohl!

Ihr   zärtlicher N. N.

41. Die junge Dame an den Liebhaber.

Liebster Freund!

Gleich nach meiner Ankunft dahier theilte ich meinem Vormund
offen mit, was zwischen uns beiden vorgegangen ist, und bat ihn um
seine Zustimmung zu Ihrem Antrage. Er ertheilte dieselbe mit
größter Freude und läßt Sie zu sich einladen, damit unverzüglich
alles Nothwendige geordnet werden kann. So kommen Sie denn
ohne Verzug mit Ihrer lieben Mutter. Von meinem Vormund
und von mir werden Sie auf's Herzlichste empfangen werden.

Ihre   Sie liebende Victorie.

42. Ein Liebhaber hält bei einem Vater um die Hand seiner Tochter an.

Geehrter Herr!

Da es mein Grundsatz ist, in allen Fragen des Lebens offen und
ehrlich zu handeln, so mache ich Sie vertrauensvoll mit den Gefühlen bekannt, die ich für Ihre Tochter hege, und bitte Sie um Erlaubniß, mich direct an Ihre Tochter wenden zu dürfen, denn ich schmeichle
mir, Sie werden mich und meine Familie eines solchen Vertrauens
für würdig halten. Auch habe ich einigen Grund zu dem Glauben,
daß ich Ihrer Tochter nicht ganz gleichgültig bin. Doch versichere
ich Sie auf mein Ehrenwort, daß ich bis jetzt keinen Versuch gemacht
habe, mir ihre Neigung zu erwerben, da ich nicht wußte, ob es der
Wille ihres Vaters sei.

Ihr   gehorsamer N. N.

43. Antwort des Vaters.

Geehrter Herr!

Ich setze nicht den geringsten Zweifel in Ihre Versicherungen hinsichtlich Ihres Charakters und Ihrer Familie. Da aber meine Tochter, wie ich glaube, zu einem so ernsten Schritte noch zu jung ist, so
bitte ich Sie, Ihrer Neigung vorerst keinen weitern Lauf zu lassen.
In allem Andern steht Ihnen stets zu Diensten

Ihr   ergebener N. N.

44. Andere Antwort.

Mein lieber Herr!

Aus Ihrem Briefe spricht so viel Offenheit und Aufrichtigkeit, daß
es unrecht von mir wäre, wenn ich Ihnen die erbetene Zustimmung
versagte. Als Vater bin ich aber verpflichtet, vorher die nöthigen
Erkundigungen einzuziehen; doch versichere ich Sie, daß ich der
Wahl meiner Tochter nie entgegentreten werde, wenn ich nicht ganz
triftige Gründe zu der Befürchtung habe, daß ihre Wahl von üblen
Folgen für sie sein könnte. In wenigen Tagen sollen Sie weiter
von mir hör— bis dahin bleibe ich

Ihr   ergebener N. N.

45. Eine junge Dame benachrichtigt ihren Vater von dem Antrage ihres Liebhabers.

Lieber Vater!

Meine Pflicht erheischt es, Dich zu benachrichtigen, daß mir Herr
W. einen Antrag gemacht hat, auf den ich ohne Deine Zustimmung
nicht eingehen kann. Wie ich aus zuverlässiger Quelle höre, ist er
in guten Umständen und ich gestehe, daß mir seine Person und sein
Benehmen nicht zuwider sind. Doch davon hat er bis jetzt keine
Ahnung; denn ich wollte ihn in seinen Bewerbungen auf keine
Weise ermuntern, bevor ich Deine Zustimmung erlangt habe. Denn
ich würde Deine treubewährte väterliche Liebe schlecht vergelten, wenn
ich nicht immer wäre   Deine   gehorsame Tochter N. N

46. Ein junger Geschäftsmann bittet seinen Vater um Zustimmung zu seiner Verheirathung.

Lieber Vater!

Du weißt, daß es jetzt ungefähr ein Jahr ist, seit ich ein eigenes
Geschäft angefangen. Da dasselbe täglich größer wird, so bedarf ich
eine angenehme Genossin, mit einem Worte, eine Frau. In un-

ferer Nachbarschaft lebt eine wackere Familie, mit der ich seit einiger Zeit bekannt bin. Die Leute sind in guten Umständen und haben eine liebenswürdige junge Tochter, geschätzt von Allen, die sie kennen. Ich habe derselben den Wunsch meines Herzens vorgetragen und auch die Zustimmung ihrer Eltern erlangt, vorausgesetzt, daß Du die Deinige geben wirst. Nie würde ich einen solchen Schritt gegen Deinen Willen thun; aber selbst auf die genauesten Nachforschungen hin wird Dir meine Geliebte als ein Frauenzimmer geschildert werden, das Du mit Stolz Deine Schwiegertochter nennen kannst.

Doch ich werde mich Deiner Entscheidung fügen, der ich mit unbeschreiblicher Spannung entgegensehe.

Dein   gehorsamer Sohn.

47. Antwort.

Lieber Sohn!

Da der Inhalt Deines Briefes so überaus wichtig ist, so wollte ich mit der größten Umsicht zu Werke gehen. Dieß der Grund meines langen Schweigens. Ich schrieb an Herrn Davis, meinen Rechtsanwalt, und bat ihn, sich über die Familie zu erkundigen, mit der Du Dich zu verbinden wünschest, und bin sehr erfreut, daß sein Bericht mit dem Deinigen übereinstimmt. Du weißt, daß ich Dich keinen Augenblick unglücklich wissen möchte. Da nun die Gründe, aus denen Du heirathen willst, triftig sind und Miß Q. Deiner Wahl vollkommen würdig ist, so bestimme mir Deinen Hochzeitstag, damit ich an demselben nach W. kommen und an der Feierlichkeit Theil nehmen kann. Ich hoffe, Du werdest Deinem Geschäfte auch künftig mit demselben Fleiße vorstehen. Kommen dann einst die Tage Deines Alters, so kannst Du Dich mit Ehren zurückziehen und ausschließlich Dir selbst und Deiner Familie leben.

Dein   treuer Vater N. N.

48. Eine junge Dame entdeckt einer Freundin ihre Leidenschaft für einen jungen Mann.

Liebe Sophie!

Dein Brief kam mir diesen Morgen zu, und ich kann Dir für Deine Theilnahme an meinem Wohlergehen nicht dankbar genug sein.

Du sagst, ich solle nicht weiter an ihn denken. Wie kann ich aber das, da doch alle meine Gedanken ihm gehören? Du sagst, die Männer seien unzuverlässig und wankelmüthig; aber ich kann es nicht glauben, daß eine so süße, beglückende Leidenschaft wie die Liebe auch Schmerzen bringen kann. — Was soll ich thun? Wo kann ich

7*

eine Zuflucht finden? Nirgends als an Deiner treuen Brust. Meine
Mutter hat nur ernste Ermahnungen, mein Vater nur grausame
Vorwürfe für mich, meine Freundinnen, ja Du selbst, Sophie, pein-
gen mich mit arglistigen Einflüsterungen, und doch vertraue ich Dir
auch jetzt noch die liebsten Geheimnisse meines Herzens an. Was
sind die Gründe, die ich von Eltern und Freundinnen höre, gegen
die allmächtige Ueberredungskunst eines Geliebten? gegen sein Lä-
cheln? gegen ein einziges Wort von seinen Lippen? Nie könnte ich
mich einem andern Manne verbinden! Meine Mutter mag mich
ermahnen, mein Vater mag mir drohen, meine Freundinnen mögen
mir abrathen; nie will ich dem Vorurtheile meiner Eltern zum
Opfer fallen; in einem solchen Falle ist mein eigenes Gefühl mein
einziges Gesetz, und dafür lebe und sterbe ich.

Schreibe bald

Deiner   aufrichtigen Freundin N. N.

49. Ein reicher junger Mann an eine schöne, aber arme junge Dame.

Theuerste Mathilde!

Mit Recht macht man es unserer Zeit zum Vorwurfe, daß in ihr
die Ehen gewöhnlich nur zur Befriedigung der Habsucht geschlossen
werden, daß die Männer weder den Charakter, noch die intellectuel-
len Eigenschaften der Damen berücksichtigen, sondern dieselben ledig-
lich nach dem Grade ihres Vermögens beurtheilen. Was mich betrifft, so war ich immer der Meinung, bei diesem wichtigsten Schritte
im Leben nur mein Herz sprechen zu lassen. Freilich wird mir dieß
leichter, als vielen Andern, da meine äußere Lage eine durchaus un-
abhängige ist und ich nicht auf eine Verbesserung derselben bedacht
zu sein brauche.

Mein Umgang mit Ihnen hat mich in meiner Ueberzeugung be-
festigt, daß Reichthum und Tugend in keinem Zusammenhange mit
einander stehen und daß eine Dame die Zierde ihres Geschlechtes
sein kann, auch wenn sie kein Vermögen besitzt. Alle jene Vorzüge, die mich zu einem glücklichen Gatten machen würden, sehe ich
in Ihnen vereinigt. Sollten Sie sich entschließen können, die Meinige zu werden, so würde es mein beständiges Bestreben sein, Sie
glücklich zu machen und Ihnen durch meine Liebe einen Ersatz für
den frühen Verlust Ihrer Eltern zu verschaffen. Ich bitte Sie, mir
so bald als möglich zu antworten, denn ich harre Ihrer Entscheidung
mit der größten Ungeduld.

Ihr   Sie innig liebender N. N.

50. Antwort.

Geehrter Herr!

Ich danke Ihnen für Ihren edelmüthigen Antrag. Weder gegen Ihre Person, noch gegen Ihren Charakter habe ich die geringste Einwendung, aber Sie werden mir gestatten, Ihnen offen die Hindernisse darzulegen, die eine Verbindung zwischen uns für immer unmöglich machen würden.

Ihr Antrag ist, wie ich voraussetzen zu dürfen glaube, bis jetzt für Ihre Verwandten und Freunde ein Geheimniß. Können Sie aber von mir verlangen, daß ich eine Verbindung mit einem Manne eingehe, für dessen Angehörige ich ohne Zweifel stets ein Gegenstand des Widerwillens sein würde? Als Gattin wäre es meine erste Pflicht, das Glück meines Gatten zu befördern; wie könnte ich dieß aber, wenn die erste Folge unserer Vermählung seine Entzweiung mit seiner Familie wäre? Sie wissen, daß ich eine arme Waise bin; würde ich daher Ihr großmüthiges Anerbieten annehmen, so würde ich durch die Verpflichtungen, die ich Ihnen schuldete, meine Freiheit verlieren. Dankbarkeit und Liebe sind sehr verschieden von einander; die erstere setzt eine empfangene Wohlthat voraus; die andere ist begründet im freien Willen. Gesetzt, ich würde die Mitbesitzerin Ihres Vermögens, könnte ich es mein Eigenthum nennen, so lange ich Ihnen nicht einen Ersatz dafür geleistet habe? Müßten Sie mir nicht unwillkührlich eine niedrigere Stellung anweisen, als mit dem Charakter einer Gattin verträglich wäre? Ich erkenne den Edelmuth, der in Ihrem Antrage liegt, vollkommen an, aber die Aussicht auf Reichthum hat nicht so viel Reiz für mich, daß ich ihr den Frieden meiner Seele opfern könnte.

Ich hielt es für meine Pflicht, ganz offen gegen Sie zu sein, und bitte Sie, Allem aufzubieten, um eine Leidenschaft in Ihrer Brust zu unterdrücken, die, wenn sie länger von Ihnen genährt würde, für uns beide von den unglücklichsten Folgen sein könnte.

Mit wahrer Hochachtung   N. N.

Abmahnungs- und Absagebriefe.

51. An eine Dame.

Ich fürchte, mein Fräulein, wir sind in unserem gegenseitigen Versprechen zu voreilig gewesen. Unsere Neigungen und Gesinnungen sind so grundverschieden, daß sie stets mit einander in Conflikt kommen würden, was für uns beide nur Kummer und Unglück zur Folge hätte. Ich wünsche deshalb, daß Sie mich meines Wortes entbinden.   Achtungsvoll   N. N.

52. Antwort.

Der Inhalt Ihres Briefes, mein Herr, wird für mich die Quelle langjährigen und hoffnungslofen Elends fein. Ein Mann, der fo wenig Gefühl und Charakter hat, wie Sie, verdient den Fluch aller guten Menschen. Nun fehe ich, daß ich getäuscht bin und daß die guten Eigenschaften, welche ich an Ihnen zu erkennen glaubte und die Ihnen meine Liebe erwarben, nur erheuchelt waren! Leben Sie wohl für immer!   N. N.

53. Ein junger Mann an eine Dame, die ihm einen Korb gegeben.

Theure Miß N.!

Vom Gipfel der Hoffnung haben Sie mich in den Abgrund der Verzweiflung gestoßen. Indem Sie meine Leidenschaft verwerfen, machen Sie mich zu einem unglücklichen, gebrochenen Manne. Nun fühle ich mich von Allen verlassen, ich bin ein einsamer Wanderer in der Welt, kein Lichtstrahl erhellt mir das Dunkel des Lebens. Doch, was auch immer mein Schicksal sein mag, wohin daffelbe mich auch verschlagen mag; der Gedanke an Sie wird mich überall hin begleiten. Meine Liebe wird nur mit meinem Leben aufhören.

Daß Sie so glücklich fein mögen, wie ich unglücklich bin, das ist der heißeste Wunsch   Ihres   treuen N. N.

54. Absagebrief eines Liebhabers.

Es gab eine Zeit, Fräulein, in welcher ich geglaubt hätte, eher würde die Welt aus ihren Angeln gehen, eher würden die Sterne vom Himmel fallen oder die Berge und Bäume in den Himmel wachfen, als daß ich einen Brief schreiben könnte, wie ich ihn jetzt schreibe. Aber unter der Sonne ist nichts unmöglich. Doch Eines hätte ich stets für unmöglich gehalten: daß Sie mir Veranlassung zu einem solchen Briefe geben würden, und doch ist es geschehen.

Der Zweck meines Schreibens ist, Ihnen zu sagen, daß ich Sie nie mehr sehen werde. Sie können sich vorstellen, welchen Kampf mich ein solcher Schritt gekostet hat und wenn sich nur die entfernteste Möglichkeit zeigte, daß ich meinen Entschluß ändern könnte, so würde ich es thun.

Aber gestern war ich, ohne daß Sie es wußten, Zeuge Ihrer Unterhaltung mit Herrn B... Von vielen Seiten hörte ich schon, daß Sie mit diesem Herrn in einem Verhältnisse stehen, aber ich wies diesen Verdacht immer mit Unwillen zurück, denn ich war überzeugt, daß Ihr Herz nur für mich Raum habe. Doch was ich mit eigenen Ohren gehört, mit eigenen Augen gesehen, das muß ich g auben.

Ich nehme daher mit diesen Zeilen für immer Abschied von Ihnen und mein einziges Bestreben wird es sein, Sie gänzlich zu vergessen.

N. N.

65. Eine junge Dame an einen Herrn, den sie auf Befehl ihrer Eltern, wider ihren Willen heirathen soll.

Geehrter Herr!

Ich vergelte Ihre Achtung gegen mich schlecht, wenn ich Ihnen hiemit erkläre, daß ich, je näher der Tag unserer Hochzeit rückt, immer mehr fühle, daß ich Sie nicht lieben kann. In den Stunden, in denen Sie mit mir allein waren, mußten Sie bemerken, daß im Hintergrunde meiner Seele ein Geheimniß liege. Ich hatte von meinen Eltern den strengsten Befehl, Ihre Bewerbungen anzunehmen und werde für immer unglücklich sein, wenn Sie nicht die Großmuth haben, freiwillig auf mich zu verzichten. Denken Sie sich, mein Herr, wie unglücklich Sie selbst sein würden an der Seite einer Frau, die sich bis zum Tode unglücklich fühlte. Vielleicht liegt etwas Beleidigendes in meinem Geständnisse, aber es ist besser, ich bin offen gegen Sie, als daß ich Ihnen eine Neigung erheuchle, während mein Herz für einen Anderen schlägt. Es wäre traurig für einen Mann von Ihrem Gefühle, wenn er an seiner Seite eine Genossin hätte, die ihm statt Zärtlichkeit nur kalte Höflichkeit, statt inniger Liebe nur frostige Achtung erweisen würde. Lassen Sie jetzt Ihre Vernunft über Ihre Leidenschaft siegen, so wird Ihnen das Schicksal gewiß diesen Sieg belohnen und Ihrer Zuneigung einen würdigeren und willigeren Gegenstand zuführen, als mich,—die einzige Dame, welche gegen Ihre Güte und gegen Ihre Vorzüge fühllos ist.

Mit Achtung   N. N.

66. Eine Tante tröstet Ihren Neffen, der sich über den schlechten Erfolg seiner Liebesbewerbung beschwert hat.

Lieber Neffe!

Deinen Jammerbrief habe ich erhalten. Du klagst über Miß.., daß ihr Herz härter sei als ein Diamant und kälter als ein Gletscher. Aber aus Deinem eigenen Berichte ersehe ich, daß sie Dir keinen eigentlichen Korb gegeben hat: ihre Antwort ist weder Ja, noch Nein. Ich glaubte, ein Mann wie Du, würde sich besser auf die Künste der Liebe verstehen, als daß er das Feld so bald räumen würde. Bedenke, daß Miß.. nicht nur schön ist, sondern auch Bildung und Talent hat. Du hättest Dir vorstellen können, daß sich eine solche Dame nicht auf den ersten Angriff ergiebt. Ihr

Neigung muß stufenweise erworben sein, denn sie hält die Verheirathung für einen sehr ernsten Schritt und wird einer blos oberfläch-
lichen Leidenschaft nie Glauben schenken. Darum lege Deine Blö-
digkeit ab, lieber Neffe und zeige Dich als einen Mann. Der Liebhaber muß, wie der Soldat, unermüdlich sein; erneuere Deinen
Angriff mit gedoppelter Stärke, denn diese Dame ist eines Kampfes
werth. Eine einzige glückliche Stunde kann in ihrem Herzen eine
gänzliche Revolution hervorbringen; an dieser Hoffnung richte Dich
wieder auf. Wenn Du meinen Rath befolgst, dann hoffe ich Dich
in wenigen Wochen im Besitze der Festung zu sehen, dann wirst Du
die Bedingungen vorschreiben. Ich werde in der Zwischenzeit Alles,
was in meinen Kräften steht, zu Deiner Unterstützung beitragen,
denn ich würde der Dame Deines Herzens Unrecht thun, wenn ich
Deine Wahl nicht vollständig billigte.

Deine   ergebene Tante.

57. Abmahnungsschreiben von Eltern an einen Sohn wegen der Verlobung.

Lieber Sohn!

Deine beiden letzten Briefe vom 29. Sept. und 22. Okt. haben
wir erhalten; aber außer der Nachricht, daß Du recht gesund bist,
machen uns beide keine Freude. Du meldest uns Deine Verlobung,
machst uns jedoch damit keine Freude. Wir kennen Deine Erwählte
nicht, erlauben uns daher auch kein Urtheil über dieselbe, uns erscheint
aber dieser Schritt zu voreilig und unbesonnen, weil Du noch kein
gewisses Brod hast, und wir auch bisher noch immer die Hoffnung
hegten, Dich in unsere Nähe zu bekommen. Wir begreifen nicht,
wie Du jetzt schon auf den Gedanken kommen konntest, Dich in ein
solches Verhältniß einzulassen, und fürchten sehr, Du wirst Deinen
Schritt später bereuen, wenn es nicht mehr möglich ist, die That un-
geschehen zu machen. Offen gestanden, wir sind jetzt irre an Dir
und Deinem sonst so gesunden Urtheil geworden. Lieber Sohn, Du
bist allerdings schon 24 Jahre alt, aber glaube nur, Du kannst Dich
doch in Deinem Rausch und Deinen Hoffnungen verirren. Es wird
Dir dieses Wort hart klingen; Du bist und bleibst indessen unser Kind,
und wir Eltern haben deshalb auch das Recht, Dir zu sagen, wie
unsere Ansichten sind, um so mehr, da wir in unsern Verhältnissen
viel an Dich gewendet haben. Wir hatten uns, da es sich kaum
erwarten läßt, daß Du Deine Gesinnung ändern wirst, schon vorgenommen, Dir nicht zu widerrathen und Dich Deinen Weg gehen zu
lassen, unser Elternherz ließ uns jedoch nicht ruhig zusehen. Willst
Du uns nicht folgen, nun so gieb uns am Ende die Schuld nicht.

Wir widerrathen Dir, weil wir es mit Dir aufrichtig meinen, und
bleiben Dir unverändert in elterlicher Liebe zugethan.

Dein Vater   N. N.

58. Absagungsschreiben eines Mädchens an ihren Liebhaber.

An Herrn N. N.

Sie haben sich während der Zeit unserer gegenseitigen näheren
Bekanntschaft zu meiner großen Betrübniß von einer Seite gezeigt,
wie ich es von Ihnen nicht erwartet hätte. Sie müssen dadurch in
den Augen eines Jeden in einem sehr nachtheiligen Licht erscheinen,
dessen Schatten natürlich auch auf mich fallen muß, wenn ich länger
mit Ihnen in einem näheren Verhältniß bleiben wollte. So nöthigen Sie mich auf diese Weise selbst zu dem für mich höchst unangenehmen Schritt, unser freundschaftliches Verhältniß aufzulösen. Ich
muß es freilich geschehen lassen, wenn Sie mich deshalb verun-
glimpfen wollen. Es soll mir indessen gleichgültig sein, was Sie
thun; denn eine üble Nachrede von Ihnen wird Jeder als ein Lob
für mich betrachten, der mich kennt. Diese Erklärung, so schwer sie
mir auch geworden ist, bin ich mir und meinem Ruf schuldig, ohne
daß ich Ihnen damit irgendwie zu nahe treten will.   N. N.

59. Anderes Absagungsschreiben eines Mädchens.

Ihr gestriges Betragen hat Sie in meiner Achtung so herabge-
setzt, daß ich nicht umhin kann, meine freundschaftlichen Verhältnisse
mit Ihnen aufzuheben. Es ist mir sehr angenehm, daß ich bei Zeiten Ihre unedle Gemüthsart habe kennen gelernt. Können Sie
sich nicht wie ein gesitteter Mensch betragen, da Sie meine Hand noch
nicht haben, wie würde es erst werden, wenn ich mit Ihnen verehe-
licht wäre? Es ist wahr, daß Ihre Trunkenheit Schuld an Ihren
Ungezogenheiten war, — aber darf es bei einem Manne, der auf
Bildung Anspruch macht, zur Trunkenheit kommen? Uebrigens
habe ich bei dieser Gelegenheit denn auch zu meiner nicht geringen
Beschämung erfahren müssen, daß es gar nicht ein einzelnes Mal
ist, daß Sie sich so vergessen, sondern daß Sie überhaupt berauschen-
den Getränken sehr zugethan sind. Das ist mir genug! Einen
Trunkenbold wünsche ich mir nicht zum Manne, und um für die Zukunft Unannehmlichkeiten zu vermeiden, belieben Sie meine Wohnung nicht mehr zu betreten.

Zum Zeichen, daß es mir Ernst ist, keine Verbindung mit Ihnen
zu haben, stelle ich Ihnen hierbei Ihre Geschenke zurück.

N. N.

60. Abſagebrief eines Geliebten.

An Karoline M.

Seit langer Zeit habe ich Sie ſtillſchweigend beobachtet, ohne Sie in Ihren Handlungen zu ſtören. Länger darf ich jedoch nicht mehr ſchweigen, theils um Sie aus dem Irrthum zu reißen, daß ich Ihr Thun und Treiben nicht wüßte, theils auch um mich ſelbſt vor unausbleiblichen Nachtheilen zu ſchützen. Ich mag mich auf eine näuere Erörterung nicht einlaſſen, weil die Sache ſelbſt dadurch um Nichts anders wird; aber ich muß Ihnen wenigſtens einfach ſagen, daß Sie ſich meiner Liebe zu Ihnen nur als eines Mittels bedient haben, um Ihrer vormundſchaftlichen Feſſeln los zu werden, ohne daß Sie mir in reiner herzlicher Hingebung angehören wollten, was mir indeſſen Ihr Mund mit den ſüßeſten Worten ſo oft verſichert hat. Endlich iſt dieſe Täuſchung völlig enthüllt, zu meinem Glück noch zur rechten Zeit. Ich habe Sie ſeit dem Beginn unſerer Bekanntſchaft mit der ganzen Wärme meines Herzens geliebt, und ſo ſehr ich mich eben deshalb durch die Enttäuſchung betroffen fühle, ſo danke ich doch dem gütigen Geſchick für ſeine Fügungen. Ich betrachte unſer bisheriges Verhältniß für aufgehoben. Leben Sie wohl.   N. N.

Sechſte Abtheilung.

Geſchäftsbriefe.

I. Allgemeine Geſchäftsbriefe.

1. Bei Uebernahme einer Handlung an einen Wholeſale-Händler.

Geehrter Herr!

Da mein Freund, Herr N. N., ſich von den Geſchäften zurückgezogen hat, ſo habe ich ſeine Handlung übernommen und werde dieſelbe ganz in bisheriger Weiſe fortführen. Sehr verbinden werden Sie mich, wenn Sie das Vertrauen, das Sie meinem Vorgänger geſchenkt, auf mich übergehen laſſen und zwar unter den gleichen Bedingungen. Wollen Sie mir die beifolgende Beſtellung bald möglichſt beſorgen.

                    Ihr ergebenſter   N. N.

2. Antwort auf den vorigen Brief.

Geehrter Herr!

Eben erhalte ich Ihr Schreiben vom... Es macht mir Vergnügen, Ihre Wünsche jederzeit zu befriedigen. Ich werde Ihre Aufträge stets pünktlich ausführen. Das Bestellte habe ich durch ... Expreß befördert und werden Sie es daher nächsten Mittwoch erhalten.

Mit dem Wunsche, daß Sie Ihr Geschäft mit dem gleichen Vortheile betreiben mögen wie Ihr Vorgänger, bin ich

Ihr   ergebener N. N.

3. Ein Clerk in der Stadt an seinen Principal auf dem Lande.

Geehrter Herr!

Hier geht Alles nach Wunsch und ich benutze meine wenigen freien Minuten, um Sie vom gegenwärtigen Gange des Geschäftes zu unterrichten. Die Tücher, die Sie von der Fabrik in O... bestellten kamen gestern hier an und entsprechen Ihren Anforderungen, wovon wir uns durch genaue Prüfung jedes einzelnen Artikels überzeugt haben. Mit der letzten Post kam eine große Bestellung von Taylor und Comp., Chicago, Ill. Anbei schreibe ich Ihnen dieselbe und bitte um ungesäumte Verhaltungsvorschriften.

Obgleich wir uns täglich auf Ihr Wiedersehen freuen, so ist es doch unser Aller Wunsch, daß Sie nicht hieher zurückkehren, bevor Ihre Gesundheit gänzlich hergestellt ist.

Achtungsvoll Ihr   gehorsamer N. N.

4. Ein Pächter an seinen Grundbesitzer.

Geehrter Herr!

Zu meinem größten Leidwesen sehe ich mich durch die schlechte Ernte und durch wiederholte Krankheitsfälle in meiner Familie außer Stande, das Pachtgeld am 1. Oktober zu bezahlen. Ich beeile mich, Sie bei Zeiten von dieser unangenehmen Sache zu unterrichten und bitte Sie, selbst hieher zu kommen, damit Sie sich von der Wahrheit meiner Entschuldigung überzeugen können.

Achtungsvoll   N. N.

5. Antwort.

Werther Herr!

Ich kenne Sie längst als fleißigen Mann, der stets seine Pflicht zu erfüllen sucht und setze daher nicht den mindesten Zweifel in Ihre

8

Angaben. Da die Ernte wirklich auf meinem Gute wie im ganzen Lande sehr mittelmäßig ausgefallen ist, so wäre es hart und unvernünftig, wenn ich alsbaldige Bezahlung von Ihnen verlangte.

Ich werde Sie bald besuchen und wollen wir dann das Nähere besprechen.   Ihr   ergebener N. N.

6. Ein Kaufmann an einen andern wegen einer Zahlung.

Geehrter Herr!

Durch eine ganz unerwartete Forderung, die so eben an mich gestellt wird, sehe ich mich genöthigt, Sie um baldige Bereinigung des Rückstandes von $300 zu ersuchen, den Sie für die Sendung vom Oktober noch restiren.

Nur die Rücksicht auf meinen Credit und das durch ihn bedingte Wohl meiner Familie kann mich zu diesem Schritte bestimmen, und werden Sie daher meiner Bitte gewiß gern entsprechen. Ist es Ihnen nicht möglich, sogleich die ganze Summe zu bezahlen, so werde ich auch einen Theil derselben mit Dank annehmen.

Achtungsvoll   N. N.

7. Antwort.

Geehrter Herr!

Ich schätze mich glücklich, daß ich Ihnen sogleich den ganzen Betrag Ihrer Forderung senden kann. Ich hätte die Sache schon lange in's Reine bringen sollen, aber der Bankerott von zweien meiner Schuldner hat meine Mittel so beschränkt, daß ich bis zum heutigen Tage unfähig war, meiner Verpflichtung nachzukommen. Um so größere Freude macht es mir jetzt, dieselbe zu erfüllen.

Indem ich Ihnen Glück zu allen Ihren Unternehmungen wünsche bin ich   Ihr   ergebener R. N.

8. Bericht über einen Verkauf.

Geehrter Herr!

Die 20 Ballen Baumwolle, die Sie uns durch den „Black Warrior" zum Verkaufe zugeschickt haben, sind alle gegen baar verschlossen, zu den von Ihnen vorgeschriebenen Preisen.

Reinertrag, $1500. Das Geld liegt auf der Bank und erwarten wir daher weitere Vorschrift von Ihnen. Achtungsvoll N. N.

9. Ein in's Unglück gerathener Handelsmann an seinen Gläubiger.

Geehrter Herr!

Ein schwerer Unfall in meiner Familie und das Falliment von

mehreren meiner Schuldner nöthigt mich, Sie um eine Verlänge-
rung meines Zahlungstermines (etwa auf sechs Monate) zu bitten,
und Sie zu ersuchen, mir auch bei meinen andern Gläubigern einen
Aufschub auszuwirken. Sie kennen meinen Charakter; ich war
immer offen und gewissenhaft gegen meine Geschäftsfreunde und
glaube daher, einige Rücksicht zu verdienen.

Mit der Versicherung, daß ich Sie und alle meine Gläubiger an
dem genannten Termine bezahlen werde,

Ihr   ergebener N. N.

10. Antwort.

Geehrter Herr!

Die Nachricht von der Verlegenheit, in der Sie sich befinden, hat
mir großen Kummer gemacht, und ich hielt es für meine Pflicht, so
viel als möglich zur Erleichterung Ihrer Lage beizutragen.

Ich habe mich daher mit Ihren übrigen Gläubigern dahin verständigt, Ihnen einen Aufschub von zwölf Monaten zu gewähren.

Ihr   aufrichtiger Freund N. N.

11. Eine andere Antwort.

Geehrter Herr!

Ich bedaure, Ihnen auf Ihr letztes Schreiben eine abschlägige
Antwort ertheilen zu müssen.

In einer Versammlung Ihrer Gläubiger, am gestrigen Abend,
wurde beschlossen, Ihnen noch einen Monat Zeit zu gewähren, um
Ihren Verpflichtungen nachzukommen. Sind die Ansprüche Ihrer
Gläubiger nach Verfluß dieser Zeit nicht befriedigt, so werden dieselben den gerichtlichen Weg einschlagen.

Ihr   ergebener N. N.

12. Erkundigung über den Charakter eines Clerks.

Werther Herr!

Ein Mann, Namens Broom, war heute bei mir und ersuchte mich
um eine Anstellung als Clerk. Da er mir sagt, daß er früher in
Ihrem Geschäfte angestellt gewesen sei, so würden Sie mich sehr verpflichten, wenn Sie mir Nachricht über ihn geben würden. Ist er
ehrlich und fähig, meinen Anforderungen zu entsprechen?

Ihr   ergebener N. N.

13. Antwort.

Geehrter Herr!

Herr Broom, über den Sie mich befragen, war acht Jahre in meinem Geschäfte angestellt und hat sich stets meine Zufriedenheit bewahrt. Mit Vergnügen verbürge ich mich für seinen guten Character und empfehle ihn als einen Mann von Fähigkeit.

Ihr   N. N.

14. Andere Antwort.

Werther Herr!

Hüten Sie sich vor dem Manne, Namens Broom, über den Sie mich befragen! Er verdient nicht das mindeste Vertrauen, denn schon in den wenigen Wochen, die er in meinem Geschäfte zubrachte, erwies er sich als ein schlechtes Subject, weshalb ich ihn fortjagte.

Ihr   N. N.

15. Eine Geldanleihe betreffend.

Geehrter Herr!

Es ist mir äußerst daran gelegen, innerhalb zehn Tagen die unbedeutende Summe von $125 zu erhalten, damit ich meine Verbindlichkeiten gegen die Herren Smith und Comp. erfüllen kann. An dem Vertrauen dieser Firma ist mir sehr viel gelegen, denn von ihm hängt mein ganzes Geschäft ab. Wollen Sie mir daher mit genannter Summe auf sechs Wochen aushelfen? Einer baldigen Antwort entgegensehend   Ihr   N. N.

16. Antwort.

Lieber Herr!

Es ist mir zwar sehr lästig, Ihrem Wunsche unter den gegenwärtigen Umständen nachzukommen. Um Ihnen jedoch einen Beweis meines Vertrauens in Ihre Pünktlichkeit zu geben, sende ich Ihnen beifolgend eine Anweisung auf $125.

Achtungsvoll   N. N.

17. Andere Antwort.

Geehrter Herr!

Unmöglich kann ich Ihnen in jetziger Zeit die verlangte Summe von $125 vorstrecken, die Sie in Ihrem gestrigen Briefe verlangen. Ich bin gegenwärtig so arm an baarem Gelde, daß ich kaum meine laufenden Geschäftsausgaben bestreiten kann. Ich hoffe, meine abschlägige Antwort werde Sie nicht in Verlegenheit setzen, sondern Sie werden bei andern Freunden die erwünschte Aushülfe finden.

Ihr   ergebener N. N.

18. Ein Storekeeper beschwert sich bei einem Wholesale-Händler über schlechte Waare.

Mein Herr!

Ihre letzte Waarensendung war miserabel. Wie konnten Sie mir solch schlechtes Zeug zusenden? Es ist unrecht, sehr unrecht von Ihnen, mich so zu bedienen. Ich bezahle Sie stets pünktlich und darf daher eine bessere Bedienung erwarten.

Wenn Sie künftig meinen Wünschen nicht besser entsprechen, so bin ich genöthigt, meine Einkäufe anderswo zu machen.   N. N.

19. Antwort.

Geehrter Herr!

Sobald ich Ihr Schreiben erhielt, suchte ich dem Grunde des Mißgriffs, über den Sie sich beschweren, auf die Spur zu kommen. Da unser Hauptpacker damals krank war, so wurde die betreffende Kiste von seinem Stellvertreter gepackt, der Ihre Waare mit einer andern verwechselte.

Ich werde Ihnen die rechte Waare ungesäumt portofrei zuschicken und bitte Sie, mir die schlechtere Waare auf meine Kosten zurückzustellen.

Mit der Hoffnung, daß Sie mir Ihr Wohlwollen auch ferner erhalten werden,   Ihr   N. N.

20. Beschwerde über Verzögerung in Zusendung einer Bestellung.

An die Herren Nelson und Comp.

Meiner Bestellung vom 1. d. M. wurde bis jetzt nicht von Ihnen entsprochen. Täglich verliere ich hierdurch Kunden, denn gerade dieser Artikel ist in meinem Geschäfte ein Gegenstand der stärksten Nachfrage. Ich kann deshalb Ihre Nachlässigkeit nicht begreifen und fordere Sie auf, mir das Verlangte nun endlich zu schicken, widrigenfalls ich die Waare anderswoher beziehen werde.

In größter Eile   N. N.

21. Antwort.

Geehrter Herr!

Entschuldigen Sie unsere scheinbare Nachlässigkeit. Da wir einige von den Waaren, die Sie bestellt haben, nicht mehr vorräthig hatten, so sahen wir uns genöthigt, ihre Ankunft aus der Fabrik abzuwarten. Daher die Verzögerung.

Nun aber ist unser Vorrath ergänzt und werden wir Ihnen das

verlangte auf schnellstem Wege zuschicken. Jeden Grund zu solchen Beschwerden hoffen wir in Zukunft vermeiden zu können.

Mit Achtung N. N.

22. Anleihe-Gesuch an einen Bekannten.

Lieber Freund!

Du würdest mir den größten Gefallen thun, wenn Du mir auf nur fünf Wochen 60 Dollars vorstrecktest. Ich verspreche, das Geld nach Verfluß dieser Zeit pünktlich zurückzuerstatten, und kann auf Verlangen einen guten Bürgen stellen.

Dein N. N.

23. Antwort.

Lieber Freund!

Mit Vergnügen entspreche ich Deiner Bitte. Ich will keinen andern Bürgen, als Dein Wort. Da ich das Geld baar vorräthig habe, so kannst Du es zu jeder Zeit bei mir abholen.

Dein N. N.

II. Kaufmännische Briefe.

A. Circulare.

1. Anzeige der Begründung einer Stahlwaaren-Handlung durch einen bisherigen Clerk.

Herrn N. N. in T.

New York, den ———.

Ich gebe mir hierdurch die Ehre, Ihnen die heute erfolgte Begründung meines hiesigen Geschäfts in Stahlwaaren anzuzeigen und um Ihre gefälligen Aufträge zu bitten, welche ich bemüht sein werde, mit aller Sorgfalt und Pünktlichkeit zu vollziehen. Meine seitherige Stellung als Clerk des Hauses Walker und Comp. und der Besitz der nöthigen Fonds lassen mich hoffen, daß mein eifriges Bestreben für das Interesse meiner geehrten Geschäftsfreunde von Erfolg und gegenseitigem Nutzen begleitet sein werde.

Indem ich Sie also ersuche, Ihre gütigen Befehle in meine Hände zu legen, bin ich so frei, um die Bemerkung meiner Unterschrift ergebenst zu bitten und Ihnen hierbei meinen Preis-Courant zu überreichen, der Sie hoffentlich veranlassen wird, eine Beziehung von mir zu machen. Sollte Ihnen über meine Solidität irgend eine Auskunft wünschenswerth sein, so sind die genannten Herren Walker und

Comp. gerne bereit, Ihnen eine solche zu ertheilen. Inzwischen empfehle ich mich Ihrem geneigten Wohlwollen mit

Achtung und Ergebenheit   N. N.

2. Anzeige der Begründung eines Commissionsgeschäftes durch Association.

Herrn N. N. in C.

Chicago, ———.

Nachdem wir hierselbst eine Geschäftsverbindung zur Betreibung allgemeiner Commissionsgeschäfte errichtet haben, sind wir so frei, Ihnen hievon Mittheilung zu machen und Sie zu ersuchen, uns hie und da mit Ihren Aufträgen zu beehren.

Gestützt auf lange Geschäftserfahrung im Allgemeinen, sowie auf unsere genaue Kenntniß des hiesigen Platzes, dürfen wir Ihnen das Versprechen geben, daß wir im Stande sein werden, jeden Auftrag, womit Sie uns beehren möchten, zu Ihrer vollkommenen Zufriedenheit und so pünktlich und billig, als irgend möglich, auszuführen.

Im Besitze beträchtlicher Mittel, nicht nur so weit sie zur Besorgung der Geschäfte unserer Freunde erforderlich sind, sondern genügend, um ein ausgedehntes Aus- und Einfuhrgeschäft für eigene Rechnung betreiben zu können, werden wir gern günstige Conjuncturen benutzen, welche Ihr dortiger Markt für Colonial- und einheimische Produkte und Fabrikate etwa gewähren wird, um Ihnen hie und da Consignationen zu machen, weshalb es uns sehr angenehm sein würde, beständig Ihre Berichte über den Zustand der dortigen Verhältnisse zu erhalten.

Wenn wir auf der einen Seite bereit sein werden, für alle uns zum Verkaufe consignirten Waaren bei Empfang des Connoissements, der Factura und des Auftrages zur Versicherung, bis zu zwei Drittheilen des Factura-Betrages in Vorschuß zu treten, so werden wir dagegen dieselbe Erleichterung von unseren Geschäftsfreunden erwarten.

Es ist unser eifriger Wunsch, unseren Verkehr beiderseitig vortheilhafte Resultate liefern zu sehen.

Mit Achtung   N. N.

3. Anzeige des Etablissements eines Wechsel- und Commissions-Geschäfts.

Herrn N. N. in H.

Bremen, den 1. Januar 1854.

Mit den erforderlichen Kenntnissen und Mitteln ausgerüstet, haben wir am heutigen Tage unter der Firma:

Schmidt und Bauer

ein Wechsel- und Commissions-Geschäft auf hiesigem Platze eröffnet und empfehlen uns Ihrem Vertrauen in allen Angelegenheiten dieser Handelszweige. Es wird unser ganzes Interesse sein, Ihren gütigen Aufträgen, um welche wir ergebenst bitten, unseren größten Eifer zu widmen und Ihre Zufriedenheit zu verdienen.

In Beziehung auf unsere Solidität wollen Sie sich bei den Herren Gebrüder Themler hierselbst und dem Herrn Adolph Westmann in New York erkundigen, welche uns seit längerer Zeit genau kennen. Schließlich bitten wir Sie um gefällige Bemerkung unserer Unterzeichnungen, und sind, indem wir noch unsere Course beilegen, hochachtungsvoll und ergebenst

- Schmidt und Bauer.

4. Anzeige einer Verbesserung des Geschäfts.

L..., im Jan. 1854.

P. P.

Nachdem meine lithographische Anstalt durch den Tod meines Mannes weniger in Thätigkeit blieb, ist es mir geglückt, einen tüchtigen Geschäftsführer zu erwerben. Durch Herrn C. B..., welcher in den besten Ateliers französischer Städte gebildet ist, wird die Anstalt in den Stand gesetzt, sowohl in gravirter Manier, wie in Kreide, Farbendruck und in allen Schriftarten, kurz in Allem, wo die Lithographie anwendbar ist, Ihnen prompt und schnell zu dienen.

Erlauben Sie mir, daß ich Ihnen anliegend meine Geschäftskarte mit der herzlichen Bitte überreiche, mich durch gefällige Bestellungen Ihres Vertrauens zu würdigen, was ich stets dankbar erkennen und mir zu erhalten suchen werde.

Achtungsvoll   Wittwe ...

5. Anzeige von der Uebernahme einer Modewaarenhandlung.

Herrn N. N. in N.

N., den 1. Juli 18 . .

Hiermit beehre ich mich, Ihnen gehorsamst anzuzeigen, daß ich unter heutigem Tage auf hiesigem Platze unter der Firma:

N..., L..., F...

ein Modewaaren-Geschäft en gros etablirt habe.

Verbindungen mit Paris, London, Wien und Berlin setzen mich in den Stand, nicht nur jetzt ein wohlassortirtes Lager der neuesten und geschmackvollsten Artikel in der erwähnten Geschäftsbranche zur Auswahl bieten, sondern auch später stets mit den allerneuesten Erzeugnissen der Mode aus den genannten Orten dienen zu können.

Ein hinreichender Fond macht es mir übrigens möglich, meinen Geschäftsfreunden auch hinsichtlich der Preise und sonstigen Bedingungen alle möglichen Vortheile zu gewähren, und ich erlaube mir daher, mich zu Ihren geneigten Aufträgen angelegentlichst zu empfehlen.

Es wird stets mein eifrigstes Bestreben sein, mir das Vertrauen, mit dem Sie mich beehren werden, durch prompte und billige Bedienung zu erhalten.

Mit der Bitte, von meiner Unterschrift gefälligen Vermerk zu nehmen, empfehle ich mich Ihnen   hochachtungsvoll   N. N.

6. Anzeige des Etablissements eines Geschäfts-Agenten.

Herrn N. N.

Ich nehme mir die Freiheit, Ihnen die Anzeige zu machen, daß ich mich hier so eben unter dem Beistande verschiedener im hohen Grade achtbarer und einflußreicher Häuser als Schiffs- und Assecuranz-Makler und Geschäftsagent (Commissionär) etablirt habe.

Im Bewußtsein meiner Fähigkeit, alle mir anvertrauten Aufträge und Besorgungen auf schnelle, billige und in jeder Hinsicht befriedigende Weise wahrzunehmen, erlaube ich mir die Bitte um Ihr Zutrauen. Um mir die Fortdauer desselben zu sichern, gebe ich Ihnen die feste Versicherung, daß mir keine Anstrengung zu groß erscheinen wird, wodurch Ihr Interesse gefördert und die Erfüllung Ihrer Wünsche herbeigeführt werden könnte.

In Betreff meines Charakters und meiner Solidität beziehe ich mich auf mein Banquierhaus, die Herren P. und Comp. und empfehle mich Ihnen   hochachtungsvoll   P. D.

7. Anzeige des Todes eines Associés.

Herrn M.

Hamburg, den ——.

Wir erlauben uns die Anzeige, daß in Folge des Verlustes, den wir durch den Tod unseres ehrenwerthen Freundes und Theilhabers, des Herrn James Edgecombe, erlitten haben, vom 1. Okt. d. J. an eine Veränderung in unserer Firma eintreten wird.

Unsere Mittel werden sich jedoch nicht vermindern, und es wird fortwährend Zweck für uns bleiben, unsere Geschäfte auf demselben Fuße wie bisher fortzuführen.

Wir werden Sie s. Zeit mit den von uns beabsichtigten Einrichtungen bekannt machen, einstweilen beschränken wir uns auf die Bitte, von Ihrer Seite keine Unterbrechung in der Correspondenz

Statt finden zu laſſen, deren wir uns während ſo vieler Jahre er-
freuten, und worauf wir nie aufhören werden, einen hohen Werth
zu legen.

Empfangen Sie die Verſicherung unſerer freundſchaftlichen Hochachtung.   Adams, Edgecombe u. Harris.

8. Annahme eines Geſellſchafters in eine bereits beſtehende Handlung.

Herrn N. N. in N.

Hamburg, den 1. Januar 1854.

Hierdurch habe ich die Ehre, Ihnen mitzutheilen, daß ich mich
entſchloſſen, meinen Vetter, Herrn Wilhelm Bräuning, welcher
ſeit vier Jahren als Correſpondent in meinem Hauſe arbeitet und
mein volles Vertrauen beſitzt, als Geſellſchafter in mein Geſchäft aufzunehmen, wodurch ich dieſem letztern eine weſentliche
Stütze verſchafft zu haben glaube.

Demzufolge erſuche ich Sie, von der untenſtehenden Handzeich-
nung des Herrn Bräuning gefälligſt Bemerkung zu machen und
auch auf ihn Ihr mir bewieſenes gütiges Wohlwollen auszudehnen.
Im Uebrigen bleiben die Geſchäfte des Hauſes, ſo wie deſſen Firma
unverändert dieſelben und unſer ganzes Streben auf den Beifall
unſerer Freunde gerichtet.

Mit Achtung und Ergebenheit   Friedrich Maier.
Unterſchrift des Herrn Bräuning :   Friedrich Maier.

9. Ein Vater macht die Uebertragung des Geſchäfts auf ſeinen Sohn bekannt.

Herrn N. N. in N.

P.——den————.

Nach einer Reihe von vierzig Jahren, welche ich ununterbrochen
in meinem Handelsgeſchäfte verlebte, glaube ich es mir nun vergön-
nen zu dürfen, meine übrigen Tage der Ruhe zu widmen und di
Früchte meiner Arbeit zu genießen. Ich habe daher unter heutigem
Tage meine geſammte Handlung, mit allen Activen und Paſſiven
meinem Sohne Wilhelm Geier übergeben, welcher ſchon ſeit zehn
Jahren zu meiner völligen Zufriedenheit mich in deren Führung
unterſtützt hat.

Indem ich Ihnen für die mir ſo vielſeitig gegebenen Beweiſe der
Freundſchaft und Gewogenheit meinen aufrichtigſten Dank ſage, bitte
ich Sie recht ſehr, dieſes Wohlwollen auch meinem Sohne zu Theil
werden zu laſſen, welcher das Geſchäft ohne die geringſte Veränderung der Firma und der Handelsgegenſtände für ſeine alleinige

Rechnung übernimmt und Ihnen umstehend noch besondere Anzeige hiervon macht.

Mit der aufrichtigsten Hochachtung und Ergebenheit

Robert Geier.

10. Circular des Sohnes, welches dem vorigen beigefügt ist.

Herrn N. N. in N.

P——, den————.

In Beziehung auf das vorstehende Circular meines Vaters erlaube ich mir, Sie von der unter heutigem Tage erfolgten Uebernahme des Geschäfts, mit allen Vorräthen, Forderungen und Ausständen für meine alleinige Rechnung, doch bei unveränderter Firma, in Kenntniß zu setzen. Auch fernerhin werden alle Theile des Wechselgeschäfts der Gegenstand meiner Thätigkeit sein, so wie ich mich Ihnen für Ihre Speditions-Angelegenheiten hiesigen Orts bestens empfohlen halte. Sie können versichert sein, daß ich nichts verabsäumen werde, meinem Vater ein würdiger Nachfolger zu sein und meiner Firma den ehrenvollen Standpunkt zu erhalten, welchen sie bis jetzt behauptet hat.

Indem ich daher um Ihre fernern geneigten Befehle bitte, ersuche ich Sie, von meiner Unterschrift gefälligst Notiz zu nehmen und meine hochachtungsvollste Empfehlung zu genehmigen.

Wilhelm Geier,

welcher zeichnen wird: Robert Geier.

11. Uebernahme eines Geschäfts.

Herrn N. N. in N.

C——, den————.

Ich entledige mich der schmerzlichen Pflicht, Sie von dem Tode meines Schwiegervaters, des Herrn Carl Friedr. Klera allhier, in Kenntniß zu setzen.

Zugleich zeige ich Ihnen ergebenst an, daß ich die bisher von dem Verblichenen betriebene Material- und Farbwaaren-Handlung mit allen Aktivis und Passivis von den Erben käuflich übernommen habe und sie ganz, wie bisher, jedoch unter der Firma

C. F. Klera, Eidam

fortführen werde.

Das dem Verewigten bisher geschenkte Vertrauen wollen Sie gütigst auf mich, seinen Nachfolger, übertragen; es wird mein eifrigstes Bestreben sein, mich Ihres schätzbaren Vertrauens stets würdig zu zeigen.

Haben Sie die Güte, von meiner Unterschrift Notiz zu nehmen und genehmigen Sie die Versicherung meiner Hochachtung und Ergebenheit.   C. F. Klera, Eidam.

1. Anfrage nach der Solidität eines Hauses.

Herrn N. N. in L.

W——, den————.

Im Vertrauen auf Ihre Discretion und mir stets gezeigte Freundschaft erlaube ich mir eine Anfrage:

Herr Wilhelm P. daselbst ertheilt mir so eben eine Ordre auf mehrere Waaren, im Betrage von wenigstens 1500 Dollars und erbietet sich, mir die Hälfte sogleich nach Empfang des Gutes, die andere Hälfte aber in drei Monaten zu bezahlen. Da ich aber jenen Herrn gar nicht kenne, und mich nicht gern in Geschäfte einlasse, ohne zu wissen, ob ich es mit einem soliden Mann zu thun habe, so ersuche ich Sie freundschaftlichst, mir aufrichtig mitzutheilen, ob ich ihm ohne Gefahr jene Waaren anvertrauen darf.

Ich werde die Beantwortung seines Briefes so lange anstehen lassen, bis ich Ihre Auskunft in Händen habe, welche ich mir daher recht bald erbitte. Zugleich wollen Sie wegen des Gebrauches Ihrer Nachricht ganz unbesorgt sein, da Niemand von mir etwas darüber erfährt, während ich Ihnen zu allen Gegendiensten bereit stehe.   Ganz ergebenst   J. S.

2. Antwort auf den vorigen Brief.—Auskunft.

Herrn J. S. in W.

L——, den————.

In Beantwortung Ihres werthen Briefes vom—— dieses kann ich Ihnen zu meiner Freude mittheilen, daß Herr W. P., welcher seit zwei Jahren hier etablirt ist, allgemein das vollste Vertrauen genießt, und daß ich ihm ohne Bedenken einen solchen Belauf, für welchen er bei Ihnen bestellt hat, anvertrauen würde. Derselbe ist als ein rechtlich denkender Mann bekannt und seine bisherigen Geschäfte lassen den vorsichtigen und bemittelten Kaufmann in ihm erkennen.

Sie wollen übrigens diese Nachricht ohne mein Präjudiz benutzen und meiner Dienstfertigkeit versichert sein, womit ich bin

Ihr ergebenster   N. N.

Einladungen zur Geschäftsverbindung.

1. Antrag zu einer Geschäftsverbindung.

Herrn N. N. in N.

D——, den————.

Ihre ausgebreiteten Geschäfte in dortiger Gegend müssen Sie nothwendig zu namhaften Beziehungen in Colonialwaaren veranlassen, und es könnte uns daher nur angenehm sein, in recht lebhafte Verbindung mit Ihnen zu kommen.

Mit Gegenwärtigem nehmen uns daher die Freiheit, Ihnen auf der Einlage die gegenwärtigen Preise unserer Artikel anzuzeigen, und dürfen wohl hoffen, daß Ihnen die gestellten Bedingungen in mehr als einer Hinsicht annehmlich erscheinen werden. Namentlich müssen jetzt bei der directen Eisenbahnverbindung die Beziehungen von hier vortheilhafter für Sie sein, als von Magdeburg.

Wir machen Sie besonders noch darauf aufmerksam, daß Kaffee und Reis im Steigen begriffen sind und eine Preiserniedrigung daher vor der Hand nicht zu erwarten ist, wovon Sie indeß bei Ihren mannichfaltigen Geschäftsverbindungen ohne Zweifel schon unterrichtet sein werden.

Wir bitten Sie nun, uns recht bald Gelegenheit zu geben, Ihnen zu beweisen, wie schätzbar uns Ihre Aufträge sind, und wie wir durch prompte und reelle Bedienung bemüht sein werden, eine angeknüpfte Verbindung zwischen uns recht lange dauernd zu erhalten.

In dieser Erwartung zeichnen wir uns mit achtungsvoller Ergebenheit

Gebr. S.

2. Antrag zu einer Geschäftsverbindung.

Herrn R. Jackson, London.

H——, den————.

Wir sind Ihnen für die Bereitwilligkeit verpflichtet, womit Sie auf Herrn J. Thompson's Vorschlag hinsichtlich des Versuchs einer oder zweier Unternehmungen für gemeinschaftliche Rechnung eingingen, und bemerken gern, daß Sie demzufolge unserem Freunde. Herrn J. M. Da Souza in Bahia, Auftrag zur Verschiffung von

1000 bis 1200 Mangoten Blätter-Tabak

an unsere Adresse ertheilt haben, so wie wir nicht zweifeln, daß er die Ordre zu Ihrem Limito ausführen wird.

Die Frage für diesen Artikel ist augenblicklich matt; bis dahin aber, wo wir die Ankunft der von Ihnen beorderten kleinen Parthie erwarten dürfen, glauben wir bestimmt, daß sie lebhafter sein wird, und hoffen im Stande zu sein, Ihnen befriedigende Verkaufrechnung zu ertheilen, und Sie dadurch zur weiteren Verfolgung dieser Operationen zu veranlassen.

Wir machen genaue Anmerkung von den Bedingungen, unter denen diese sowohl, wie künftige Unternehmungen ähnlicher Art Statt finden werden, und versichern Ihnen, daß es uns viel Vergnügen gewähren wird, eine Correspondenz fortzusetzen, die nach unserer Meinung unter so günstigen Umständen begann. Wir bitten Sie, ohne Einschränkung über unsere Dienste zu verfügen und empfehlen uns Ihnen mit größter Hochachtung

Wm. Thompson u. Comp.

3. Nachricht wegen des nicht ausgeführten Auftrags an die betheiligten Unternehmer.

Herrn R. Jackson, London.

H——, den——.

Wir sind im Besitze eines Briefes von unserem Freunde Herrn J. M. Da Souza in Bahia, vom 21. März, dessen Abschrift angebogen erfolgt. Sie werden daraus bemerken, daß derselbe Ihre kleine Ordre auf Tabak zu dem gegebenen Limito nicht ausführen konnte, und müssen also für jetzt auf das Vergnügen, mit Ihnen zusammen bei einer Unternehmung in diesem Artikel von Brasilien her betheiligt zu sein, Verzicht leisten.

Es ist übrigens gut, daß Herr Da Souza sich für die Nichtausführung entschied; denn hätte er Ihr Limitum überschritten, so würde dies Anlaß zu Differenzen gegeben haben, indem unser Markt uns nicht die Mittel gewährt haben würde, Gewinn auf die Ladung zu realisiren. Wir theilen dieses Resultat mit heutiger Post auch dem Bruder des Schreibers dieses in Liverpool mit. Mit vielem Vergnügen werden wir uns Ihnen bei einer künftigen Gelegenheit anschließen und hoffentlich dann glücklicher.

Mit Achtung und Ergebenheit Wm. Thompson u. Comp.

4. Nachricht wegen des nicht ausgeführten Auftrags an die betheiligten Unternehmer.

Herrn James Thompson, Liverpool.

H——, den——.

Nachdem uns von Herrn J. M. Da Souza in Bahia die Mittheilung zugekommen ist, daß es ihm nicht möglich war, den Auftrag unseres Freundes, Herrn Jackson, auf Tabak für gemeinschaftliche Rechnung zu ⅓ Antheil auszuführen, erlauben wir uns, Sie davon in Kenntniß zu setzen, indem wir noch bemerken, daß wir Herrn Jackson zu demselben Zwecke schrieben. Wir drückten ihm zugleich unser Bedauern über diese Störung oder wenigstens einstweilige Unterbrechung unseres Briefwechsels aus, von dem wir gehofft hatten, daß er lebhaft und von Dauer sein werde, und versicherten ihm, wie wir stets bereitwillig sein werden, den Versuch zu erneuern, sobald sich eine günstigere Gelegenheit darbietet.

Wir überlassen es Ihnen nun, die Schritte zu thun, welche Ihnen angemessen erscheinen mögen, und unterzeichnen als

Ihre ganz Ergebenen   Wm. Thompson u. Comp.

5. Waaren-Offert.—Tuch.

Herrn N. N. in N.

L——, den———.

Mehrere meiner Freunde haben mich benachrichtigt, daß Sie ansehnliche Beziehungen mährischer Tücher machen, und da ich ein reich assortirtes Lager von diesem Artikel unterhalte, so schmeichle ich mir, Sie hierin zur vollständigsten Zufriedenheit bedienen zu können, und nehme mir demnach die Freiheit, Ihnen meine Dienste in dieser Hinsicht ganz ergebenst anzubieten. Sehr angenehm wäre es mir, wenn Sie davon Gebrauch machen und mich mit einem Probe-Auftrag beehren wollten, in welcher Hoffnung ich mich, um Ihnen meine Dienstfertigkeit zu bethätigen, gern dazu verstehen will, für den ungefähren Betrag meiner Rechnung von Ihren Seidewaaren einzutauschen, insofern dieser Vorschlag Ihnen genehm ist und Sie mir verhältnißmäßig eben so billige Preise stellen, als ich Ihnen bewillige.

Ich hoffe, daß Sie mich mit einer geneigten Antwort erfreuen und derselben einen Auftrag beifügen werden, wodurch eine Geschäftsverbindung mit Ihrem geehrten Hause begründet wird, in welcher Erwartung ich hochachtungsvoll zeichne   A. W.

6. Antwort auf den vorigen Brief.

Herrn A. W. in B.

U——, den———.

Ich bin Ihnen für das mir in Ihrem schätzbaren Briefe vom 5. dieses gütigst gemachte Anerbieten in Betreff Ihrer mährischen Tücher sehr verbunden. Allerdings ist mein Verbrauch dieses Artikels nicht unbeträchtlich, und ich wäre gern geneigt, Ihnen meine Bestellung zu ertheilen, wenn ich die Qualität Ihrer Tücher näher kennte; um so mehr, wenn Sie dagegen Ihren Bedarf von Seidewaaren von mir beziehen wollen. Um dies in's Werk zu setzen, belieben Sie mir recht bald einige Muster jener Waaren zuzusenden, und mir Ihre Preise zu bemerken. Sind dieselben, wie ich hoffe.

meinen Zwecken entsprechend, so können Sie versichert sein, daß ich Ihnen demnächst einen Probeauftrag ertheilen und, wenn dieser Versuch mich befriedigt, größere Bestellungen demselben folgen lassen werde.

Ihren werthen Nachrichten entgegensehend, verbleibe ich mit Hochachtung und Ergebenheit　　　　N. N.

D. Waaren-Bestellung.

1. Auftrag auf Seide.

Herrn L. A. Rasponi in Mailand.

N——, den————.

Herr C. A. hierselbst zeigte mir unlängst ein Seide = Muster, welche Waare er zu .... Lire austr. pr. Pfund von Ihnen erhalten. Ich finde dasselbe sehr schön und den Preis mäßig, weshalb ich Sie ersuche, mir mit erster Gelegenheit einen Ballen von etwa 200 Pfund dieser Seide zu senden. Ein Stückchen des Musters finden Sie beiliegend, um danach dieselbe Sorte zu wählen.

Erwünscht wäre es mir, wenn Sie den Ballen gleich nach Empfang dieser Zeilen abgehen lassen könnten, damit ich ihn zeitig genug erhalte, um für meine nahe bevorstehende Reise Gebrauch davon machen zu können. Indem ich Ihnen daher schleunige Absendung anempfehle, zeichne ich

mit aller Hochachtung　　　　N. N.

2. Antwort auf den vorigen Brief: Vollziehung des Auftrags.

Herrn N. N. in St.

Mailand, den ————.

Ihr geneigter Auftrag mit Brief vom 1. dieses ist mir sehr schmeichelhaft, und indem ich dafür recht sehr danke, ertheile ich Ihnen beifolgend Rechnung über die gewünschte Seide, welche morgen mit Fuhrmann Keller aus dort an Sie abgeht. Den Betrag von Lire austr. —— wollen Sie mir gutschreiben.

Sie werden die Waare ganz nach Probe finden und mir Ihre Zufriedenheit hoffentlich durch baldige Wiederholung Ihrer Bestellung kund geben, wozu ich mich bestens empfehle.

Hochachtend und ergebenst　　　　L. A. Rasponi.

E. Briefe über Baarsendungen und Einkassirungen.

1. Baarsendung zur Ausgleichung einer Schuld.

Herrn A. K. in B.

F——, den ————.

Die mir unterm 1. August berechneten Droguerie-Waaren habe · ·

ich seiner Zeit richtig empfangen und Sie dafür creditirt. Heute habe ich das Vergnügen, Ihnen im beifolgenden Päckchen, gezeichnet: H. M. No. 3, Thlr. 57 preußisch Courant, in 1 Thlr. Stücken mit der Bitte zu übersenden, meine Rechnung damit auszugleichen.

Ergebenst   B. L.

2. Antwort auf den vorigen Brief, Anzeige des Empfanges.

Herrn B. L. in F.

B., den ———.

Mit Ihrem schätzbaren Gestrigen empfing ich Thlr. 57 preuß. Cour., wofür ich, bestens dankend, Ihre werthe Rechnung pr. Saldo erkannt habe.

Ich überreiche Ihnen hiermit meinen neuesten Preis-Courant und bitte um Ihre ferneren geschätzten Aufträge.

Achtungsvoll   A. K.

3. Baarsendung, mit Abzug.

Herrn G. und Comp. in R.

H., den ———.

Ich erhielt zu gehöriger Zeit Ihre Zusendung von Seidewaaren, welche Sie mir in Ihrem Werthen vom 5. August berechneten. Im Allgemeinen bin ich auch ganz damit zufrieden, bedaure aber, daß unter dem Packet schwarzseidener Handschuhe ein Dutzend derselben durch gelbe Rostflecken in der Art beschädigt sind, daß ich keine Aussicht habe, dieselben zu irgend einem annehmbaren Preise unterzubringen. Sie werden es daher nur billig finden, wenn ich Ihnen dafür 4 Thaler in Abzug bringe, wobei ich immer noch Schaden leide.

Demzufolge übersende ich Ihnen hierbei in ——— Cassenanweisungen Thlr. 121. — -, womit Sie, unter Zuziehung jener 4 Thlr., meine Rechnung von Thlr. 125. — - preuß. Cour. saldiren wollen.

Ihrer Empfangsanzeige baldigst entgegensehend, zeichnet

mit größter Ergebenheit   N. N.

4. Einsendung eines Wechsels zum Einkassiren. (Incasso.)

Herrn N. N. in N.

G., den ———.

Ich erlaube mir, Ihnen inliegend eine Anweisung, groß: hundert und siebzig Dollars, zahlbar nach Sicht, auf James Smith daselbst, mit der Bitte zu übersenden, dieselbe gefälligst einkassiren zu lassen und mir den Betrag in Rechnung gutzuschreiben.

Mit Hochachtung   W. C. L.

9*

5. Antwort auf den vorigen Brief, Anzeige der Einlassirung.

Herrn W. C. T. in G.

N., den ———.

Die uns mit Ihrem werthen Briefe vom — d. gefälligst übermachte Anweisung auf James Smith hierselbst, im Belauf von $170, ist von demselben baar eingelöst worden, und haben wir Ihnen die genannte Summe nach Verlangen auf Rechnung creditirt.

Achtungsvoll   N. N.

6. Wegen einer Geschäftsliquidation.

Herrn S. Brook, London.

Mit den schmerzlichsten Gefühlen theile ich Ihnen die Trauernachricht von dem Tode des Herrn Papineau mit, einem Ereignisse, welches den hiesigen Handelsstand eines seiner nützlichsten und fähigsten Mitglieder, mich aber eines genauen und in hohem Grade liebenswürdigen Freundes beraubt hat.

Als geschäftsführender Theilhaber des Hauses und Willensvollstrecker meines entschlafenen Freundes, (vereint mit Herrn Eduard Foryth und Herrn Jakob Ewens), fällt die Geschäftsliquidation der Firma mir anheim, und werde ich demzufolge künftig „Papineau u. Comp." in Liquidation zeichnen, welches Sie die Güte haben wollen, sich zu bemerken.

Die Geschäfte des Hauses werden wie früher ihren Fortgang haben, und allen Aufträgen, welche Sie mir etwa anvertrauen mögen, werde ich meine ungetheilte Sorgfalt und Aufmerksamkeit widmen.

Die Geschäfte des Hauses werden wie früher ihren Fortgang haben, und allen Aufträgen, welche Sie mir etwa anvertrauen mögen, werde ich meine ungetheilte Sorgfalt und Aufmerksamkeit widmen.

Die Achtung und Freundschaft, welche mein tief betrauerter Associé mir erwies, und die Erfahrung von fast zwanzig den Geschäften gewidmeten Jahren werden mir, wie ich hoffe, in Ihren Augen genügende Ansprüche auf eine Fortdauer Ihres Vertrauens gewähren, welches stets das Ziel meines ernsten Strebens sein wird.

Ich zeichne mit größter Hochachtung   N. N.

F. Briefe in Credit- und Wechsel-Angelegenheiten.

1. In einer Credit-Angelegenheit.

Herren De la Rue et Co., C.

L., den ———.

Seit Empfang Ihrer Zuschrift vom 15. Aug. in Betreff des Hrn. J. H. Sommers bei Ihnen eingeräumten Credits von Pf. St. 700

bot fich mir feine Veranlaffung bar, Sie zu beläftigen; diefen Morgen indeffen wurde mir zu meiner Verwunderung eine Tratte von Pf. St. 700 — präfentirt, angeblich von Herrn Sommers 3 Mt. Dato vom 2. Sept. an die Ordre der Herren De la Rue et Co. ausgeftellt, das Endoffement aber, dem Anfchein nach Ihre Handfchrift, De la Rue et Co

Da Herr Sommers mir gerade an demfelben Tage, von wo der Wechfel datirt ift, und fpäter noch wieder von H. unter dem 25. v. M. gefchrieben hat, ohne das Mindefte darüber zu erwähnen, daß er einen ähnlichen Wechfel ausgeftellt habe (obgleich ich dies natürlicherweife erwartete) und ohne mir nur irgend eine Mittheilung von feiner Benutzung des Accreditifs zu machen, fo habe ich es der Klugheit angemeffen erachtet, einftweilen meine Aufnahme zu verfagen, bis ich von Ihnen erfahre, ob Sie diefen Wechfel begeben haben, oder nicht, denn in jetzigen Zeiten, wo fo häufige Betrügereien vorkommen und Gauner-Kunftftücke an der Tagesordnung find, muß man fchon die äußerfte Vorficht bei Gefchäften diefer Art anwenden. Wenn Herr Sommers die Tratte ausftellte, fo ift es ein unverzeihliches Verfehen oder auch eine auf keine Weife zu entfchuldigende Nachläffigkeit von feiner Seite, daß er mir in den obenerwähnten Briefen nicht die nöthige Mittheilung machte.

Wie ich glaube, hält er fich noch in Havre auf, wohin ich ihm am 12. diefes in Betreff des Credits fchrieb. Sobald ich feine oder Ihre Antwort erhalte, werde ich natürlich die Tratte ohne Weiteres annehmen. Ich empfehle mich Ihnen

mit gewohnter Hochfchätzung.		James Box.

2. Seitenftück, der Sicherheit wegen gefchrieben.

Herrn J. H. Sommers, H.

L., den ———.

Ich beftätige die obige Copie meines Schreibens vom 12. diefes und muß Ihnen die unangenehme Mittheilung machen, daß mir ein Wechfel

Pf. St. 700 — zur Annahme präfentirt worden ift, der dem Anfchein nach von Ihnen am 2. v. M. 3 Monat dato, Ordre De Rue et Co. (ohne das „ la“) ausgeftellt ift.

Da ich keinen Bericht darüber von Ihnen empfangen habe, obwohl Sie mir an demfelben Tage und fpäter noch wieder von Havre aus unter dem 25. v. M. fchrieben, fo habe ich mich wider meinen Willen gezwungen gefehen, die Annahme zu verweigern. Ich hoffe, Sie werden unverzüglich nach Empfang diefes die nöthigen Schritte thun, um mich aus der Ungewißheit zu reißen, in fo fern Sie dies nicht fchon vorher in der Beantwortung meines letzten Schreibens gethan haben sollten. Diese Nachläſſigkeit von Ihnen — denn ich zweifle nicht, daß es ſich als ſolche ausweiſen wird — hat mich ſehr ernſthaften Unannehmlichkeiten von Seiten der Herren De la Rue et Co. ausgeſetzt, die vielleicht meine Zurückweiſung Ihrer Tratte irgend einem andern verſteckten Beweggrunde zuſchreiben werden. Um des Himmels willen, ſeien Sie künftig vorſichtiger! Ich habe Sie bis jetzt für einen vollkommenen Geſchäftsmann gehalten; ſolche Unregelmäßigkeiten müſſen aber mein bisheriges unbeſchränktes Vertrauen zu Ihnen erſchüttern.

Ich ſehe Ihrer Erklärung mit Ungebuld entgegen und unterzeichne
mit Achtung   James Bor.

3. Antwort in derſelben Angelegenheit.

Herrn James Bor, L.

L., den ————.

Der Wechſel von Pf. St. 700 —, deſſen Sie in Ihrem Geehrten vom —— dieſes erwähnen, wurde durch den Herrn ausgeſtellt, der uns Ihren Creditbrief für jenen Belauf brachte, und die Unterſchrift, „J. H. Sommers," iſt von ſeiner Hand; denn er unterzeichnete die Tratte in unſerem Comptoir. Wir hoffen daher zuverſichtlich, daß, nachdem Sie dieſe unſere Verſicherung erhalten haben, Alles in Ordnung und jede Verantwortlichkeit von unſerem Endoſſement genommen ſein wird. Wir wiſſen über die Nachläſſigkeit des Herrn Sommers in Betreff der Adreſſirung ſeiner Tratte keine Auskunft zu geben, dürfen aber vorausſetzen, daß er ſelbſt im Stande ſein wird, Ihnen über dieſe Unregelmäßigkeit befriedigende Aufklärung zu geben. Wir unterzeichnen
mit aller Hochachtung   De la Rue et Co

4. Erklärung auf die Antwort.

Herrn De la Rue et Co., E.

L., den ————.

Die in Ihrem geſchätzten Schreiben vom —— dieſes enthaltene Erklärung genügt vollkommen, und es verſteht ſich von ſelbſt, daß dadurch jeder Zweifel über die Aechtheit der Tratte des Herrn Sommers von Pf. St. 700 — gehoben iſt. Nachdem ich dieſen Wechſel nun auf übliche Weiſe acceptirt habe, dürfen Sie Ihre Verantwortlichkeit als beendet anſehen.

Ich bedaure ſehr die Mühe, die Sie von dieſem Geſchäfte gehabt haben und unterzeichne
mit gewohnter Hochachtung   James Bor.

b. Wechfel-Sendung (Rimeſſe) gegen empfangene Waaren.

Herrn B. St. in K.

S., den 1. Okt. ——.

Ich empfing gleichzeitig Ihre Sendung verſchiedener Manufactur-waaren und Ihr geehrtes Schreiben vom 10. vor. Mts. mit Rech-nung, betragend $600, welche ich Ihnen gehörig creditirt habe.

Ueber die Waaren kann ich Ihnen meine Zufriedenheit zu erken-nen geben, und um meine Schuld zu verkleinern, überreiche ich Ihnen hierbei:

$400 — 3 Monat dato, auf F. U. daſelbſt, welche Sie mir un-ter Empfangs-Anzeige gefälligſt in Rechnung gutbringen wollen. Ich werde dafür ſorgen, daß Sie zu gehöriger Zeit das Uebrige er-halten, und empfehle mich Ihnen inzwiſchen

hochachtungsvoll   D. P.

6. Antwort auf den vorigen Brief, Anzeige vom Empfang des Wechſels.

Herrn D. P. in S.

K., den 6. Okt. ——.

Die mir unter dem 1. dieſes gefälligſt übermachten:

$400, pr. 1. Januar, auf hier,

habe ich Ihnen gleichlautend und unter Vorbehalt des richtigen Einganges creditirt und ſage Ihnen dafür meinen beſten Dank.

Ich benutze mit Vergnügen dieſe Gelegenheit, Ihnen für fernere Bedürfniſſe meine Dienſte von Neuem anzubieten, und empfehle mich Ihnen

mit aller Hochachtung ergebenſt   B. St.

7. Auftrag zum Traſſiren für Rechnung des Auftraggebers auf einen Dritten.

Herrn A. L. Long in P.

D., den ———.

Ihre Waarenſendung vom 15. vor. Mts. habe ich erhalten und Sie für die berechneten $560 gebührend erkannt. Hiermit beauf-trage ich Sie, dieſe Summe für meine Rechnung zwei Monat dato, auf die Herren Mayer u. Comp. in W. zu traſſiren, und damit meine Schuld auszugleichen. Den genannten Herren habe ich bereits An-zeige gemacht und empfehle mich Ihnen mit aller Achtung.

Guſtav Müller.

8. Anzeige des Auftraggebers, für dessen Rechnung trassirt wird, an die Bezogenen wegen dieser Tratte.

Herren Mayer u. Comp. in W.

O., den ———.

In Verfolg meines Ergebenen vom 8. vor. Mts. zeige ich Ihnen an, daß ich heute so frei war, den Herrn A. L. Long in P. zu ermächtigen, für meine Rechnung

$560, 2 Monat dato,

auf Sie zu entnehmen. Ich ersuche Sie, diese Ziehung bei Vorkommen mit Ihrem Schutz zu beehren, mir aber dieselbe in Rechnung zu debitiren.

Mit Hochachtung Gustav Müller.

9. Anzeige des Beauftragten, als Trassant, an das bezogene Haus, über die Ausstellung des Wechsels.

Herren Mayer u. Comp. in W.

P., den ———.

Herr Gustav Müller in O. beauftragte mich, für seine Rechnung $560, zwei Monat dato, auf Sie zu entnehmen, was ich heute so frei war, in einem Prima-Wechsel, Ordre des Herrn John Kopp, zu thun. Herr Gustav Müller wird Ihnen bereits Anzeige hiervon gemacht haben und ich ersuche Sie, meine Tratte zu Lasten desselben gefälligst mit Annahme zu beehren, in welcher Erwartung ich mich Ihnen ganz ergebenst empfehle. A. L. Long.

10. Anzeige des Beauftragten an den Auftraggeber über die gemachte Tratte.

Herrn Gustav Müller in O.

P., den ———.

Ihrem gefälligen Schreiben vom ——— d. zufolge habe ich heute $560, 2 Mt. dato, Ordre John Kopp, für Ihre werthe Rechnung auf die Herren Mayer u. Comp. in W. trassirt, und diesem Hause gehörige Anzeige davon gemacht.

Ich gleiche mit der genannten Summe Ihre Rechnung in meinen Büchern dankend aus, und empfehle mich Ihrem fernern gütigen Wohlwollen so achtungsvoll als ergebenst. A. L. Long.

11. Antwort des bezogenen Hauses an den Wechsel-Aussteller (Trassanten).—Antwort auf Nr. 9.

Herrn A. L. Long in P.

W., den ———.

Ihrem werthen Briefe vom —— ds. und dem Auftrage des Herrn Gustav Müller in D. zufolge, werden wir die von Ihnen für Rechnung dieses Herrn 2 Monat dato auf uns gezogenen $560, Ordre John Kopp bei Vorkommen gebührend schützen, und uns mit jenem Freunde darüber berechnen.

Wir ersuchen Sie nur noch, die Inlage an den Herrn Müller gefälligst zur Post geben zu lassen, und sind

mit Hochachtung   Mayer u. Comp.

12. Antwort des bezogenen Hauses an den Geschäftsfreund, für dessen Rechnung trassirt wird. — Antwort auf Nr. 8.

Herrn Gustav Müller in D.

W., den ———.

Wir empfingen Ihr geehrtes Schreiben vom—— dieses, und werden die uns damit avisirten

$560, 2 Monat dato,

aus Ziehung des Herrn A. L. Long in P., für Ihre werthe Rechnung bei Verfall gebührend honoriren und Ihnen den Belauf zur Last bringen.

Indem wir uns übrigens Ihrem Andenken bestens empfohlen halten, zeichnen wir

hochachtend und ergebenst   Mayer u. Comp.

G. Briefe in Falliments-Angelegenheiten.

1. Beauftragung zur Eintreibung einer Zahlung, oder Annahme einer Vergleichs-Zahlung.

Herrn C. F. D. in X.

D., den ———.

Da ich bei dem Herrn Charles W. daselbst zu keiner Zahlung gelangen kann, so muß ich Sie um Ihre gütige Unterstützung ersuchen, weil ich überzeugt bin, daß Sie hierbei gewiß einen günstigen Ausweg finden werden. Die ganze Summe beläuft sich auf 2000 Dollars mit Abzug der Interessen. Aus untenstehender Nota werden Sie das Verzeichniß der Waaren, mit den bedungenen Preisen, ersehen, die ich ihm von Zeit zu Zeit überschickte; auch finden Sie beiliegend zwei Briefe, worin er sich für meinen Schuldner von dieser Summe erkennt. Ich ersuche Sie, dafür Sorge zu tragen, daß er Ihnen entweder das ganze Capital, oder doch wenigstens die eine Hälfte davon, bezahle, während Sie ihm für die andere sechs Monate Nachsicht schenken wollen. Sollten Sie aber finden, daß bei ihm nichts Gutes zu erwarten ist, so suchen Sie nur bald möglichst zu einem Vergleich zu kommen, wäre es auch mit einem Abzug von 25 Procenten. Kurz, bemühen Sie sich, von ihm zu erhalten, was Sie können, ohne in einen Prozeß verwickelt zu werden, der in der Regel große Kosten und wenig Vortheil bringt. Seien Sie nur versichert, daß ich Alles, was Sie in dieser Sache vorzunehmen für nöthig erachten, gänzlich gut heiße, und daß Sie mich zugleich auf das Höchste verbinden werden. Mit vollkommener Achtung zeichnet   A. B.

2. Antwort auf den vorigen Brief; Anzeige, daß der Schuldner bereits fallirt habe.

Herrn A. B. in D.

X——, den ———.

Ich bedaure von Herzen, daß ich außer Stande bin, Ihnen bei der Sache dienen zu können, die Sie mir in Ihrem Schreiben vom —— dieses aufgetragen haben. Ihr Brief kam leider zu spät, indem Herr Charles W. bereits fallirt hatte, so daß von einem Vergleich nicht mehr die Rede sein konnte. Alles, was ich dabei thun konnte, bestand also darin, daß ich Ihre Forderung anmeldete, damit Sie im Fall einer Veränderung den Vortritt haben mögen. —Sollten Sie meine fernere Vermittelung in dieser Angelegenheit wünschen, so bitte ich um Ihre specielle Vollmacht, und Sie können überzeugt sein, daß ich in diesem Fall Ihr Interesse als mein eigenes ansehen werde.   Mit aller Ergebenheit   C. F. D.

Siebente Abtheilung.

Vermischte Briefe.

1. Ein Lehrling an seine Mutter.

Liebe Mutter!

Als wir von einander schieden, gab ich Dir das Versprechen, so oft als möglich an Dich zu schreiben. Für diesmal mußt Du aber mit Wenigem vorlieb nehmen, denn mir ist meine Zeit sehr knapp zugemeſſen. Mein Meiſter iſt immer noch ſo freundlich und nachſichtig gegen mich, wie am erſten Tage; auch iſt es mir gelungen, das Wohlwollen ſeiner Kunden zu erlangen, wenigſtens ſind dieſelben, ſo oft ſie mich ſehen, freundlich und gütig gegen mich.

Du kannſt es Dir denken, daß mir mein Leben oft recht ſauer werden wollte, weil ich niemals ein Taſchengeld hatte. Dich wollte ich niemals um ein ſolches angehen, weil ich weiß, wie ſchwer es Dir ſeit des Vaters Tode geſchieht, für Dich und die Geſchwiſter auch nur das Nothwendigſte zu beſtreiten. Seit drei Wochen aber habe ich in den Freiſtunden einen kleinen Nebenverdienſt und es iſt Grund zu der Hoffnung vorhanden, daß derſelbe auch in Zukunft fortdauern wird. Ich bin doppelt erfreut hierüber, weil ich jetzt nie mehr genötbigt ſein werde, Deine Kaſſe in Anſpruch zu nehmen. Auch in allem Uebrigen, was ich thue und laſſe, ſoll es ſtets mein erſtes Streben ſein, Dir, gute Mutter, Freude zu machen.

Herzlich grüßt Dich   Dein treuer Sohn   N. N.

2. Eine Mutter an ihre in der Stadt befindliche Tochter.

Liebe Tochter!

Obgleich unſere Leiber von einander getrennt ſind, ſo bin ich Dir doch im Geiſte immer nahe. Täglich empfehle ich Dich Demjenigen, deſſen Sorge allen ſeinen Geſchöpfen gilt und dem alle Herzensgeheimniſſe kund ſind. Aber in der neueſten Zeit bin ich etwas beunruhigt worden, da ich in Deinen zwei letzten Briefen nicht die Ruhe und Reinheit der Seele erblicke, durch die Du Dich früher ſo ſehr ausgezeichnet haſt. Wo liegt der Grund, meine Liebe? Haſt Du Dich vielleicht in den Strudel jener Vergnügungen geſtürzt, welche der gedankenloſen Welt ſo angenehm ſind? Du weißt, ich bin nicht ſo pedantiſch, um Dir kein Vergnügen zu gönnen, aber wie oft habe ich Dich auch belehrt, daß das Vergnügen nicht die Aufgabe des Lebens ſei. Doch vielleicht habe ich mich auch getäuſcht und was ich für eitle Vergnügungsſucht hielt, war nur ein Ausbruch jugendlicher Munterkeit? Möchte es doch ſo ſein! Wie glücklich wäre ich dann. Aber auch in dieſem Falle wirſt Du meine Worte richtig zu deuten wiſſen. Du kennſt meine Sorgfalt für Dich, und wirſt daher überzeugt ſein, daß auch ſtrenge Worte aus meinem Munde nur zu Deinem Beſten dienen ſollen. Nützliche Ermahnungen ſind immer am Platze; Du wirſt es daher nicht mißverſtehen, wenn ich Dich immer und immer wieder an Deine oberſte Pflicht erinnere. Sie beſteht in der Ausübung der Tugend, von der jede unſerer Handlungen durchdrungen ſein muß.

Wie glücklich würde mich der Gedanke machen, daß mein Kind

nicht wie die große Mehrzahl gedankenlos der jetzt zur Mode gewordenen Vergnügungssucht huldigt, sondern den Ernst des Lebens
kennt und ihn nur durch u n s ch u l d i g e Freuden zu mildern be-
strebt ist.

Ich bitte Dich, liebe Tochter, meine Worte zu bedenken und mir
bald zu antworten.　　Deine Dich liebende　　　Mutter.

3. Antwort.

Geliebte Mutter!

Meine Pflicht gegen die beste der Mütter erheischt es, daß ich Dich
sogleich über meine letzten Briefe beruhige, die so schweren Verdacht
gegen mich in Dir erregt haben.　Ich kann es nicht läugnen, daß
aus meinen zwei letzten Briefen ein gewisser Leichtsinn spricht. Aber,
liebe Mutter, Du wirst es mir auch glauben, daß dies ohne meine
Absicht oder ohne einen inneren Grund geschah.　Ich schrieb diese
Briefe sehr schnell, weil ich damals mit Geschäften überhäuft war,
und konnte ihnen so die Sorgfalt nicht widmen, die der Charakter
und die Stellung Derjenigen von mir fordert, an die ich sie richtete.　Ich sehe meinen Fehler vollständig ein und es soll in Zukunft mein eifrigstes Denken und Trachten sein, Dir auch nicht den
mindesten Anlaß zu einer neuen Beschwerde dieser Art zu geben.
Die schönste Ehre, die ich Deinen mütterlichen Ermahnungen erweisen kann, wird darin bestehen, daß ich dieselben in mein Herz ein-
schreibe.　Ich liebe die Tugend, wie ich Dich liebe, gute Mutter, und
hoffe, daß mich keine Versuchung ihr jemals untreu machen wird.
Schreibe mir recht oft.　Ich aber werde Dich durch mein ganzes
künftiges Betragen zu überzeugen suchen, daß ich wirklich so bin, wie
Du mich haben willst.　Deine gehorsame Tochter　　N. N.

4. An einen Freund wegen seiner Empfindlichkeit.

Zu meinem Bedauern bemerke ich, lieber Freund, daß Du Dich
durch die geringfügigsten Vorfälle aus der Fassung bringen läſſeſt.
Uebertriebene Empfindlichkeit verwickelt uns nur in Unannehmlichkeiten und thut unserer Achtung bei Andern Abbruch, weil sie immer
ein Zeichen von Mangel an Geduld und männlichem Sinne ist.

Namentlich aus Deinen letzten Briefen spricht eine Gereiztheit
und Hypochondrie, die Dich gegen Deine Freunde und gegen Dich
selbst ungerecht werden läßt.　Du zweifelst an der Reinheit unserer
Absichten und hast auch keinen Glauben mehr an Deine eigenen
Verdienste.　In der Hoffnung, eine heilsame Cur bei Dir zu bewirken, werde ich künftig von keinem Deiner Briefe Notiz nehmen, wenn
sich auch nur die mindeste Empfindlichkeit und üble Laune in dem-

ſelben zeigt. Eben durch mein Stillſchweigen glaube ich mich zu
bewähren als   Deinen aufrichtigen Freund   N. N.

**5. Eine Tochter ſucht in einem Briefe an ihren
Vater die Voreiligkeit einer jüngeren
Schweſter zu entſchuldigen.**

Lieber Vater!

Ermuthigt durch die Güte und Nachſicht, die Du Deinen Kindern
immer erwieſen haſt, lege ich bei Dir ein Fürwort für meine Schweſter ein. Sie fühlt es wohl, daß ſie Unrecht that, als ſie ohne Deine
Zuſtimmung heirathete; aber ſie glaubt die gewiſſe Hoffnung hegen
zu dürfen, daß ihr Gemahl ſich ſtets ſorgſam und liebevoll gegen ſie
erweiſen werde, wie bisher, und daß er eben dadurch ſich auch in
Deinem Herzen eine Stätte erobern werde. Ich bitte Dich, lieber
Vater, ermuntere ihn durch Deine gütige Verzeihung in ſeinem guten Betragen, erkenne ihn als Deinen Schwiegerſohn an; ſonſt
könnte er bei ſeinem reizbaren Temperamente leicht in Verzweiflung
gerathen und ſeine Liebe gegen Deine Tochter könnte ſich leicht in
Gleichgültigkeit oder gar in Haß verwandeln. Sie hat gegenwärtig nur den e i n e n Wunſch, ſich Dir zu Füßen zu werfen und
Dich um Vergebung und um Deinen Segen anzuflehen. Dann
würde ihr Glück vollkommen ſein. Sie iſt meine Schweſter, ſie iſt
Deine Tochter, und wenn ſie ſich auch in letzter Zeit dieſes Namens
nicht würdig gezeigt hat, ſo wird es Dich doch nie gereuen, wenn Du
ihr verzeihſt und wenn Du mir das frohe Bewußtſein verſchaffſt, zu
dieſem edlen Entſchluſſe das Meinige beigetragen zu haben.

Deine gehorſame Tochter   N. N.

**6. Eine Tochter in der Stadt benachrichtigt ihre
Eltern auf dem Lande, daß ſie eine Stelle
erhalten habe.**

Liebe Eltern!

Da ich Eure ängſtliche Sorgfalt um mich kenne, ſo beeile ich mich,
Euch ein Bild von meiner gegenwärtigen Lage zu geben. Im Ganzen bin ich mit meiner Stelle ſehr zufrieden, und die Familie, in
deren Dienſte ich getreten bin, ſcheint auch mit mir zufrieden zu ſein.
Zwar möchte ich in dieſer und jener Beziehung wohl Einiges in
meiner Lage geändert wiſſen, aber ich will mich nicht beklagen, denn
ich kann nicht erwarten, daß mir ſchon jetzt, wo ich noch ſo jung und
unerfahren bin, Alles nach Wunſch gehe. Wenn Ehrlichkeit,
Mäßigkeit und Fleiß im Stande ſind, mir die Liebe meiner Herr-

schaft zu erhalten, so werde ich dieselbe nie verlieren; denn Ihr kennet mich zu gut, als daß Ihr in dieser Beziehung an meinem guten Willen und Eifer auch nur im Geringsten zweifeln würdet.

Ihr werdet begierig sein, zu hören, wie es mir in dieser großen Stadt gefällt, aber bis jetzt hatte ich so wenig Zeit, mich in ihr umzusehen und bin noch so wenig bekannt hier, daß ich Euch nur so viel sagen kann: die Häuser sind hier groß, geräumig und schön, die Straßen breit und stets mit Tausenden von Menschen und Wagen gefüllt; nie sah ich noch so prächtige Stores, sie enthalten Alles, was das Auge erfreuen kann, und wäre nicht stets der Wunsch in mir rege, meine lieben Eltern wieder zu sehen, so möchte ich diese Stadt nie mehr verlassen.

Unsere Bekannten hier sind alle wohl und lassen Euch bestens grüßen, namentlich der Onkel und die Tante. Grüßet meine Brüder und Schwestern und seid auf's herzlichste gegrüßt von

Eurer Euch liebenden Tochter   N. N.

7. Ein auf einer Geschäftsreise begriffener Gatte an seine Frau.

Liebste Marie!

Beinahe ein Monat ist jetzt verflossen, seit ich von der lieben Heimath weggereist bin, und obgleich ich jede Stunde durch meine Geschäfte und durch den Anblick neuer Gegenden zerstreut werde, so ist doch mein angenehmstes Geschäft, meine süßeste Erholung der Gedanke an Dich.

Meine Sachen stehen gut. Der Stand meiner Geschäfte könnte nicht besser sein und meine Gesundheit ist vortrefflich. Dies mag Dich während meiner Abwesenheit trösten.

Ich wußte vorher nie, was es heißt, wenn man sich von seinem Liebsten auf der Welt trennt. Ein weiser Mann hat gesagt: „erst dann vermögen wir unser Glück zu schätzen, wenn wir es entbehren." So geht es mir. Während meiner Abwesenheit lerne ich es erkennen, daß mir die Welt ohne Dich eine Einöde, das Leben ohne Dich eine Qual wäre. Hier in der Einsamkeit rufe ich mir die tausend Freuden zurück, die Du mir bereitet hast; Du hast meinen Lebenspfad mit Blumen bestreut und mich erst empfänglich gemacht für alles Schöne und Gute im Leben,—dies ist die Wirkung Deiner reinen und edlen Seele! Möchten wir doch einander recht lange erhalten bleiben, um uns noch lange unser Leben gegenseitig zu verschönern und zu veredeln.

Noch einige Wochen und ich werde wieder bei Dir sein! In der Zwischenzeit schone doch ja Deine Gesundheit und schreibe recht oft

Deinem treuen   James.

8. Antwort.

Liebster James!

Seit jeher machte mir jede Zeile von Dir unsägliche Freude; mit welch' froher Aufregung erbrach ich die Billete, die Du mir während der Brautzeit schicktest. Und doch waren wir damals nur wenige Meilen von einander getrennt. Mit der Entfernung wächst auch die Sehnsucht, Du kannst Dir daher kaum vorstellen, mit welcher Freude ich Deinen Brief aus dem fernen Westen gelesen habe. Nur der Gedanke, daß unsere Trennung eine schnell vorübergehende ist und daß sie zu unserem beiderseitigen Wohle dient, kann mich beruhigen. In diesem Gedanken bin ich zufrieden und glücklich, denn ich weiß, daß Du deine Rückkehr um keinen Tag verschieben wirst.

Unsere gute Mutter ist wohl, gleicherweise unsere Geschwister. Sie besuchen mich oft, um mich in meiner Einsamkeit aufzuheitern und wir sind dann recht vergnügt zusammen. Daß Du immer das Hauptthema unserer Gespräche bist, brauche ich Dir nicht erst zu sagen.

Ich bin fortwährend bei bester Gesundheit. Schreibe mir bald wieder! Und nun lebe wohl!

Deine liebende Gattin   Marie.

9. Ein Bruder an eine jüngere, in einer Erziehungsanstalt befindliche Schwester.

Liebe Louise!

Schon mehrmals nahm ich mir vor, an Dich zu schreiben, da ich aber keinen interessanten Stoff hatte, so hielt ich es für's Beste, zu warten, bis ich Dir einiges Angenehme erzählen könnte. Freilich giebt es hierzu, troß allem Zuwarten, auch jetzt nur wenig Gelegenheit, aber um in Deinen Augen nicht gleichgültig zu erscheinen, ergreife ich die Feder, mag daraus werden, was will.

Da Ihr gelehrte junge Damen so viele interessante Bücher und so großen Ueberfluß an munterer Gesellschaft habt, so fürchte ich immer, Du werdest uns Landbewohner beinahe gänzlich vergessen. Doch, was sage ich, liebe Louise? Ich weiß ja, das könntest Du nie und nimmermehr, verzeih mir daher, daß ich nur einen solchen Gedanken hegen konnte! Können ja doch die Hühner und der große Truthahn sich kaum an Deine Abwesenheit gewöhnen! Denn wie gerne lauschten sie Deiner fröhlichen Stimme, wenn Du sie jeden Morgen, Mittag und Abend zum reichlichen Mahle versammeltest. Auch ich suche dieselben so gütig als möglich zu behandeln, aber gewiß würden sie, sobald Du Dich wieder auf der Farm einstelltest, alle zu Dir übergehen.

10*

Mit dem Pflügen und Säen sind wir jetzt demnächst fertig. Die Aepfel- und Pfirsichbäume stehen in schönster Blüthe. Die Rosen haben bis jetzt noch nicht ausgeschlagen.

Bleibe immer ein gutes, fleißiges Mädchen und lerne, so viel Du kannst. Sei vorsichtig in der Auswahl Deiner Freundinnen und suche allen Anforderungen der Schule freudig nachzukommen.

Die guten Eltern sind gesund und grüßen Dich mit mir auf's Herzlichste. Schreibe bald Deinem Dich liebenden Bruder   N. N.

10. Antwort.

Lieber Bruder!

Wenn Du wüßtest, welche Freude mir Dein Brief gemacht hat! Es spricht eine so heitere Laune, ein so gutes Herz aus ihm, daß ich ihn kaum wieder aus der Hand legen konnte! Thue mir den Gefallen und schreibe mir öfters. Denn obgleich meine Lehrer und Lehrerinnen stets freundlich und gütig gegen mich sind und ich an den meisten meiner Mitschülerinnen ausgezeichnete Gesellschafterinnen habe, so denke ich doch immer an die Heimath, an ihre grünen Felder und bunten Blumen.

Sage den lieben Eltern, daß ich die Opfer, die sie für meine Ausbildung bringen, täglich mehr schätzen lerne und daß es mein eifrigstes Streben sein wird, ihren trefflichen Rathschlägen zu folgen.

Der Truthahn und die Hühner! — Nimm Dich in Acht, böser Schmeichler! Der große Truthahn ist eines der wunderlichsten Geschöpfe, das ich je kennen lernte. Er marschirt so stattlich einher wie ein Soldat und ist nur glücklich, wenn er lärmen kann, wie ein widerspenstiges Kind. Und dann die kleine niedliche Henne mit der prächtigen Krone auf dem Kopfe! O lasse sie Dir Alle recht empfohlen sein, lieber Bruder!   Deine treue Schwester   Louise.

11. An einen Schwager.

Lieber Schwager!

Meine Lotte, Deine Schwester, spricht oft von Dir mit Worten der Liebe und freundlichen Erinnerung und drückt das sehnliche Verlangen aus, daß wir in nähere Verbindung und in häufigere Correspondenz mit einander treten. Ich will den Anfang damit machen und hoffe, Du werdest meinem guten Beispiel folgen und uns mit einer baldigen Antwort erfreuen.

Neues weiß ich Dir nur weniges mitzutheilen. Denn der einzige Zweck meines Briefes ist, Dich unserer Zuneigung und Liebe zu versichern und die Hoffnung auszusprechen, daß auch Du mit gleichen Gefühlen unserer gedenken werdest.

Ich treibe immer noch mein altes Geschäft, freilich nicht mit glänjenbem Erfolge. Doch ich tröste mich mit der Hoffnung auf beffere Zeiten und mein Erwerb reicht ja doch wenigftens zur Befriedigung aller unferer Bedürfniffe hin. Dein Gefchäft dagegen hat wohl immer noch einen gleich günftigen Fortgang.

Wie geht es Deinem älteften Sohne, der vor einem Jahre in den Weften gereift ift? Er ift ein angenehmer Junge und wird wohl in der Welt fein Glück machen.

Die kleine Sophie ift fo lebhaft, wie ein Wiefel. Und wie würde fie durch einen Befuch ihres Oheims erfreut werden! Wirft Du ihr diefe Freude bereiten? Mit treuer Liebe Dein Schwager N. N.

12. Antwort.

Lieber Schwager!

Die Ankunft Deines Briefes erregte die lebhaftefte Freude unter uns Allen. Denn er kam uns ganz unerwartet und hatte für uns Alle nur Worte der Zuneigung und Liebe.

Dein Brief hat mir manch' glücklichen Augenblick meines Lebens zurückgerufen, als wir in den frohen Tagen unferer Jugend einander auch leiblich noch nahe waren, jeder ftets bereit, den andern mit Rath und That zu unterftützen. Auch jetzt follen die alten Gefühle unfere Herzen erfüllen, wir wollen einander von Herzen lieben, wie es fo nahen Verwandten zukommt.

Mein Sohn Julius verdient — und mit Freuden fchreibe ich diefes — Deine gute Meinung vollkommen. Statt feine angeborene Energie an eitle Unternehmungen zu fetzen oder fie durch Vergnügungsfucht und Sinnenluft zu fchwächen, ift er mäßig, fleißig, vorfichtig und klug in Allem, was er thut. Gegenwärtig befindet er fich in Louisville, Kentucky, in einem großen Handlungsgefchäfte.

Meine zwei kleinen Mädchen, Anna und Emma, würden es fich zum größten Glücke rechnen, wenn fie Euch befuchen dürften. Und ich hoffe, in ein Paar Monaten ihnen diefes Vergnügen wirklich machen zu können.

Nun muß ich fchließen. Lebe wohl!

Dein Dich liebender Schwager   N. N.

13. Ein Vater an feinen Sohn über die Gefahren des Lebens.

Bedenke, mein lieber Sohn, daß das menfchliche Leben eine bloße Tagereife ift. Wir erheben uns am Morgen unferer Jugend in blühender Kraft, voll freudiger Erwartung. Voll Muth und Hoffnung, voll freudigen Arbeitsdranges fchreiten wir weiter. Eine Weile halten wir uns auf dem fteinigen Pfade der Pflicht, aber fchon nach kurzer Zeit erkaltet unfer Eifer, wir ermüden in Erfüllung unserer Pflicht und glauben das vorgesteckte Ziel auf anderen und bequemeren Wegen erreichen zu können. Unsere Kraft läßt nach, wir lassen uns nicht länger durch unser Gewissen im Zaume halten. Lüstern durchschweifen unsere Blicke den Garten der Lust in seiner verführerischen Pracht. Zögernd und unter tausenderlei Bedenklichkeiten nähern wir uns demselben, endlich überschreiten wir furchtsam und bebend seine Schwelle und schmeicheln uns immer noch mit der Hoffnung, ihn unbeschadet unserer Tugend und inneren Ruhe durchschreiten zu können. Aber e i n e Versuchung folgt der anderen, und haben wir derselben e i n m a l nachgegeben, so geben wir ihr auch wieder nach. Das Glück unserer Unschuld ist verscherzt und wir suchen die mahnende Stimme des Gewissens mit rauschenden Vergnügungen zu übertäuben. Nach und nach verlieren wir das ursprüngliche Ziel unseres Lebens, wie wir uns dasselbe am Anfang unseres Pilgerlaufes gesteckt, ganz aus den Augen. Wir stürzen uns zwar in Geschäfte, aber wir versenken uns auch in den Sumpf der Ueppigkeit und tappen ohne Führer umher im Labyrinthe des Lebens, bis das Alter unvermuthet über uns hereinbricht und Krankheit und Ungemach uns den Weg vertreten. Mit Schrecken sehen wir dann auf unser Leben zurück, und wie oft, aber auch wie vergebens steigt der Wunsch in uns auf, daß wir den Pfad der Tugend nie verlassen haben möchten! Glücklich sind in solcher Lage Diejenigen zu preisen, die noch Stärke genug in sich tragen, um nicht zu verzweifeln, sondern sich an dem Gedanken aufrichten, daß zwar der Tag vorüber ist, aber ihnen der Abend noch zu nützlichem Wirken übrig bleibt, und daß bei jedem Menschen noch Besserung möglich ist, dafern er rüstig und muthig an's Werk geht. Ja, glücklich sind unter jenen verirrten Wanderern noch diejenigen zu preisen, die, wenn auch spät, sich wieder auf den rechten Weg finden.

Du fragst vielleicht, mein Sohn, welchen Bezug denn diese düstere Schilderung auf Dich habe? Ob ich denn glaube, daß auch Du zu jenen pfadlosen Wanderern gehörest? O nein — es ist freudige Gewißheit für mich, daß Du bis jetzt auf dem rechten Pfade wandelst, unverrückt das Ziel im Auge. Aber nur Der erreicht das Ziel, nur Der betritt keinen Irrweg, der die Gefahren seines Weges kennt, der weiß, daß jene glänzenden Zauberlichter, welche ihn vom sicheren Wege zu verlocken suchen, nur Irrlichter sind, die ihn zum Abgrund führen. Mein Sohn, Dich mit den Gefahren der Lebensreise nach und nach näher bekannt zu machen, das ist der Zweck meiner Briefe an Dich und ich wünsche nichts sehnlicher, als daß meine Ermahnungen und Lehren an Dir stets einen so gehorsamen und freudigen Befolger haben mögen, wie bisher. Herzlich grüßt Dich

Dein treuer Vater   N. N.

Geschäftsaufsätze.

Geschäftsaufsätze sind schriftliche Verhandlungen, die sich auf das Thun und Schaffen im bürgerlichen Leben beziehen, so fern sie nicht wie die Geschäftsbriefe in der Form einer Anrede an eine bestimmte Person gerichtet sind, und werden in Folge besonderer gegenseitiger Verpflichtungen zu Leistungen, nach geschehener freiwilliger Uebereinkunft gemacht. Sie sind sehr verschiedenartig, aber wesentlich **Verträge**, und als solche **Dokumente** oder **Urkunden**, die einen rechtlichen Werth haben, und deshalb auch mit Sorgfalt und Genauigkeit in jeder Beziehung abgefaßt und behandelt werden müssen, wenn sie gültig sein sollen. Zwar braucht ein Vertrag nicht immer schriftlich geschlossen zu werden, man kann ihn in vielen Fällen auch mündlich abschließen, aber auch beim mündlichen Vertrage ist die Gegenwart von Zeugen geboten. Auch erfordert es der Buchstabe des Gesetzes in der Regel nicht, daß der Vertrag gesiegelt ist, doch thut man immer besser, ihn zu siegeln, denn nicht nur bei Privatpersonen, sondern auch vor Gericht hat er so mehr Geltung. Den Platz, an welchem das Siegel anzubringen ist, werden wir in den folgenden Aufsätzen, dem Gebrauche gemäß, mit den Buchstaben L. S. (loco sigilli—anstatt des Siegels) bezeichnen. Wer kein Familiensiegel besitzt, kann sich auch eines anderen passenden Gegenstandes (einer Münze u. dgl.) bedienen. Ueber die Gültigkeit der Verträge bestehen in den einzelnen Staaten der Union zum Theil verschiedene Bestimmungen, doch paßt es nicht in den Rahmen eines Briefstellers, sie hier aufzuführen. Im Allgemeinen wird man nie einem Mißgriffe ausgesetzt sein, wenn man den Vertrag stets schriftlich abfaßt und von den Betheiligten unterzeichnen läßt.

Achte Abtheilung.

Kauf- und Tausch-Verträge.

Durch den Kaufvertrag verpflichtet sich die **eine** Partie, der anderen ein gewisses Besitzthum abzutreten. Dieses Besitzthum ist entweder beweglich (Waaren ꝛc.), oder unbeweglich (Grundeigenthum).

I. Kauf-Verträge für bewegliches Eigenthum.

1. Ein Waarenkauf.

Kund und zu wissen sei Allen durch Gegenwärtiges, daß ich, Friedrich Stulz, Kleider-Händler in Boston, als Gegenleistung für die mir von Carl Rohmer in Boston, bei und vor der Siegelung und Ausfolge dieser Urkunde baar bezahlte Summe von hundert Dollars, deren Empfang ich hiermit bescheinige, an den besagten Carl Rohmer fünf seine schwarztuchene Oberröcke verhandelt, verkauft und ausgefolgt habe und durch Gegenwärtiges verhandle, verkaufe und ausfolge, daß der besagte Carl Rohmer, seine Testamentsvollstrecker, Vermögensverwalter und Cessionare, die besagten Waaren zu seinem und ihrem eigenen Gebrauche und Nutzen für immer haben und besitzen sollen. Und ich, der besagte Friedrich Stulz, werde für mich, meine Erben, Testamentsvollstrecker und Administratoren die verkauften Gegenstände dem besagten Carl Rohmer, seinen Testamentsvollstreckern, Vermögensverwaltern und Cessionaren, für und gegen Jedermann, wer es sein mag, verbürgen und vertheidigen.

In Urkunde dessen habe ich hiernach meine Unterschrift beigesetzt und mein Siegel beigedrückt den 12. April des Jahres 1853.

Friedrich Stulz. (L S.)

2. Kauf- und Lieferungs-Vertrag.

Dieser Vertrag, geschlossen am 1. Febr. 1854 zwischen Christian Pfeifer aus Cleveland, Cuyahoga County, Staat Ohio, einerseits und Heinrich Stüber aus Buffalo, Erie County, Staat New York, andererseits bezeugt, daß der genannte Christian Pfeifer, in Betracht und Vergeltung der Contractsbedingungen, zu denen sich der genannte Heinrich Stüber verbindlich macht, sich gegen den genannten Heinrich Stüber verpflichtet und mit demselben übereinkommt, daß er dem genannten Heinrich Stüber 500 Bushel Waizen nebst einem jungen Pferde und 30 Stück Rindvieh vor dem 1. März des laufenden Jahres abliefern will.

Und der genannte Heinrich Stüber, in Betracht und Vergeltung der Vertragsbedingungen, denen der genannte Christian Pfeifer sich unterzieht, macht sich gegen den genannten Christian Pfeifer verbindlich und kommt mit demselben überein, daß er dem genannten Christian Pfeifer nach vollständiger Ablieferung des Waizens, des Pferdes und des Rindviehs $ —— zahlen wird.

Zur Urkunde dessen haben die genannten Contrahenten Obiges eigenhändig und mit Beifügung ihres resp. Siegels unterschrieben; so geschehen am oben genannten Tage des oben genannten Jahres.

Unterzeichnet, gesiegelt und ausgeliefert in Gegenwart von

| Wilhelm Roth, | } | Christian Pfeifer (L. S.) |
| Friedrich Pommer. | | Heinrich Stüber (L. S.) |

3. Gewöhnlicher Kaufvertrag.

Kund und zu wissen sei Allen durch Gegenwärtiges: daß ich, Gottlieb Hartung, von der Stadt Philadelphia, Staat Pennsylvanien einestheils, als Gegenleistung für die mir von Robert Köhler von der Stadt Harrisburg, Staat Pennsylvanien, anderntheils, bezahlte Summe von —— Dollars, deren Empfang ich anmit bescheinige, an die besagte Partie vom andern Theile, seine Testamentsvollstrecker, Vermögensverwalter und Cessionare alle die Güter und Waaren, welche in dem hier angegebenen Schedul, bezeichnet „Schedul A.“ angeführt und bezeichnet sind, verhandelt und verkauft habe und durch Gegenwärtiges überlasse und ausfolge, damit die besagte Partie vom andern Theile, ihre Testamentsvollstrecker, Vermögensverwalter und Cessionare, dieselben für immer habe, behalte und besitze. Und ich verbinde und verpflichte mich für mich, meine Erben, Testamentsvollstrecker und Vermögensverwalter, gegen die besagte Partie vom andern Theile, ihre Testamentsvollstrecker, Vermögensverwalter und Cessionare, den Verkauf des besagten Eigenthums, Güter und Habe, den ich hierdurch mit der besagten Partie vom andern Theile, ihren Testamentsvollstreckern, Vermögensverwaltern und Cessionaren abgeschlossen habe, gegen alle und jede Person oder Personen, wer sie sein mögen, zu verbürgen und zu vertheidigen.

In Urkunde dessen habe ich hiernach meine Unterschrift beigesetzt und mein Siegel beigedrückt den 15. Januar des Jahres 1854.

Unterzeichnet, gesiegelt und ausgeliefert in Gegenwart von

     Philipp Greiner.   Gottlieb Hartung (L. S.)

               Schedul A.

Folgt die Aufzählung der verschiedenen von Gottlieb Hartung an Robert Köhler zu verabfolgenden Güter und Waaren.

4. Verkauf von Waarenvorräthen ꝛc., in einem Grocerystore.

Dieser Vertrag, abgeschlossen den 20. December des Jahres 1853 zwischen Bernhard Maier von Boston, Staat Massachusetts und Friedrich Müller von Newhaven, Staat Connecticut, bezeugt, daß der besagte Bernhard Maier für die hiernach erwähnte Gegenleistung sich verpflichtet, an den besagten Friedrich Müller zu verkaufen, und der besagte Friedrich Müller sich verpflichtet, von dem besagten Bernhard Maier zu kaufen: den ganzen Vorrath von Spezereien und andern Waaren, die dem besagten Bernhard Maier gehören und die der besagte Bernhard Maier angekauft oder darüber contrahirt hat und die zum Verkaufe in dem Grocerystore des besagten Bernhard Maier bestimmt waren. Ueber den Vorrath von Spezereien und anderen Waaren ist für den besagten Friedrich Müller ein Inventar nach dem Ankaufspreise, ohne Einschluß der Kosten, aufzunehmen, und für jede Abnahme am Werthe in Folge von Beschädigung, Gebrauch oder Abnutzung Abzug zu machen; und können sich die con-

trahirenden Theile über den Werth und, wie vorbesagt, zu machenden
Abzug nicht einigen, so soll dieses durch die Schätzung des Carl
Schmitt, Gustav König und Hermann Pflug von Boston, oder durch
eine Mehrheit derselben vermittelt werden. Das besagte Inventar
ist binnen 10 Tagen nach dem heutigen Datum fertig zu machen
und das zuvor specificirte Eigenthum dem besagten Friedrich Müller
unmittelbar darauf auszuliefern.

Als Gegenleistung dafür verpflichtet sich der besagte Friedrich Müller für den besagten Bernhard Maier, als und für das Kaufgeld des
genannten Eigenthums und in voller Befriedigung für dasselbe, seine
Wechsel, in solchen verschiedenen Summen, wie der besagte Bernhard
Maier angeben wird, zahlbar 6 Monate nach Sicht, mit Interessen
auf der —— Bank auszufertigen und an ihn auszuhändigen und
von Leopold Kaufmann in Boston endossiren zu lassen.

Und der besagte Bernhard Maier verspricht und verpflichtet sich
gegen den besagten Friedrich Müller weiter, daß er zu keiner Zeit
hernach innerhalb einer Meile von dem Store, den er bisher zu dem
besagten Zwecke gehalten, ein Grocerygeschäft betreiben oder sich in-
direct oder direct, weder als Eigenthümer noch als Geschäftsführer
dabei betheiligen wird.

Und es ist ausdrücklich verstanden, daß die vorbesagten Bedingungen
auch auf die Erben, Testamentsvollstrecker und Vermögensverwalter
der betreffenden Partieen anwendbar und für sie bindend sind und
im Falle der eine oder andere Theil den Vertrag nicht halten sollte,
verpflichten sie sich gegenseitig zur Bezahlung einer Reukauf=Summe
von —— Dollars, die als Entschädigung von dem zuwiderhandelnden Theile an den andern zu entrichten ist.

Zur Urkunde dessen haben die hierbei Betheiligten hiernach ihre
Unterschriften gesetzt und ihre Siegel beigedrückt am obengenannten
Tage und Jahre.

Unterzeichnet, gesiegelt und ausgeliefert in Gegenwart von

Gustav König und }   Bernhard Maier (L. S.)
Hermann Pflug. }   Friedrich Müller (L. S.)

II. Kauf= und Verkauf=Verträge für unbewegliches Eigenthum (Grundeigenthum).

Kaufsurkunden, durch welche Grundeigenthum übertragen
wird, heißt man hier zu Lande "Deeds". Dieselben werden nur
ausgestellt, wenn von der anderen Partei (derjenigen, die das Grundstück empfängt,) eine Gegenleistung in Geld, Waaren, in einer Ehe ꝛc.
gegeben ist. Die Urkunde muß von den Parteien unterzeichnet, ge-

ſiegelt, von Zeugen beurkundet und gewöhnlich von einem betreffenden Beamten beglaubigt ſein. Auch iſt die Unterſchrift der Ehefrau
erforderlich. Das Sicherſte iſt, wenn man jeder Unterſchrift ein Siegel beidrückt.

l. Verkaufs- und Verzichtsurkunde, Grundſtücke betreffend.

Dieſer Contrakt, abgeſchloſſen am 7. März eintauſend achthundert
und dreiundfünfzig, zwiſchen Franz Kopp von der Stadt St. Louis,
County St. Louis, Staat Miſſouri, der Partie vom einen Theil, und
Daniel Kraft aus derſelben Stadt, der Partie vom andern Theil, bezeugt, daß die beſagte Partie vom einen Theil für und in Betracht
der ihm von der beſagten Partie vom andern Theil bei oder vor der
Siegelung oder Ausfolge des Gegenwärtigen bezahlten Summe von
dreitauſend Dollars, geſetzliches Geld der Vereinigten Staaten von
Amerika, deren Empfang hiermit beſcheinigt wird, an die beſagte
Partie vom andern Theile, ihre Erben und Bevollmächtigte, alle
(hier werden die fraglichen Grundſtücke aufgezählt) nebſt allen und
jeden Beſitzungen, Erbſtücken und Zubehörden, welche dazu gehören
oder irgendwie damit verbunden ſind, nebſt dem Heimfall oder Heim-
fällen, Rückſtand oder Rückſtänden, Pachtgeldern, Guthaben und
Intereſſen davon, für ewige Zeiten überlaſſen, übergeben und darauf
verzichtet habe und durch Gegenwärtiges überlaſſe, übergebe und
darauf verzichte. Ebenſo alles Vermögen, Recht, Beſitztitel, Intereſſe,
Eigenthum, Beſitz, Anſpruch und Forderung jeder Art, welche die
beſagte Partie vom erſten Theile nach Geſetz und Herkommen an und
auf die vorbeſchriebenen Gegenſtände oder irgend ein Stück oder
einen Theil davon nebſt Zubehör bisher gehabt hat, damit die beſagte Partie vom zweiten Theil, ihre Erben und Bevollmächtigten,
alle und jede der vorerwähnten und beſchriebenen Gegenſtände nebſt
Zubehör für immer beſitze und behalte. Und die beſagte Partie vom
einen Theil verſichert, verſpricht und verpflichtet ſich hiermit für ſich,
ihre Erben, Teſtamentsvollſtrecker und Vermögensverwalter, der Partie vom andern Theile, ihren Erben und Bevollmächtigten gegenüber,
daß ſie nie eine Handlung oder Handlungen begangen, verübt, ausgeführt, oder irgend eine Handlung oder Handlungen, Ting oder
Dinge, wie ſie heißen mögen, zugelaſſen, durch welche oder mittelſt
welcher die oben erwähnten und beſchriebenen Verkaufsgegenſtände
oder irgend ein Theil davon beeinträchtigt, angefochten oder belaſtet
ſind oder ſpäter zu irgend einer Zeit oder auf irgend eine Art und
Weiſe, wie ſie heißen mag, beeinträchtigt, angefochten oder belaſtet
werden, können oder mögen.

In Urkunde deſſen hat die beſagte Partie vom erſten Theile hiernach seinen Namen unterzeichnet und sein Siegel beigedrückt an dem Eingangs erwähnten Tage und Jahre.

Gesiegelt und eingehändigt in Gegenwart von

Friedr. Häfner und ⎫
Gustav Runge. ⎬   Franz Kopp (L. S.)
⎭

2. Andere Verkaufsurkunde.

Kund und zu wissen sei Jedermann durch Gegenwärtiges, daß wir, Jakob Döhler von Nashville, Staat Tennessee und Katharina —, die Ehefrau des besagten Jakob Döhler als Gegenleistung für die uns von David Hahnemann von Knoxville, Staat Tennessee in die Hand bezahlte Summe von 2526 Dollars, deren richtigen Empfang wir hiermit bescheinigen, an den besagten David Hahnemann und seine Erben und Bevollmächtigten alle unsere und jedes unserer Rechte, Besitztitel, Interessen, Eigenthum, Ansprüche und Forderungen, nach dem Gesetz sowohl als dem Herkommen, und eben so gut die besitzenden, als die zu erwartenden, auf und an das Ganze einer gewissen Farm oder eines Stück Landes, das in der Nähe von Nashville gelegen ist, (hier ist die Lage ꝛc. des Grundstücks genau zu beschreiben) mit allen und jeden dazu gehörigen Erbschaften und anderm Zubehör auf ewige Zeiten verhandelt, verkauft und darauf verzichtet haben und durch Gegenwärtiges verhandeln, verkaufen und darauf verzichten.

In Urkunde dessen haben wir hiernach unsere Unterschriften gesetzt und unser Siegel beigedrückt den 6. November 1853.

Jakob Döhler ⎫
Katharina Döhler ⎬   (L. S.)
⎭

3. Aehnliche Urkunde.

Dieser Vertrag, abgeschlossen den 6. Juli 1852 zwischen Abraham Hirsch von N., einen Theils, und Charles Davis von O. andern Theils, bezeugt: daß die besagte Partie vom einen Theile für und in Betracht der ihr von der besagten Partie vom zweiten Theile bezahlten Summe von 4000 Dollars, deren Empfang hiermit bescheinigt wird, an die besagte Partie vom zweiten Theile und ihre Erben und Cessionare verhandelt und verkauft hat und durch Gegenwärtiges für immer verhandelt und verkauft alle ꝛc. (hier die Grundstücke zu beschreiben), nebst allen und jeden dazu gehörigen oder auf irgend eine Weise damit verbundenen Erbschaften und Zubehörden; ebenso den Rückfall und die Rückfälle, Rest und Reste, Miethen, Ertrag und Gewinn davon; ferner das gesammte Eigenthum, Recht, Titel, Interesse, Anspruch oder Forderung jeder Art, welche sie, die besagte Partie vom ersten Theile, nach Gesetz und Herkommen an, in und zu den vorher verhandelten Grundstücken oder irgend einem Theil davon haben.

In Urkunde dessen hat die besagte Partie vom ersten Theile hiernach seine Unterschrift gesetzt und sein Siegel beigedrückt am obengenannten Tage und Jahre.

Gezeichnet, gesiegelt und ausgeliefert in Gegenwart von

John Read.   Abraham Hirsch (L. S.)

4. Andere Formel.

Contract-Artikel, geschlossen am 6. Mai, im Jahre 1853, zwischen Julius Hallbauer aus P. einerseits und Peter Frick aus O. andererseits, bezeugt, daß der Contrahent erster Seite, in Betracht und Vergeltung der ihm baar vom Contrahenten zweiter Seite ausgezahlten Summe von —— Dollars, mit dem Contrahenten zweiter Seite übereingekommen ist, diesem Contrahenten zweiter Seite das ganze Stück Landes zu verkaufen, welches in (—— hier genaue Angabe des Ortes) liegt und folgendermaßen begrenzt und beschrieben ist: (hier wird die Lage und Umgrenzung des Grundstücks aufs genaueste beschrieben.)

Und genannter Contrahent erster Seite willigt ein, über dieses Land eine Gewährsurkunde auszustellen, und dem genannten Contrahenten der zweiten Seite zu überliefern; indeß unter dem Vorbehalt und der Bedingung, daß der genannte Contrahent der zweiten Seite, seine Erben oder Cessionare dem genannten Contrahenten der ersten Seite, dessen Erben oder Cessionaren für dieses genannte Land die Summe von 1000 Dollars gesetzlichen Geldes der Verein. Staaten von Amerika, und zwar auf folgende Weise zahlt oder zahlen: die Summe von fünfhundert Dollars am 7. des nächsten August und die weitere und überbleibende Summe von fünfhundert Dollars am 2. Januar des Jahres 1854, sammt den gesetzmäßigen Zinsen für diese Summe vom heutigen Vertragstage an gerechnet. Und der genannte Contrahent der zweiten Seite verpflichtet sich, seine Erben, Testamentsvollstrecker und Nachlaßverwalter gegen den genannten Contrahenten der ersten Seite, dessen Erben und Cessionare, daß er, der genannte Contrahent der zweiten Seite, die genannten beiden Summen, so wie sie respective fällig werden, sammt den zuständigen Interessen, ohne Abzug für irgend welche Taren oder Steuern, zahlen wird. Und es ist ferner beiderseits contrahirt, daß, für den Fall einer Nichterfüllung und Verletzung dieses Contracts oder irgend eines seiner Artikel von Seiten des genannten Contrahenten zweiter Seite, es alsdann dem genannten Contrahenten erster Seite, seinen Erben oder Cessionaren freistehen soll, diesen Contract als verwirkt und umgestoßen anzusehen und über das genannte Land zu Gunsten irgend

einer andern Person zu verfügen, gerade als ob dieser Contract nie
geschlossen worden wäre.

Gezeichnet, gesiegelt und ausgeliefert in Gegenwart von
    James Patterson.   Julius Hallbauer (L. S.)

5. Gemeinsam von Mann und Frau ausgestellter Kaufbrief.

Dieser Vertrag, abgeschlossen den 17. März 1850 zwischen Gottlieb Buck von B. und Elisabeth, seiner Ehefrau, einestheils und Carl
Doll von C. andern Theils, bezeugt, daß die besagten Partien vom
einen Theile für und um die Summe von 650 Dollars gesetzliches
Vereinigte Staaten Geld, die ihnen von der besagten Partie vom
andern Theile bei oder vor der Besiegelung und Ausfolge dieser Urkunde baar bezahlt wurde und deren Empfang sie hiermit bescheinigen und die besagte Partie vom andern Theile, ihre Erben, Testamentsvollstrecker und Vermögensverwalter davon für immer entbinden und freisprechen, durch Gegenwärtiges an die besagte Partie
vom andern Theile, ihre Erben und Cessionare für immer überlassen,
verhandelt, verkauft, veräußert, abgetreten, ausgehändigt, übergeben
und bestätigt haben und durch Gegenwärtiges überlassen, verhandeln,
verkaufen, veräußern, abtreten, aushändigen, übergeben und bestätigen alle (— hier werden die Theile des Grundeigenthums beschrieben), nebst allen und jeden Besitzthümern, Erbgütern und Zubehörden, welche dazu gehören und in irgend einer Weise damit verbunden
sind, ebenso den Rückfall und die Rückfälle, den Rest und die Reste,
die Pachtgelder, den Ertrag und Gewinn davon. Und ferner das
ganze Vermögen, Recht, Titel, Interessen, Witthum und Recht auf
Witthum, Eigenthum, Besitz, Anspruch und Forderung den besagten
Parteien vom einen Theile von, in, zu und in dem vorbeschriebenen
Grundeigenthum und irgend einem Theil oder Stück davon, nebst
den Zubehörden, sowohl nach dem Rechte als dem Herkommen: auf
daß die besagte Partie vom andern Theile, ihre Erben und Cessionare, das oben übertragene, verhandelte und beschriebene Grundeigenthum, nebst Zubehör, zu ihrem und deren eigenem Nutzen,
Gebrauch und Vortheil für immer habe und behalte. Und der
besagte Gottlieb Buck gelobt, versichert, verspricht und anerkennt der
besagten Partie vom andern Theile, ihren Erben und Cessionaren,
für sich, seine Erben, Testamentsvollstrecker und Vermögensverwalter,
daß er, der besagte Gottlieb Buck, zur Zeit der Siegelung und Aushändigung dieser Urkunde durch eine gute, unbedingte und unbe-
streitbare Erbschaft in seinem eigenen Rechte im gesetzlichen Besitze
aller und jeder der oben abgetretenen, verhandelten und beschriebenen
Grundstücke, nebst Zubehörden, als Freigut ist: und daß er ein

gutes Recht, volle Gewalt und gesetzliche Ermächtigung hat, dieselben auf die obenbenannte Art und Weise abzutreten, zu verhandeln, zu verkaufen und zu übergeben; und daß die besagte Partie vom andern Theil, ihre Erben und Cessionare, das hievor abgetretene Grundeigenthum, und jeden Theil und Stück davon, nebst den Zubehörden, ohne irgend einen Einspruch, Prozeß, Hinderniß, Belästigung, Vertreibung oder Störung von Seiten der Partie vom einen Theile, ihrer Erben oder Cessionare, oder irgend einer andern Person oder Personen, die einen rechtlichen Anspruch an dasselbe machen oder machen wollen, zu allen spätern Zeiten friedlich und ruhig haben, behalten, benutzen, innehaben, besitzen und genießen sollen und können; und daß dieselben jetzt frei, klar, entbürdet und entlastet von allen frühern und anderen Uebertragungen, Besitztiteln, Lasten, Ansprüchen, gerichtlichen Urtheilen, Steuern, Abgaben und Schulden jeder Art und Namens sind. Und ferner, daß die besagten Partien vom einen Theil und ihre Erben und alle und jede Person oder Personen, wer sie sein mögen, die durch Gesetz oder Herkommen irgend einen Anspruch, Recht, Titel oder Interesse an oder auf das hierdurch abgetretene Grundeigenthum durch, von, unter oder in Vollmacht von ihnen oder einer von ihnen, haben mögen, zu allen und jeden spätern Zeiten auf gebührliches Ersuchen und auf eigene Kosten und gesetzliche Auslagen der besagten Partie vom andern Theil, ihrer Erben und Cessionare, alle und jede solche weitere und andere Uebertragungen und Bestätigungen des hiermit an die besagte Partie vom andern Theil, ihre Erben und Cessionare für immer abgetretenen und abzutreten beabsichtigten Grundeigenthumes machen, verfertigen und ausführen, oder machen, verfertigen und ausführen lassen wollen und werden, wie sie, die besagte Partie vom andern Theile, ihre Erben und Cessionare, oder ihre oder deren in den Rechten erfahrenen Anwälte gebührlich rathen, wünschen oder verlangen werden: und der besagte Gottlieb Buck und seine Erben wollen und werden das vorabgetretene Grundeigenthum, nebst Zubehörden, für die besagte Partie vom andern Theil, ihre Erben und Cessionare, gegen die besagten Partien vom einen Theil und ihre Erben und gegen alle und jede Person und Personen, wer sie sein mögen, die einen gesetzlichen Anspruch auf dasselbe machen oder machen werden, verbürgen und durch Gegenwärtiges auf immer schützen.

In Urkunde dessen haben die wechselseitig betheiligten Partien hiernach ihre Unterschriften gesetzt und ihre Siegel beigedrückt am Eingangs genannten Tage und Jahre.

Gesiegelt und ausgehändigt in Gegenwart von:

Jonathan Fuchs }   Gottlieb Buck.   (L. S.)
und Joseph Knecht. }   Elisabeth Buck.   (L. S.)

11*

Beglaubigung durch den Beamten.

Ich bestätige hiermit, daß am 17. März 1850 vor mir Gottlieb Buck und Elisabeth, seine Ehefrau, die in der hiervor niedergeschriebenen und von ihnen ausgestellten Verkaufsurkunde erwähnten Personen, persönlich erschienen sind und erklärt haben, daß sie dieselbe mit einander ausgestellt haben; und daß die besagte Elisabeth, nachdem sie von mir privatim und in Abwesenheit ihres Ehemannes vernommen worden, bestätigt hat, daß sie dieselbe freiwillig, ohne Furcht oder Zwang von ihrem besagten Ehemanne, ausstellte.

G. M. (L. S.)

III. Tausch=Verträge

sind an sich den Kaufverträgen verwandt, überdies werden sie beinahe ganz nach der Form der letzteren ausgefertigt, sowohl bei beweglichem, als bei unbeweglichem Eigenthum.

Tauschvertrag über bewegliches Eigenthum.

Dieser Vertrag, abgeschlossen den 6. April 1853 zwischen James Beecher von Ph. und Lewis Spring von —— bezeugt, daß der genannte James Beecher sich verpflichtet, an den genannten Lewis Spring in seinem Store in Ph. am 1. Nov. d. J. hundert Ballen gute Baumwolle abzuliefern.

Wogegen der genannte Lewis Spring sich verpflichtet, an den besagten James Beecher im Store des letztgenannten am 3. Mai d. J. —— Pfund Chinarinde abzuliefern.

Zur Urkunde dessen haben die betheiligten Contrahenten hiernach ihre Unterschriften gesetzt und ihre Siegel beigedrückt am Eingangs erwähnten Tag und Jahre.

Unterzeichnet, gesiegelt und ausgeliefert in Gegenwart von

Benjamin Hodges. }   James Beecher. (L. S.)
    Lewis Spring. (L. S.)

2. Andere Form.

Dieser Vertrag, abgeschlossen am 1. Juni 1850 zwischen Fr. Knoll von M. einerseits und Richard Zeller von S. andererseits, bezeugt, daß der genannte Fr. Knoll, in Betracht der hier weiter unten enthaltenen Bedingungen, zu denen sich der genannte Richard Zeller verpflichtet, gegen den eben genannten Richard Zeller sich verbindlich macht, demselben am 1. Juli d. J. —— Bushel gute und reine Gerste in dessen Brauerei abzuliefern.

Und der genannte Richard Zeller, in Betracht des Obigen, verpflichtet sich, dem besagten Fr. Knoll in dessen Wirthschaft am 2. Juli d. J. —— Barrel Lagerbier abzuliefern.

Unterzeichnet, gesiegelt und ausgeliefert in Gegenwart von

Heinr. Schmidt. } Fr. Knoll.   (L. S.)
Richard Zeller.   (L S.)

3. Tauschvertrag über Grundeigenthum.

Dieser Vertrag, abgeschlossen und eingegangen den 27. März 1850 zwischen Charles Brown von N., einen Theils, und James Smith von D., andern Theils, bezeugt: daß der besagte Charles Brown dem besagten James Smith, seinen Erben und Cessionaren übergeben und abgetreten hat und durch Gegenwärtiges übergiebt und abtritt alle (—— nun werden die Grundstücke beschrieben) nebst allem und jedem Zubehör, im Tausch gegen und für die hiernach beschriebenen Grundstücke des besagten James Smith: Auf daß der besagte James Smith, seine Erben und Cessionare, die besagten Grundstücke mit dem Zubehör für immer behalten und besitzen. Und der besagte Charles Brown gelobt (hier folgen die Bedingungen). Und der besagte James Smith seinerseits, hat gleichfalls dem besagten Charles Brown, seinen Erben und Cessionaren übergeben und abgetreten und übergiebt und tritt durch Gegenwärtiges ab alle (Beschreibung), nebst allem und jedem Zubehör, in Tausch gegen und für die hievor beschriebenen Grundstücke: Auf daß der besagte Charles Brown, seine Erben und Cessionare, die besagten Grundstücke mit dem Zubehör für immer besitzen und behalten.

Zur Urkunde dessen haben die betheiligten Contrahenten hiernach ihre Unterschriften gesetzt und ihre Siegel beigedrückt am Eingangs erwähnten Tag und Jahre.

Unterzeichnet, gesiegelt und ausgeliefert in Gegenwart von

Joshua Ellis. } Charles Brown.   (L. S.)
James Smith.   (L. S.)

Neunte Abtheilung.

Mieth- und Pachtverträge.

Indem wir vorausschicken, daß eine Uebereinkunft für Zimmer in einem Boardinghause nie als Miethvertrag (Lease) zu betrachten ist, geben wir in der Kürze die allgemeinsten Regeln über diese Art von Verträgen. Wenn sie nur auf ein Jahr oder kürzere Zeit gelten ſ llen, ſo können ſie mündlich abgeſchloſſen werden, in allen anderen Fällen ſetze man ſie ſchriftlich auf und zwar mit Siegel und Zeugen. Die näheren Beſtimmungen in den einzelnen Staaten, ſo wie die juridiſchen Unterſchiede zwiſchen den verſchiedenen Pacht-arten (lebenslängliche, auf guten Willen, auf Duldung ꝛc.) liegen außer dem Bereiche eines Briefſtellers.

I. Miethverträge.

1. Ein auf mehrere Jahre gültiger Miethvertrag durch den der Miether zugleich die Bezahlung der auf dem Hauſe ruhenden Steuern übernimmt.

Dieſe Uebereinkunft, abgeſchloſſen den 19. Septbr. 1853 zwiſchen Leonhard Haiſch von F. und Thomas Mann von K., bezeugt, daß der beſagte Leonhard Haiſch hiermit einwilligt, an den beſagten Tho-mas Mann das gegenwärtig von dem beſagten Leonhard Haiſch in F. bewohnte Haus und Bauſtelle durch am 30. Septbr. d. J. zu vollziehenden Kontrakt zu verpachten und zu vermiethen, damit der beſagte Thomas Mann, ſeine Teſtamentsvollſtrecker, Vermögensver-walter und Ceſſionare daſſelbe vom 30. Septbr. an beziehen und auf die Dauer von acht Jahren um und für die vierteljährig zu bezah-lende Jahresmiethe von einhundert und fünfzig Dollars (rein, ohne Abzug von Steuern und Auflagen) bewohnen und benutzen; an welchen Miethkontrakt ſich von Seiten des beſagten Thomas Mann, ſeiner Erben ꝛc. die Bedingungen anknüpfen ſollen: den Miethzins (ausgenommen im Falle, daß das Gebäude durch Feuer zerſtört wird, wo dann die Bezahlung der Miethe aufhört, bis das Haus wieder aufgebaut iſt) und alle Steuern und Abgaben zu bezahlen; das Haus in gutem baulichem Stand zu erhalten (Feuerſchaden ausge-nommen); fein demſelben ſchädliches Geſchäft darin zu betreiben und deſſen friedlichen Beſitz nach Ablauf der oben beſagten Zeit wie-der abzutreten; und weiter ſollen ſich an den beſagten Miethkontrakt von Seiten des beſagten Leonhard Haiſch, ſeiner Erben und Ceſſio-nare die Bedingungen knüpfen: denſelben ruhig genießen zu laſſen, ihn nach Ablauf der oben erwähnten Zeit auf das durch den beſagten Thomas Mann einen Monat vor dieſer Ablaufszeit zu ſtellende Verlangen auf die Dauer von weiteren fünf Jahren zu erneuern und ſchließlich das Haus, im Fall es durch Brand zerſtört werten ſollte, ſofort wieder aufbauen zu laſſen.

Und die beſagten Contrahenten ſind übereingekommen, daß die Koſten für Ausfertigung, Vollziehung und Regiſtrirung des beſagten

Miethkontraktes und eines Duplikates davon gemeinschaftlich von ihnen getragen und zwischen ihnen getheilt werden sollen.

In Urkunde dessen haben die besagten Contrahenten hiernach ihre Unterschriften gesetzt und ihre Siegel beigedrückt am Eingangs erwähnten Tage und Jahre.

Gesiegelt und ausgefolgt in Gegenwart von

Christian Kübler. } Leonhard Haisch. (L. S.)
Thomas Mann. (L. S.)

2. Miethvertrag des Hauseigenthümers.

Hierdurch bestätige ich, daß ich den 16. April 1852 mein in der Chatham Straße in New York gelegenes Haus und Baustelle, unter der Nummer 27 bekannt, nebst Zubehör an Heinrich Scheerer zum einzigen und ununterbrochenen Gebrauch und Benutzung auf zwei Jahre, am 1. Mai d. J. anfangend, um die jährliche Miethe von 600 Dollars, vierteljährlich zahlbar, vermiethet und verpachtet habe (und hat der Miether alle Steuern und Abgaben zu entrichten).

Wilhelm Frisch. (L. S.)

3. Miethvertrag des Miethers.

Hierdurch bestätige ich, daß ich von Wilhelm Frisch sein in der Chatham Straße in New York gelegenes Haus und Baustelle unter der Nummer 27 bekannt, nebst Zubehör, auf die Dauer von zwei Jahren, am 1. Mai d. J. beginnend, um den jährlichen Miethzins von 600 Dollars, vierteljährig zahlbar, in die Miethe genommen und gepachtet habe, und daß ich alle auf dem Hause ruhenden Steuern und Abgaben bezahlen werde. Und ich verspreche hiermit, die Hausmiethe pünktlich auf die vorgenannte Weise zu bezahlen, ausgenommen, wenn das Haus durch Feuer oder andere Ursachen unbewohnbar werden sollte, in welchem Falle der Miethzins aufhört. Und weiter verspreche ich, das Haus nach Ablauf der Miethzeit zu räumen und es wieder in so gutem Zustande und Stande zu übergeben, als es der unumgängliche Gebrauch und die Abnutzung gestatten; den Schaden durch die Elemente abgerechnet.

Gegeben unter meiner Unterschrift und Siegel den 17. April 1852. In Gegenwart von

Joseph Geiger. Heinrich Scheerer. (L. S.)

4. Bürgschaft für den Miether.

In Erwägung der Vermiethung des vorbeschriebenen Hauses und für die Summe von einem Dollar, werde ich anmit Bürge für die pünktliche Bezahlung des Miethzinses und Erfüllung der Bedingungen des Miethkontrakte, wie Beides in dem vorbeschriebenen Vertrage angegeben und von Heinr. Scherer zu leisten und zu erfüllen ist; und sollte zu irgend einer Zeit dem zuwider gehandelt werden, so verspreche und verpflichte ich mich hiermit, dem im besagten Vertrage genannten Hauseigenthümer die besagte Miethe, oder was immer davon rückständig ist, zu bezahlen und ihn in Bezug auf die Erfüllung der besagten Vertragsbedingungen, sowie auf allen Schaden, der durch deren Nichterfüllung erwachsen mag, vollkommen zufrieden zu stellen, ohne daß mir deshalb Anzeige gemacht, ein Beweis geliefert oder eine Forderung gestellt zu werden braucht.

Gegeben mit meiner Unterschrift und Siegel den 17. April 1852.

Emanuel Feucht. (L. S.)

5. Ein Vertrag des Hauseigenthümers, wonach der Miether verpflichtet wird, sein Recht als Miether nicht an einen Andern abzutreten und das Haus nicht zu einem mit Gefahr verbundenen Geschäfte zu brauchen.

Hierdurch bestätige ich, daß ich, Wilhelm Frisch, die Wohnung No. 27 in der Chatham Straße in New York, an Heinrich Scheerer auf die Dauer von zwei Jahren, vom ersten Tage des nächsten Mai an, um die jährliche Miethe von 600 Dollars, vierteljährig zahlbar, vermiethet und verpachtet habe. Die Wohnung darf zu keinem Geschäfte benutzt und verwendet werden, das für besonders feuersgefährlich gilt; ebenso darf dieselbe oder irgend ein Theil davon nicht ohne die schriftliche Zustimmung des Eigenthümers wieder vermiethet (oder: „in Afterpacht gegeben") werden bei Strafe der Verwirkung und des Schadenersatzes.

Gegeben unter meiner Unterschrift den 16. April 1852.

Wilhelm Frisch. (L. S.)

6. Miethvertrag des Miethers im Falle von No. 5.

Hierdurch bestätige ich u. s. w. (Alles nun Folgende ganz wie in No. 3 bis zu den Worten: „den Schaden durch die Elemente abgerechnet."—dann weiter:) Und ich verpflichte mich anbei, daß ich das Ganze oder einen Theil der besagten Wohnung nicht wieder vermiethen (in Afterpacht geben,) noch zu einem Geschäfte benutzen will, das für besonders feuersgefährlich gilt, ohne die schriftliche Genehmigung des Hauseigenthümers erhalten zu haben, bei Strafe der Verwirkung und des Schadenersatzes.

Gegeben unter meiner Unterschrift und Siegel den 17. April 1852.

In Gegenwart von ⎱
Christoph Geiger. ⎰

Heinrich Scheerer. (L. S.)

II. Pachtverträge.

1. Die Form des gewöhnlichen Pachtbriefes.

Dieser Pachtbrief, abgeschlossen den 3. März 1845 zwischen Francis Moore von R. einen Theils und Charles Dean von S. andern Theils, besagt: daß der besagte Contrahent vom einen Theile für, unter und in Betracht der hiernach gemeldeten, vorbehaltenen und aufgezählten Renten, Bedingungen und Uebereinkünfte, welche von Seiten des Contrahenten vom andern Theile, seiner Testamentsvollstrecker, Vermögensverwalter und Cessionare zu bezahlen, einzuhalten und zu erfüllen sind, überlassen, vermiethet und in Pacht gegeben hat und durch Gegenwärtiges dem besagten Contrahenten vom andern Theile, seinen Testamentsvollstreckern, Vermögensverwaltern und Cessionaren überläßt, vermiethet und in Pacht giebt: alle (hier werden die verpachteten Grundstücke beschrieben): Auf daß der besagte Contrahent vom andern Theile, seine Testamentsvollstrecker, Vermögensverwalter und Cessionare die besagten, vorerwähnten und beschriebenen Grundstücke vom 1. April 1845 an, für, während und bis zum völligen Ende der Zeit von 12 nächstfolgenden abzulaufenden und beendigten Jahren innehaben und benutzen; wofür er oder sie an den besagten Contrahenten vom einen Theile, seine Erben oder Cessionare, jährlich und jedes Jahr während der besagten, hiermit eingeräumten Zeit den jährlichen Pachtzins oder die Summe von 400 Dollars, gesetzliches Geld der Vereinigten Staaten von Amerika, in gleichen halbjährigen Fristen entrichten und bezahlen, nämlich: am ersten Tage des April, Juli, October und Januar jedes und alle Jahre während der besagten Zeit: Stets vorausgesetzt aber, daß wenn der oben vorbehaltene Jahrespachtzins oder ein Theil davon an einem der Zahltage, an dem derselbe hätte entrichtet werden sollen, rückständig oder unbezahlt bleibt; oder wenn irgend einer der hierin enthaltenen, zu entrichtenden, festzustellenden und zu erfüllenden Bedingungen durch oder von Seiten des besagten Contrahenten vom andern Theil, seiner Testamentsvollstrecker, Vermögensverwalter und Cessionare zuwider gehandelt wird, dann und von da an soll und mag es dem besagten Contrahenten vom einen Theile, seinen Erben und Cessionaren rechtlich zustehen, wieder in den völligen Besitz der besagten verpachteten Grundstücke und aller einzelnen Theile davon zu treten und dieselben wieder zu haben, zu benutzen und zu genießen, wie er oder sie dieselben vorher besessen, was auch immer vorhin darüber vom Gegentheil gesagt sein mag. Und der besagte Contrahent vom andern Theil verspricht und verpflichtet sich für sich und seine Erben, Testamentsvollstrecker und Vermögensverwalter, daß er, der besagte Contrahent vom andern Theil, seine Testamentsvollstrecker, Vermögens-

verwalter und Cessionare, jährlich und jedes Jahr während der hierdurch bewilligten Pachtzeit un den besagten Contrahenten vom einen
Theile, seine Erben oder Cessionare den oben vorbehaltenen Pachtzins an den Tagen und in der Weise, wie sie vorhin für die Bezahlung desselben angegeben und vorgezeichnet worden, ohne irgend einen
Abzug, Betrug oder Verzögerung nach der wahren Absicht und Meinung dieser Urkunde richtig und gut bezahlen oder bezahlen lassen
wollen und werden (je nach den Bestimmungen des Vertrags ist hier
beizusetzen: und daß der besagte Contrahent vom andern Theil, seine
Testamentsvollstrecker, Vermögensverwalter oder Cessionare auf ihre
eigenen Kosten und Lasten alle diejenigen Steuern, Abgaben und
Auflagen aller Art, wie sie während der besagten, hierdurch bewilligten Pachtzeit von dem besagten Grundeigenthum werden gefordert,
ausgeschlagen oder aufgelegt werden oder werden können, übernehmen, bezahlen und entrichten wollen und werden); und daß der besagte Contrahent vom andern Theil, seine Testamentsvollstrecker, Vermögensverwalter oder Cessionare an dem letzten Tage der besagten
Pachtzeit oder wenn dieselbe früher beendigt werden sollte, alle und
jede der besagten vermietheten Grundstücke friedlich und ruhig verlassen und an den besagten Contrahenten vom einen Theile, seine
Erben oder Cessionare übergeben und abtreten wollen und werden.
Und der besagte Contrahent vom einen Theil verspricht und verpflichtet sich durch Gegenwärtiges für sich, seine Erben und Cessionare, daß
der besagte Contrahent vom andern Theil, seine Testamentsvollstrecker,
Vermögensverwalter oder Cessionare, wenn er oder sie den besagten,
bedungenen jährlichen Pachtzins entrichten und die vorerwähnten
Bedingungen und Uebereinkünfte seiner- und ihrerseits erfüllen, jederzeit während der besagten, hierdurch bewilligten Pachtzeit die besagten Grundstücke friedlich ohne irgend welche Einsprache, Rechts-
streit oder Hinderniß von Seiten des besagten Contrahenten vom
einen Theile, seiner Erben oder Cessionare, oder einer andern Person
oder Personen, wer sie seien, besitzen und genießen sollen und mögen.
　Zur Urkunde dessen haben die besagten Contrahenten hiernach ihre
Unterschriften gesetzt und ihre Siegel beigedrückt am Eingangs erwähnten Tage und Jahre.
Gesiegelt und ausgefolgt in Gegenwart von
　　　Patrick Rush und ⎱　　　Francis Moore. (L. S.)
　　　Augustus Russel. ⎰　　　Charles Dean. (L. S.)

**2. Vertrag, wodurch das Pachtgut vor Ablauf der
Pachtzeit an den ursprünglichen Besitzer zurückgegeben wird.**

Dieser Vertrag, abgeschlossen den 3. Januar 1853 zwischen Charles

Dean von S. einerseits, und Fr. Moore von R. anderseits besagt:
Nachdem der besagte Francis Moore durch seinen am 3. März 1845
ausgestellten Pachtbrief sein rc. (hier wird das Grundeigenthum und
die Pachtzeit beschrieben) vermiethet und verpachtet hat; bezeugt nun
Gegenwärtiges, daß der besagte Charles Dean für und gegen die
ihm, dem besagten Charles Dean, bei der Siegelung und Ausfolge
dieser Urkunde von dem besagten Francis Moore zu dem Zwecke und
in der Absicht in die Hand bezahlte Summe von 500 Dollars, daß
die besagte Pachtzeit der besagten Grundstücke und Zubehörden ganz
aufhöre und erlösche, abgetreten, überlassen und zurückgegeben hat
und durch Gegenwärtiges an den besagten Francis Moore und seine
Erben abtritt, überläßt und zurückgiebt: alle die, wie vorgemeldet, in
dem besagten Pachtbriefe aufgeführten und durch denselben vermietheten Grundstücke und Zubehör nebst allem und jedem Besitz, Recht,
Titel, Interesse, Pachtzeit, Eigenthum, Anspruch und Forderung jeder
Art, die er, der besagte Charles Dean, von, auf, an, zu oder aus demselben oder irgend einem Theil oder Stück davon zu machen hat: Auf
daß der besagte Francis Moore, seine Erben und Cessionare, die besagten Grundstücke und Zubehör zu ihrem selbsteigenen Nutzen und
Gebrauch behalten und besitzen.

Und der besagte Charles Dean verspricht und verpflichtet sich anmit für sich, seine Erben, Testamentsvollstrecker und Vermögensverwalter, gegen den besagten Francis Moore, seine Erben und Cessionare,
daß er, der besagte Charles Dean zu keiner Zeit irgend einen Akt,
Urkunde, Gegenstand oder Sache, was es immer sei, gemacht, ausgestellt, gethan, erlaubt oder zugelassen hat, wodurch, oder womit, oder
mittelst welcher die hiermit abgetretenen und zurückgegebenen Grundstücke und Zubehörden, oder irgend ein Theil oder Stück davon, auf
irgend eine Weise beeinträchtigt, angegriffen, belastet oder verschuldet
wurden, oder sind, oder werden können, mögen oder sollen.

Zur Urkunde dessen haben die besagten Contrahenten hiernach ihre
Unterschriften gesetzt und ihre Siegel beigedrückt am Eingangs erwähnten Tage und Jahre.

Gesiegelt und ausgefolgt in Gegenwart von

John Pearce und ⎫   Francis Moore. (L. S.)
George Campbell. ⎭   Charles Dean. (L. S.)

**8. Pachtbrief, durch welchen die Erneuerung des
Pachtes vorbedingt ist.**

Dieser Pachtbrief, abgeschlossen den 5. Juli 1849 zwischen Isak
Reinstein einen Theils und Theodor Bürger andern Theils, besagt:
daß der besagte Contrahent vom einen Theile für, unter und in Betracht der hiernach gemeldeten, vorbehaltenen und aufgezählten Ren-

ten, Bedingungen und Uebereinkünfte, welche von Seiten des Contrahenten vom andern Theile, seiner Testamentsvollstrecker, Vermögensverwalter und Cessionare zu bezahlen, einzuhalten und zu erfüllen
sind, überlassen, vermiethet und in Pacht gegeben hat und durch Gegenwärtiges dem besagten Contrahenten vom andern Theile, seinen
Testamentsvollstreckern, Vermögensverwaltern und Cessionaren überläßt, vermiethet und in Pacht giebt: alle (Beschreibung der verpachteten Grundstücke): Auf daß der besagte Contrahent vom andern
Theile, seine Testamentsvollstrecker, Vermögensverwalter und Cessionare die besagten vorerwähnten und beschriebenen Grundstücke vom
15. Juli d. J. an, für und während der Periode der nächstfolgenden
4 Jahre bis zu deren vollständigem Ende und Ablaufe innehabe und
benutze: auf daß der Contrahent vom andern Theile, seine Erben,
Testamentsvollstrecker und Administratoren das besagte Grundeigenthum nebst allen dazu gehörigen Gebäulichkeiten und Erbstücken, sowie dem ganzen Viehstande und allen Acker- und Hausgeräthen jeder
Art und Namens, die sich gegenwärtig auf dem Hofe befinden und
dem besagten Contrahenten vom einen Theile gehören, zu seinem und
ihrem einzigen Gebrauche und Nutzen während der besagten Zeit besitze und genieße.

Der besagte Contrahent vom andern Theile verspricht und verpflichtet sich dafür gegen den Contrahenten vom einen Theil, daß er
das obengenannte Grundstück während der vorerwähnten Zeit beziehen, kultiviren und es in jeder Hinsicht auf sachverständige Weise
bebauen, keinen Schaden oder Zerstörung anrichten oder anrichten
lassen, die Gehäge und Gebäulichkeiten in gutem baulichen Zustande
erhalten will, gebührliche Abnutzung und Schaden durch die Elemente
abgerechnet.

Die vorbesagten Contrahenten sind ferner übereingekommen, daß
der Contrahent vom andern Theile den Besitz des besagten Gutes
nach Ablauf der besagten Pachtzeit friedlich abtreten will.

Und der besagte Contrahent vom einen Theile verspricht und verpflichtet sich hiermit gegen den besagten Contrahenten vom andern
Theile, in Anbetracht des Vorhergesagten und der ihm von dem Contrahenten vom andern Theile baar bezahlten Summe von einem
Dollar, daß er demselben einen neuen, in allen Beziehungen diesem
ähnlichen Pachtbrief für dieselbe Dauer von vier Jahren über den
weiteren Pacht des besagten Gutes ausfertigen und ausstellen will
wenn der besagte Contrahent vom andern Theil binnen zwanzig Tagen vor dem Ablauf der vorbesagten, durch Gegenwärtiges festgesetzten
Pachtzeit ihm gebührliche Anzeige davon macht und darum nachsucht.

Gesiegelt und ausgefolgt in Gegenwart von

Reinhold Kolb.   Isak Reinstein. (L. S.)

                            Theodor Bürger. (L. S.)

Zehnte Abtheilung.

Dienstverträge und Lehrbriefe.

Klagschriften der Meister und Lehrlinge wegen Vertragsbruchs.

Jedes ledige männliche und weibliche Individuum kann sich, das erstere bis zum 21., das letztere bis zum 18. Jahre durch einen schriftlichen Vertrag verbindlich machen, als Diener, Gehülfe oder Lehrling zu dienen. Nothwendig ist hierzu die Einwilligung des Vaters, oder wenn dieser todt ist, der Mutter, oder des Vormunds. Hat das Kind weder Eltern, noch Vormund, so muß die Zustimmung von den Armenaufsehern oder zwei Friedensrichtern oder irgend einem County-Richter gegeben werden, und zwar in allen diesen Fällen schriftlich am Schluß des Vertrags oder auf der Rückseite desselben. In dem Lehrbriefe muß das Alter des auf diese Art verbundenen Individuums und die Summe des ausbedungenen Lohnes genau angegeben werden.

I. Dienstverträge.

A. Für Minderjährige.

1. Vertrag für einen aus einem fremden Lande über See gekommenen Minderjährigen.

(Der Dienstvertrag eines aus fremdem Lande über See Gekommenen muß von einem Mayor, Recorder, Alderman oder Friedensrichter ausgestellt werden und der Beamte hat ihn am Schlusse zu beglaubigen. Ein solcher Vertrag darf vom Meister, in Gegenwart zweier Zeugen, durch eine vom betreffenden Beamten beglaubigte Urkunde an einen Andern abgetreten werden.)

Dieser Vertrag, abgeschlossen den 5. Januar 1852 zwischen John Mohr, einem noch nicht einundzwanzig Jahre alten Minderjährigen, nämlich im Alter von achtzehn Jahren, der am 26. Dec. 1851 aus der Stadt Wiesbaden in Nassau, einem fremden Lande, über See gekommen, und Christoph Hutt aus der Stadt Baltimore, bezeugt: Daß der besagte John Mohr, in Gemäßheit der für einen solchen Fall bestehenden Statuten und in Betracht der hiernach erwähnten Bedingungen, sich verbindet, dem besagten Christoph Hutt vom heutigen Tage an bis zum völligen Ende und Ablaufe der Zeit von drei Jahren, (oder bis der besagte John Mohr das einundzwanzigste Jahr erreicht hat, was am 2. Januar 1855 der Fall sein wird), zu dienen; während welcher Zeit der besagte John Mohr dem besagten Christoph Hutt und seinen Cessionaren in allen solchen gesetzlich erlaubten Arbeiten, wie sie ihm von dem besagten Christoph Hutt oder seinen Cessionaren angewiesen werden, treu und redlich und nach bestem Vermögen und Geschick des besagten John Mohr dienen und sich zu allen Zeiten gegen den besagten Christoph Hutt und seine Cessionare ehrlich und gehorsam betragen will. Und der besagte Christoph Hutt verpflichtet sich seinerseits, dem besagten John Mohr gegenüber, daß er, der besagte Christoph Hutt, dem besagten John Mohr während der besagten Dienstzeit für angemessene und genügende Nahrung und Kleidung und alle anderen Bedürfnisse sorgen und sie ihm verabfolgen lassen will.

In Urkunde dessen haben die Contrahenten hiernach ihre Unterschriften gesetzt und ihre Siegel beigedrückt am Eingangs erwähnten Tage und Jahre.   John Mohr. (L. S.)

Christoph Hutt. (L. S.)

Staat Maryland,   } ss.
County Baltimore. }

Am 5. Januar 1852 erschien vor mir persönlich John Mohr, der mir als die Person bekannt ist, welche den obenstehenden Vertrag eingegangen und nach von mir angestellter Vernehmung bestätigt hat, daß der besagte Vertrag zu dem darin erwähnten Zwecke freiwillig von ihm eingegangen und abgeschlossen worden ist.

Adolphus Monroe, Friedensrichter.

2. Uebertragung des vorstehenden Vertrags an einen anderen Meister.

Kund und zu wissen sei Jedermann durch Gegenwärtiges, daß ich, der hierin genannte Christoph Hutt, für und um die Summe von achtzig Dollars den innenstehenden Vertrag und den darin genannten Diener (oder Lehrling) an Friedrich Weil von Baltimore, seine Testamentsvollstrecker, Vermögensverwalter und Cessionare, für den Rest der darin angeführten Zeit abgetreten und cedirt habe und durch Gegenwärtiges abtrete und cedire; wogegen er und sie alle und jede der hierin enthaltenen, von mir versprochenen und zu erfüllenden Bedingungen erfüllen werden und mich davon entbinden.

Zur Urkunde dessen habe ich hiernach meine Unterschrift gesetzt und mein Siegel beigedrückt den 1. Februar 1854.

In Gegenwart von)   Christoph Hutt. (L. S.)
Josehph Müller.   }   Ich genehmige die Uebertragung des
Hugo Blum.   )   innenstehenden Vertrages.

F. M., Mayor der Stadt Baltimore.

8. Dienstvertrag für ein Dienstmädchen.

Dieser Vertrag bezeugt, daß Marie Kramer von der Stadt Ger-
mantown in Pennsylvanien, jetzt fünfzehn Jahre alt, unter und mit
der Zustimmung von David Kramer von der genannten Stadt,
ihrem Vater (oder: ihrer Mutter, da ihr Vater gestorben; oder da
ihr Vater seine Familie verlassen und verabsäumt hat, für sie zu
sorgen; oder da er gesetzlich unfähig dazu ist,) freiwillig und aus
eigenem Antriebe sich als Hausmädchen gegen Heinrich Simon verpflichtet und verbunden hat, ihm für und bis zum völligen Ende
der Zeit von drei Jahren, die jetzt kommen, (oder bis sie das Alter
von achtzehn Jahren erreicht hat, was am 7. März 1856 der Fall
sein wird), von heute an zu dienen, während welcher ganzen Zeit
das besagte Hausmädchen seinem Herrn treu, redlich und eifrig dienen, allen gesetzlich zulässigen Befehlen stets willig gehorchen und
die Habe und das Eigenthum seines besagten Herrn schützen und bewahren und nicht zulassen soll, daß sie beschädigt oder verdorben
werden; es soll sich nicht ohne Erlaubniß aus dem Dienste entfer-
nen und in allen Dingen und zu allen Zeiten sich so betragen, wie
es einem ehrlichen Dienstmädchen geziemt. Und der besagte Heinrich
Simon wird und will das besagte Dienstmädchen während der Dauer
der besagten Dienstzeit mit hinreichender und genügender Nahrung
und Kleidung versehen und versorgen und dasselbe in der besagten
Zeit im Lesen und Schreiben unterrichten lassen und nach der besagten Dienstzeit ihm eine neue Bibel und die Summe von 170 Dollars geben. Und für die getreue Erfüllung aller und jeder der vorerwähnten Bedingungen und Uebereinkünfte verpflichten sich die besagten Contrahenten durch Gegenwärtiges wechselseitig fest gegen
einander.

Zur Urkunde dessen haben die vorgenannten Contrahenten hiernach ihre Unterschriften gesetzt und ihre Siegel beigedrückt den 1.
März 1853.

Unterzeichnet, gesiegelt und ausgefolgt in Gegenwart von

Theodor Mahlke.   Marie Kramer. (L. S.)
                       Heinrich Simon. (L. S.)

Ich ertheile hiermit meine Zustimmung und genehmige die Verpflichtung meiner Tochter Marie Kramer, wie in dem vorstehenden
Dienstvertrage gemeldet.

Geschrieben den 1 März 1853.

                       David Kramer.

12*

B. Für Volljährige.

Vertrag mit einem in Dienst zu nehmenden Arbeiter.

Dieser Vertrag, abgeschlossen den 3. Mai 1853 zwischen John Byron von New York und Charles Pitt von da bezeugt: Daß der besagte Charles Pitt verspricht und sich verpflichtet, für den besagten John Byron in New York, wie vorbesagt, vom 12. Mai 1853 an in und während des Zeitraumes von drei Jahren in dessen Store (oder Bureau, oder Werkstätte,) treu, redlich und fleißig zu arbeiten (oder zu schreiben): In Betracht welches so zu erfüllenden Dienstes der besagte John Byron verspricht und sich verpflichtet, dem besagten Charles Pitt jährlich die Summe von 400 Dollars in monatlichen Raten zu bezahlen.

Und die vorbesagten Contrahenten sind übereingekommen und haben sich verständigt, daß, wenn der eine oder andere von ihnen vor Ablauf der besagten Zeit von drei Jahren mit Tod abgehen sollte, dieser Vertrag dann aufgelöst werden soll.

Zur Urkunde dessen haben die Contrahenten diesen Vertrag am obengenannten Tage und Jahre hiernach unterzeichnet und ihre Siegel beigedrückt.

Unterzeichnet, gesiegelt und ausgefolgt in Gegenwart von

N. N.   John Byron. (L. S.)
                              Charles Pitt. (L. S.)

II. Lehrbriefe.

1. Form eines Lehrbriefes.

Dieser Vertrag, abgeschlossen den 14. December im Jahre eintausend achthundert und zweiundfünfzig zwischen Franz Koch von Portland im Staate Maine, Vater des Carl Koch, eines Minderjährigen unter dem Alter von einundzwanzig Jahren, einerseits, und Eugen Rumpp in Bangor im vorgemeldeten Staate, andrerseits, bezeugt:

Daß der besagte Franz Koch seinen Sohn Carl Koch dem besagten Eugen Rumpp in die Lehre gegeben und verbunden hat, auf daß dieser ihn in der Kunst, dem Geheimnisse und Handwerke der Schneiderei unterrichte, welche der besagte Eugen Rumpp jetzt betreibt, und bei ihm lebe und ihm von heute an als Lehrjunge diene, bis er, der besagte Carl Koch, das Alter von einundzwanzig Jahren erreicht hat, was am 30. November 1856 der Fall sein wird; während welcher ganzen Zeit der besagte Carl Koch dem besagten

Eugen Rumpp ehrlich und redlich als Lehrling zu dienen und tc.,
als seinem Meister, treu und gerecht zu sein hat; er soll seine Geheimnisse bewahren und seinen gesetzlich erlaubten Geboten gehorchen;
er soll seinem Meister an seiner Person, Familie und Eigenthum
keinen Schaden zufügen und nicht dulden, daß dies von Anderen
geschehe; er soll seines Meisters Eigenthum nicht unterschlagen oder
veruntreuen, und es nicht ohne seine Einwilligung hinleihen; er soll
keine verbotenen Spiele spielen und keine Wirthshäuser und Schenken besuchen; er soll keine Ehe eingehen, und seines Meisters Dienst
zu keiner Zeit ohne seine Erlaubniß verlassen; dagegen sich in allen
Dingen als ein braver und redlicher Lehrbursche während der
ganzen vorbesagten Zeit gegen seinen Meister betragen. Und der
besagte Eugen Rumpp, seinerseits, verspricht und verpflichtet sich in
Betracht des Vorerwähnten gegen den Vater und Sohn, jeden insbesondere, einzeln und vereint, den besagten Carl Koch als seinen
Lehrling zu unterrichten und zu lehren oder sonst ihn gut und gehörig in der Kunst, dem Geheimnisse, Handwerke und Geschäfte der
Schneiderei nach seinem besten Wissen und Vermögen unterrichten
und lehren zu lassen, und ihn auch im Lesen, Schreiben und den
vier ersten Spezies der Rechenkunst zu lehren und zu unterrichten,
oder lehren und unterrichten zu lassen; ihn in den Grundsätzen der
Religion und Tugend zu erziehen und ihm die Angewöhnung der
Treue, des Fleißes und der Sparsamkeit einzuprägen. Und der
besagte Meister will und wird dem besagten Lehrling für Speise,
Trank, Wäsche, Wohnung und Kleidung im Winter und Sommer,
an Werk-, Sonn- und Feiertagen und für alle Bedürfnisse, die
einem Lehrjungen angemessen und nöthig sind, in gesunden und
kranken Tagen, während der vorbesagten Lehrzeit sorgen; endlich
nach Ablauf derselben will und wird er dem besagten Lehrling
(hier sind die Summe und etwaige andere Bedingungen einzuschalten, über die die Kontrahenten übereingekommen sind) geben.

Zur Urkunde dessen haben die Kontrahenten hierunter sowohl als
auf dem gleichlautenden Duplikate ihre Unterschriften gesetzt und
ihre Siegel beigedrückt.

Unterzeichnet, gesiegelt und ausgefolgt ⎫ Franz Koch. (L. S.)
   in Gegenwart von F. L. ⎬ Carl Koch. (L. S.)
            J. B. ⎭ Eugen Rumpp. (L. S.)

2. Einwilligung des Vaters oder der Mutter.

Ich ertheile hiermit meine Zustimmung und genehmige die Verpflichtung meines Sohnes Carl Koch, wie in dem vor (oder innen)
stehenden Lehrbriefe gemeldet. Geschrieben den 14. December 1852.

Franz Koch. (L. S.)   (oder: Barbara Koch. (L. S.))

8 Certificat des Richters hinsichtlich der Einwilligung der Mutter.

Ich, L. W., Friedensrichter der Stadt Bangor im Staate Maine bezeuge hiermit, daß Franz Koch, der Vater des innen benannten Jungen todt ist (oder: nicht gesetzlich befähigt ist, seine Zustimmung dazu zu ertheilen, oder: seine Familie verlassen und versäumt hat, für sie zu sorgen). Gegeben den 14. December 1852.

L. W., Friedensrichter.

4. Einwilligung des Vormundes.

Ich, A. B., gehörig bestellter Vormund des in dem innen geschriebenen Vertrage benannten Carl Koch, bezeuge hiermit, daß der Vater und die Mutter des besagten Carl Koch todt sind, (oder: daß der Vater des besagten Carl Koch todt ist, und die Mutter des letzteren sich weigert, ihre Zustimmung zu dem besagten Lehrkontrakte zu geben; oder: nicht gesetzlich befähigt ist, ihre Zustimmung zu dem besagten Lehrbriefe zu geben), und daß ich hiermit meine Einwilligung als sein Vormund gebe, daß er, der besagte Carl Koch, sich in und durch den besagten Kontrakt verbinden darf. Geschrieben den 14. December 1852.

A. B., Vormund des besagten Carl Koch.

5. Certifikat der Einwilligung der Armenaufseher, oder zweier Friedensrichter der Stadt, oder des Countyrichters in dem County, in dem der Lehrling wohnt.

Wir, die unterzeichneten Armenaufseher der Stadt Bangor (oder, zwei Friedensrichter der Stadt; oder, ich, der unterzeichnete Countyrichter des County ———,) in der (dem) der innen benannte Carl Koch wohnt, bezeugen, daß der besagte Carl Koch keine Eltern am Leben hat, (oder, keine Eltern hat, die gesetzlich befähigt sind, zu dem innen stehenden Lehrkontrakte ihre Zustimmung zu geben; oder, keinen Vater am Leben hat, und daß dessen Mutter nicht gesetzlich befähigt ist, ihre Zustimmung zu dem innen stehenden Lehrbriefe zu geben) und daß er keinen Vormund besitzt, weshalb wir, die besagten Aufseher, (oder, Richter; oder, ich, der besagte Richter) einwilligen, daß der besagte Carl Koch sich in und durch den besagten Vertrag verbinden darf. W. W. N. N.

6. Andere (gewöhnliche) Form eines Lehrbriefes.

Dieser Kontrakt bezeugt, daß Joseph Hahn von Philadelphia im Staate Pennsylvanien, jetzt 16 Jahre alt, mit der auf der Rückseite

beigesetzten Zustimmung seines Vaters Adam Hahn (oder seiner
Mutter, da sein Vater gestorben, oder, da sein Vater seine Familie
verlassen und verabsäumt hat, für sie zu sorgen, oder, da er gesetzlich
unfähig dazu ist) freiwillig und aus seinem eigenen freien Antrieb
und Willen bei Moritz Hartmann von Trenton, Staat New Jersey,
als Lehrling eingetreten ist, und sich dafür verbunden hat, um die
Kunst, das Gewerbe und Geheimniß eines Polsterers zu lernen
als Lehrling für, während und bis zum völligen Ende der Zeit von
vier Jahren, die jetzt kommen (oder, bis der besagte Joseph Hahn
das Alter von einundzwanzig Jahren erreicht hat, was am 16. August 1858 der Fall sein wird); während welcher ganzen Zeit der
besagte Lehrling seinem Meister treu, redlich und fleißig zu dienen,
seine Geheimnisse zu bewahren, und gesetzlich erlaubten Befehlen
überall bereitwillig zu gehorchen hat, zu jeder Zeit die Waaren und
das Eigenthum seines besagten Meisters beschützen und hüten und
nicht zulassen oder dulden will, daß dieselben beschädigt oder verdorben werden. Er soll ferner mit seiner eigenen oder Anderer Habe
keinen Kauf, Verkauf oder Handel treiben, und seines besagten Meisters Haus weder bei Tag noch bei Nacht ohne Erlaubniß verlassen,
sondern in allen Dingen sich während der besagten Zeit so betragen,
wie es ein treuer Lehrjunge thun muß. Und der besagte Meister
hat den besagten Lehrling zu kleiden, in gesunden und kranken Tagen
zu pflegen und mit der erforderlichen Nahrung und Kleidung zu
versorgen; und soll sein ganzes Trachten sein lassen, den besagten
Lehrling zu unterrichten oder unterrichten zu lassen und ihn die
Kunst, das Gewerbe und Geheimniß eines Polsterers zu lehren und
lernen zu lassen, zugleich auch dem besagten Lehrling in der gedachten
Zeit im Lesen, Schreiben und Rechnen Unterricht ertheilen zu lassen,
und ihm, dem besagten Lehrling, beim Ablauf seiner Lehrzeit eine
neue Bibel zu schenken. (Hier, je nach dem Vertrage, noch beizusetzen: Und der besagte Moritz Hartmann verpflichtet sich weiter,
dem besagten Joseph Hahn folgende Geldsumme zu bezahlen, nämlich: für das erste Jahr seines Dienstes 30 Dollars; und für jedes
folgende Jahr bis zum Ablaufe seiner Lehrzeit 50 Dollars; welche
besagte Zahlungen am ersten Tage des Juli jeden Jahres zu machen
sind.)

Und für die richtige Erfüllung aller und jeder der vorgemeldeten
Bedingungen und Uebereinkünfte verpflichten sich die besagten Kontrahenten durch Gegenwärtiges fest gegen einander.

Zur Urkunde dessen haben die vorbesagten Kontrahenten hiernach
ihre Unterschriften gesetzt, und ihre Siegel beigedrückt den 1. März 1853.
Unterzeichnet, gesiegelt und ausgefolgt ⎫ Adam Hahn. (L. S.)
  in Gegenwart von X. Z.   ⎬ Joseph Hahn. (L. S.)
        R. T.   ⎭ Moritz Hartmann. (L. S.)

III. Klagschriften der Meister und Lehrlinge wegen Vertragsbruches.

Wenn sich der Lehrling schlecht beträgt, so kann ihn der Meister bei den Friedensrichtern, dem Mayor, Recorder oder Alderman verklagen; finden diese den Lehrling schuldig, so können sie bis zu einem Monat Einzelhaft bei harter Arbeit über ihn verhängen oder den Lehrvertrag aufheben. Aber auch dem Lehrling steht das Klagerecht gegen den Meister, und zwar ebenfalls bei den genannten Beamten zu. Letztere können den Lehrling seiner Verpflichtungen gegen den Meister entbinden, wenn erwiesen wird, daß der erstere mißhandelt, ihm nicht die gehörige Nahrung und Kleidung verabfolgt oder sonst der Vertrag gebrochen wurde.

A. Klagen des Meisters.

1. Klage über schlechtes Betragen des Lehrlings.

An W. U., Friedensrichter des County Montgomery.

Ich, Bernhard Lips, von der Stadt ——— im besagten County Schuster, bringe hiermit die Klage bei Ihnen vor, daß Georg Werner, ein mir, dem besagten Bernhard Lips, gesetzlich zum Dienste verbundener Lehrjunge, dessen Dienstzeit noch nicht abgelaufen ist, (und von dem ich keine Geldsumme als Entschädigung für seine Lehre empfangen habe, noch zu empfangen berechtigt bin) sich eines Vergehens und schlechten Betragens gegen mich, den besagten Bernhard Lips, schuldig gemacht hat, nämlich wie folgt:

Derselbe veruntreute eine ihm anvertraute Summe von 5 Dollars, besuchte Wirthshäuser und Schenken und spielte daselbst verbotene Spiele.

County Montgomery, ss.

Bernhard Lips, die in vorstehender Klage benannte Person, giebt, nach vorangegangener Beeidigung, an und sagt aus, daß die in der besagten Klage enthaltenen und vorgebrachten Thatsachen und Umstände wahr sind.

Beeidigt vor mir, den 13. Mai 1853. }   Bernhard Lips.
W. U., Friedensrichter. }

2. Ähnliche Klage.

An J. Z., Friedensrichter des County Clermont.

Ich, John Bock von der Stadt —— im besagten County, Schneider, bringe hiermit die Klage bei Ihnen vor, daß Julius Haller, ein

mir, dem besagten John Bock, gesetzlich zum Dienst verbundener Lehrjunge, dessen Dienstzeit noch nicht abgelaufen ist, (und von dem ich
keine Geldsumme als Entschädigung für seine Lehre empfangen habe,
noch zu empfangen berechtigt bin) sich weigert, mir zu dienen, wie er
durch das Gesetz und die Bedingungen seines Lehrcontractes verpflichtet ist.

Geschrieben den 3. März 1850.

County Clermont, ss.

John Bock, die in vorstehender Klage benannte Person (das Folgende wie in Nr. 1

B. Klagen des Lehrlings.

1. Klage wegen Mißhandlung.

An A. O., Friedensrichter des County Calhoun.

Ich, Carl Beischlag, Lehrling des Friedrich Ruß von der Stadt
—— im besagten County, Schlossers, bringe hiermit Klage bei Ihnen
vor, daß der besagte Friedr. Ruß, dem ich durch einen Lehrbrief zu
dienen gesetzlich verpflichtet bin, welche Lehrzeit noch nicht abgelaufen
ist (und der die Summe von achtzig Dollars als Entschädigung für
meine Lehre empfangen hat, oder, der berechtigt ist, die Summe von
achtzig Dollars am —— 1855 zu empfangen), mich, den besagten
Carl Beischlag, der ich, wie vorbesagt, sein Lehrling bin, grausam geschlagen, gequetscht und verwundet hat.

Geschehen in dem vorbesagten Calhoun County am 1. Febr. 1854.

Carl Beischlag.

County Calhoun, ss.

Carl Beischlag, die in vorstehender Klage benannte Person (das
Folgende wie in A. Nr. 1).

2. Klage wegen ungenügender Nahrung ꝛc.

An die Herren A. O. und P. A., zwei Friedensrichter des County
Calhoun.

Ich, Carl Beischlag, Lehrling des Friedrich Ruß von der Stadt —
im besagten County, Schlossers, bringe hiermit Klage bei Ihnen vor,
daß der besagte Friedr. Ruß, dem ich durch einen Lehrbrief zu dienen
gesetzlich verpflichtet bin, welche Lehrzeit noch nicht abgelaufen ist, (und
der keine Geldsumme als Entschädigung für meine Lehre empfangen
hat, noch zu empfangen gesetzlich berechtigt ist,) mich, den besagten Carl
Beischlag, der ich, wie vorbesagt sein Lehrling bin, mißhandelt und

schlecht behandelt hat, indem er sich geweigert hat, mich mit den nöthigen Lebensbedürfnissen und Kleidern zn versorgen.

Geschehen in dem vorbesagten Calhoun County am 1. Febr. 1854.

Carl Beischlag.

County Calhoun, ss.

Carl Beischlag, die in vorstehender Klage benannte Person 2c. (wie in Nr. 1).

Eilfte Abtheilung.

Arbeitsverträge. Gesellschaftsverträge.

I. Arbeitsverträge.

In diesen Verträgen verpflichtet sich der eine Theil zur Verrichtung einer gewissen Arbeit und der andere zur Zahlung eines bestimmten Lohnes. Es kommt also einerseits darauf an, daß die zu übernehmende Arbeit nach ihrem Umfang, so wie nach der Art, wie sie verlangt wird, und die Zeit, in welcher sie gethan sein soll, auf's Genaueste bestimmt wird, andererseits aber darauf, daß der Lohn für die Arbeit, so wie die Zeit, wann er gezahlt werden soll, gehörig festgesetzt wird. Rathsam ist es auch, die Art und Weise der Prüfung, ob die Arbeit gut sei, und die Strafe, wenn die Arbeit für schlecht befunden wird, im Contract mit festzustellen.

1. Contract über die Lieferung von Steinkohlen.

Contract, eingegangen und abgeschlossen den 30. Juni eintausendachthundertunddreiundfünfzig, von und zwischen Gottlob Grub aus der Stadt Reading, St. Pennsylvanien einerseits, und Georg Bauer von da anderseits, in diesen Worten: Die besagte Partie von der zweiten Seite contrahirt mit der besagten Partie von der ersten Seite und verspricht derselben, 100 Tonnen Steinkohlen in Nr. 98 — Straße in der besagten Stadt zwischen dem 6. und 10. Juli in dem vorbesagten Jahre abzuliefern. Und die besagte Partie von der ersten Seite contrahirt und verspricht dafür der Partie von der zweiten Seite die Summe von ——Dollars, gesetzliches Vereinigte Staatengeld, wie folgt, zu bezahlen: Die Summe von —— Dollars den 1. August und den Ueberrest von —— Dollars den 1. Oktober im besagten Jahre. Und für die getreue und richtige Erfüllung aller und jeder der vorgemeldeten Uebereinkünfte unt Verpflichtungen, binden sich die contrahirenden Theile wechselseitig zu einer Conventionalstrafe von —— Dollars, die als Entschädigung ausgesetzt und bestimmt sein soll, um von dem zuwiderhandelnden Theil bezahlt zu werden.

Zur Urkunde dessen haben die contrahirenden Theile am obengemeldeten Tage und Jahre hiernach ihre Unterschriften gesetzt und ihre Siegel beigedrückt.

Gesiegelt und ausgefolgt in Gegenwart
von N. U.   Gottlieb Grub. (L. S.)
                    Georg Bauer. (L. S.)

2. Contract über die Lithographie von Landkarten.

Dieser Vertrag, abgeschlossen am 3. Januar 1854 zwischen Jakob Weiß von Boston und Jonathan Frock von New Haven bezeugt: daß der besagte Jakob Weiß für die hiernach angeführte Gegenleistung mit dem besagten Jonathan Frock contrahirt und sich gegen ihn verpflichtet hat, daß er gute und geeignete Steinplatten anschaffen und darauf abgesondert die Karte von allen und jeden Staaten Mexiko's nach den hier unten beigefügten Planen und Zeichnungen lithographiren will, und daß er dieselben in meisterhafter Weise ausführen und vollenden und sie an den besagten Jonathan Frock am oder vor dem 1. April 1854 abliefern will.

Als Gegenleistung dafür verspricht und verpflichtet sich der besagte Jonathan Frock, an den besagten Jakob Weiß bei Ablieferung aller und jeder der besagten Steinplatten die Summe von —— Dollars als vollständige Bezahlung und Befriedigung dafür zu entrichten.

Und für die richtige und getreue Erfüllung aller und jeder der vorerwähnten Pakte und Uebereinkünfte verpflichten sich die Contrahenten wechselseitig zu einer Conventionalstrafe von —— Dollars, die als festgesetzte und abgemachte Entschädigung von der zuwiderhandelnden Partie zu bezahlen ist.

Zur Urkunde dessen haben die contrahirenden Theile am obengemeldeten Tage und Jahre hiernach ihre Unterschriften gesetzt und ihre Siegel beigedrückt.

Gesiegelt und ausgefolgt in Gegenwart
von O. P.   Jakob Weiß. (L. S.)
                    Jonathan Frock. (L. S.)

3. Vertrag über die Aufführung einer gemeinschaftlichen Fence.

Dieser Vertrag, abgeschlossen den 6. Juli 1852 zwischen Heinrich Schulz von—— und Christian Hohn von ——, bezeugt: Daß, in Betracht, daß der besagte Heinrich Schulz, der Eigenthümer der Farm

13

(folgt die Beschreibung ihrer Lage ꝛc.) und der besagte Christian Hohn, der Eigenthümer der an dieselbe auf ihrer Südseite stoßenden Farm ist, auf welch letzterwähnter Farm der besagte Christian Hohn einen Traubengarten anzulegen vorhat: Daher nun der besagte Heinrich Schulz aus Rücksicht auf die ihm bezahlte Summe von —— Dollars, deren Empfang hiermit bescheinigt wird, für sich, seine Erben, Testamentsvollstrecker, Vermögensverwalter und Bevollmächtigte, mit dem besagten Christian Hohn, dessen Erben und Cessionaren, contrahirt, genehmigt, verspricht und übereinkommt, daß er, der besagte Christian Hohn, seine Erben und Cessionare, bei der, wie vorgesagt, beabsichtigten Anlage eines Traubengartens freien und gesetzlichen Gebrauch von dem südlichen Theile des Obstgartens des besagten Heinrich Schulz, oder von so viel davon machen sollen und dürfen, als der besagte Christian Hohn, seine Erben oder Cessionare zu einer gemeinschaftlichen Fence benutzen und für ewige Zeiten als solche gebrauchen wollen.

Und die besagten Heinr. Schulz und Christ. Hohn bestimmen und contrahiren hiermit wechselseitig, für sich, ihre betreffenden Erben und Cessionare, daß, wenn es später nothwendig werden sollte, das Ganze oder einen Theil von der besagten gemeinschaftlichen Fence auszubessern oder neu aufzuführen, die Kosten einer solchen Ausbesserung oder Wiederaufführung von den besagten Heinrich Schulz und Chr. Hohn, ihren betreffenden Erben und Cessionaren in Bezug auf so viel und einen solchen Theil der besagten Fence, als der besagte Christian Hohn, seine Erben und Cessionare, zu dem gedachten Zwecke davon benutzen werden oder mögen, gemeinschaftlich getragen werden sollen, und daß, wenn die besagte Fence oder ein Theil davon neu aufgeführt werden soll, dieselbe auf demselben Platze, auf dem sie jetzt steht, wieder errichtet werden und von derselben Größe und denselben oder ähnlichen Materialien und gleicher Qualität sein soll, wie die gegenwärtige Mauer.

Die besagten Parteien sind ferner übereingekommen und wechselseitig einverstanden, daß dieser Vertrag ein lastender sein und zu allen Zeiten auf dem Grundstücke haften und kein Theil von dem Eigenthume des Bodens, auf dem die obenbeschriebene Fence des besagten Heinr. Schulz steht, mit oder durch Gegenwärtiges an den besagten Christian Hohn, seine Erben und Cessionare übergehen soll.

Zur Urkunde dessen haben die contrahirenden Theile am obenbemeldeten Tage und Jahre hiernach ihre Unterschriften gesetzt und ihre Siegel beigedrückt.

Gesiegelt und ausgefolgt in Gegenwart

von L. M.

Heinrich Schulz. (L. S.)
Christian Hohn. (L. S.)

4. Bauvertrag.

Kunt und zu wissen sei, daß am 16. Mai 1853 zwischen John
Read und Zachary Cooper von —— eine Uebereinkunft in folgender
Weise und Form getroffen worden ist, nämlich: Der besagte Zachary
Cooper contrahirt, verheißt und verpflichtet sich für sich, seine Testamentsvollstrecker und Vermögensverwalter, mit und gegen den besagten John Read, dessen Testamentsvollstrecker, Vermögensverwalter
und Bevollmächtigte, in Betracht der hiernach benannten Entschädigung, daß er, der besagte Zachary Cooper, oder seine Bevollmächtigten, innerhalb des Zeitraums von sechs Monaten, von heute an gerechnet, ein Haus nach dem unten angeschlossenen Plane oder Grund-
risse in guter und meisterhafter Weise und mit seiner besten Kunst
und Geschicklichkeit gut und dauerhaft aufführen, erbauen und vollenden, (und daß er dazu dieselben Bau- und Backsteine, Holz oder
andere Materialien verwenden) will und wird, (wie sie der besagte
John Read oder seine Bevollmächtigten anschaffen und dafür auf-
finden werden.) Als Gegenleistung hierfür verheißt und verpflichtet
sich der besagte John Read für sich, seine Testamentsvollstrecker und
Vermögensverwalter gegen den besagten Zachary Cooper, dessen Testamentsvollstrecker, Vermögensverwalter und Bevollmächtige, an
eben diesen Zachary Cooper die Summe von —— in folgender
Weise gut und richtig zu bezahlen oder bezahlen zu lassen, nämlich:
(hier werden die Zahlungstermine angegeben); (und daß er, der
besagte John Read, seine Testamentsvollstrecker, Vermögensverwalter oder Bevollmächtigte alle die Bau- und Backsteine, Dachplatten,
das Bauholz und andere Materialien, welche zur Errichtung und
Erbauung des besagten Hauses nothwendig sind, auf seine eigenen
Kosten aussuchen und herbeischaffen werde.) Und für die Erfüllung
dieser Contracts-Bedingungen binden sich die besagten John Read
und Zachary Cooper für sich, ihre Testamentsvollstrecker rc. wechselseitig durch eine Conventionalstrafe von ——.

Zur Urkunde dessen haben wir hiernach unsere Unterschriften und
Siegel gesetzt.   John Read. (L. S.)
                                                Zachary Cooper. (L. S.)

II. Gesellschaftsverträge.

Ein Gesellschaftsvertrag heißt ein Vertrag zwischen zwei oder mehreren Personen, die sich zur gemeinschaftlichen Betreibung eines kauf-
männischen oder gewerblichen Geschäftes vereinigen, d. h. ihr Geld,
ihre Arbeit oder Geschicklichkeit in einem gemeinsamen Geschäfte ar-

Unterſchriften geſetzt und ihre Siegel beigedrückt am Eingangs erwähnten Tage und Jahre.

Geſiegelt und ausgefolgt in ⎱   John Brably. (L. S.)
Gegenwart von B. L. ⎰   James Collins. (L. S.)

2. Uebereinkunft hinſichtlich der Erneuerung eines Geſellſchaftsvertrages.

(Auf der Rückſeite des urſprünglichen Vertrages beizuſetzen.)

Nachdem der von den innen Erwähnten abgeſchloſſene Vertrag, gemäß der in dem vorſtehenden Vertrage enthaltenen Bedingung heute abgelaufen iſt, (oder am 1. Mai 1854 abgelaufen ſein wird;) ſo wird hiemit die Uebereinkunft getroffen, daß derſelbe unter denſelben Bedingungen und nach all den Vorſchriften und Beſchränkungen, welche in dem beſagten Vertrage angeführt ſind, auf eine weitere Zeit von ſechs Jahren von heute an, (oder vom 1. Mai 1854 an) fortdauern ſoll.

Kraft unſerer Unterſchrift und Siegel den ——

In Gegenwart ⎱   John Brably. (L. S.)
von G. L. ⎰   James Collins. (L. S.)

8. Uebereinkunft hinſichtlich der Auflöſung eines Geſchäftsvertrages.

(Wie No. 2, auf der Rückſeite des urſprünglichen Vertrages beizuſetzen.)

Durch wechſelſeitige Uebereinkunft der unterzeichneten Betheiligten bei dem innen ſtehenden Vertrage wird die dadurch geſchloſſene Geſellſchaft aufgehoben, ausgenommen ſo weit als ihre Fortdauer für die Schlußliquidation und Bereinigung des Geſchäfts nothwendig iſt; deshalb ſoll der beſagte Vertrag nur ſo lange fortdauern, bis ſolche Schlußliquidation und Bereinigung erfolgt iſt, und nicht länger.

Kraft unſerer Unterſchrift und Siegel den——.

In Gegenwart von ⎱   John Brably. (L. S.)
A. B. ⎰   James Collins. (L. S.)

4. Geſellſchaftsvertrag zwiſchen zwei Händlern auf dem Lande.

Vertragsbedingungen, abgeſchloſſen und eingegangen den 1. Mai 1850 zwiſchen Wilhelm Kolb von ——, einerſeits, und Hermann Uhl von —— andererſeits, zu folgendem Zwecke: Die beſagten Wilhelm Kolb und Hermann Uhl haben ſich vereinigt und vereinigen sich durch Gegenwärtiges mit einander als Theilhaber zu einem allgemeinen Landhandelgeschäfte und allen dazu gehörigen Sachen; und ferner zum Ankaufe, Verkaufe und Einzelverschlusse aller Arten von Waaren, Gütern, Kaufmannsgütern und Verkaufsgegenständen und aller Sorten von Produkten, die gewöhnlich in einem Store auf dem Lande geführt zu werden pflegen, welche besagte Handelsgesellschaft unter dem Namen, Styl und der Firma „Kolb und Uhl" in dem vorbesagten Dorfe ——, Stadtbezirk ——, geführt und vom 1. Juni 1850 an für, während und bis zum Ende der Zeit von 6 Jahren, die jetzt folgen und vollendet und abgelaufen sein müssen, fortgesetzt werden soll.

Und zu diesem Ende und Ziele haben die besagten Betheiligten bei diesem Contracte an dem heutigen Tage als Capitalstock die Summe von 6000 Dollars zu gleichen Theilen eingeschossen, welche zur Führung des vorbesagten Handelsgeschäftes zu ihrem wechselseitigen Nutzen und Vortheil gemeinschaftlich von ihnen zu verwenden, anzulegen und zu benutzen ist: Und die besagten Betheiligten dieses Contractes sind unter sich übereingekommen, daß der von ihnen hiermit eingeschossene Capitalstock zu der Summe von 6000 Dollars gleichheitlich erhöht und dabei erhalten werden soll; daß aber derselbe jederzeit durch Uebereinkunft unter ihnen vermindert oder vermehrt werden kann; und daß der besagte Capitalstock nebst allem Credit, Gütern, Waaren oder Handelssachen, die damit von der besagten Firma angekauft oder durch Tausch oder sonst erworben werden, in und für das besagte Geschäft behalten, benutzt und verwendet werden sollen; und zu diesem Zwecke soll jedem Theilhaber die Gewalt zustehen, den Namen der Firma zu gebrauchen und dieselbe durch Abschluß von Contracten und Einkauf von Waaren in der Stadt —— oder anderwärts zu verpflichten, und sonst für die besagte Firma und zum Vortheil und Besten derselben, aber zu keinem andern Zwecke, zu handeln, zu kaufen und zu verkaufen; vorbehältlich jedoch, daß keiner der beiden Theilhaber im Namen und auf Rechnung der Firma durch Ankauf und Ergänzung ihrer Waaren- und Handelsvorräthe Verbindlichkeiten eingehen darf, welche die Summe von 600 Dollars überschreiten, ohne daß der andere erst seine Einwilligung dazu gegeben hat; und ferner, daß keiner der besagten Geschäftstheilhaber während der besagten Zeit in dem vorbesagten County —— das erwähnte Handelsgeschäft oder Verkehr zu seinem Privatnutzen und Vortheil betreiben oder führen will oder wird, sondern zu allen Zeiten sich auf's Beste zu bemühen hat, seine Geschicklichkeit, Kraft und Gewandtheit zum gemeinschaftlichen Interesse, Gewinn, Nutzen und Vortheil der besagten Firma auf's Aeußerste in jeder gesetzlich erlaubten Weise anzustrengen und zu gebrauchen, und mit dem vorbesagten Capitalstock und dem Zuwachs und Gewinn aus demselben in dem vorgenannten Handelsgeschäfte redlich und ohne Betrug oder Hinterlist wirthschaften, kaufen, verkaufen und Handel treiben will; und ferner, daß die besagten Theilhaber zu allen Zeiten während der Dauer ihres Gesellschaftsvertrages alle Miethen und anderen Auslagen, welche zur Erhaltung und Fortführung des vorbesagten Geschäftes nothwendig sind, gleichheitlich unter sich tragen, bestreiten und bezahlen wollen und werden; (von jetzt an fährt der Vertrag gerade so fort, wie der No. 1 [„Gewöhnliche Form eines Gesellschaftsvertrages"] von den drei in seinem Texte stehenden Kreuzchen an; besondere Bedingungen, die etwa von den Contrahenten noch gemacht werden, sind an passender Stelle einzuschalten).

In Urkunde dessen haben die besagten Contrahenten hiernach ihre Unterschriften gesetzt und ihre Siegel beigedrückt am Eingangs erwähnten Tage und Jahre. –

Gesiegelt und ausgefolgt in ⎫   Wilhelm Kolb. (L. S.)
Gegenwart von O. H. ⎭   Hermann Uhl. (L. S.)

Zwölfte Abtheilung.
Ehe-Verträge.

Eheverträge haben die Festsetzung der Vermögensverhältnisse so, wie der gegenseitigen Rechte und Verbindlichkeiten, und auch der Erziehung der Kinder von Verlobten oder jungen Eheleuten zum Zweck.

I. Verlobungs- und Heiraths-Verträge.
1. Gewöhnlicher Verlobungsvertrag.

Dieser Vertrag von drei Partien, abgeschlossen den 1. Februar 1854 zwischen Albert Haug von —— einestheils, Marie Koch, Tochter des ——, anderntheils, und Daniel Fischer von —— und John Flatt von —— drittentheils, bezeugt: Daß, inmaßen die besagte Marie Koch, im eigenen Besitze von gewissen Grundstücken und Gebäulichkeiten nebst deren Zubehörden ist, die in (hier sind Stadtbezirk County und Staat anzugeben) gelegen, vorhanden und da sind: Und inmaßen in Kurzem zwischen den besagten Albert Haug und Marie Koch eine Ehe vollzogen werden soll, in welche die besagte Marie Koch dem besagten Albert Haug außer und neben den erwähnten Grundstücken 1000 Dollars in Geld als ihr Heirathsgut einbringt: Deßhalb nun sind die betreffenden Partien dieses Contractes über folgende Bedingungen übereingekommen: Erstens, der besagte Albert Haug verspricht und verpflichtet sich für sich, seine Erben, Testamentsvollstrecker und Vermögensverwalter, gegen die, besagten Daniel Fischer und John Flatt, ihre Erben und Cessionare, daß sie beide, der besagte Albert Haug und Marie Koch, seine Braut, im Falle, daß die besagte Ehe vollzogen wird, den besagten Daniel Fischer und John Flatt durch einen guten und rechtskräftigen Vertrag oder Verträge die vorbemeldeten Grundstücke und Gebäulichkeiten, nebst den Zubehörden, in deren Besitze sie, die besagte Marie Koch, wie vorbesagt ist, zuschreiben und versichern wollen, deren Nutznießung und Gebrauch aber der besagte Albert Haug während seines natürlichen Lebens haben soll; und von und nach dem Ableben des besagten Albert Haug an soll dann die Nutznießung und der Gebrauch davon auf die besagte Marie Koch, seine Braut, für die Dauer ihres natürlichen Lebens übergehen; und von und nach ihrem Ableben an soll dann deren Nutznießung und Gebrauch an die von der besagten Marie Koch hinterlassenen, mit besagtem Albert Haug rechtmäßig erzeugten Leibeserben fallen; und sind keine solche Leibeserben vorhanden, so gebührt die Nutznießung und der Gebrauch derselben den Erben und Cessionaren der besagten Marie Koch für ewige Zeiten, und Niemand anders, und zu keinem andern Zweck oder Absicht, was es sein möge.

Und zweitens, insofern der besagte Albert Haug gegenwärtig kein hinreichendes Vermögen besitzt oder hat, um der besagten Marie Koch ein ihrem Einbringen gleichkommendes Witthum auszusetzen; verspricht, bewilligt und verpflichtet sich der besagte Albert Haug für sich, seine Erben, Testamentsvollstrecker und Vermögensverwalter gegen die besagten Daniel Fischer und John Flatt, ihre Erben und Cessionare, daß er, der besagte Albert Haug, im Falle die Ehe vollzogen werden sollte, durch seinen letzten Willen oder Testament der besagten Marie Koch die Summe von 1000 Dollars, gesetzliches Vereinigte Staaten Geld, schriftlich oder auf andere Weise verschreiben und vermachen will und wird, welche Summe sie empfangen und zu ihrem eigenen Nutzen und Gebrauch verwenden soll, im Falle sie den besagten Albert Haug überleben sollte.

Zur Urkunde dessen haben die besagten Contrahenten hiernach ihre Unterschriften gesetzt und ihre Siegel beigedrückt an dem Eingangs genannten Tage und Jahre.

Albert Haug. (L. S.)

Gesiegelt und ausgehändigt in \
Gegenwart von R. E.

Marie Koch. (L. S.)
Daniel Fischer. (L. S.)
John Flatt. (L. S.)

2. Heirathsvertrag, worin der Frau eine Morgen= gabe oder Witthum ausgesetzt ist.

Dieser Vertrag, eingegangen und abgeschlossen den 5. April 1853 zwischen Horatio Wolfe von ——, einerseits, Lucy Green von —— andererseits, und Joshua Burrit von ——, dritterseits, bezeugt: Daß der besagte Horatio Wolfe, in Betracht einer zwischen ihm, dem besagten Horatio Wolfe, und der besagten Lucy G. een einzugehen= den und abzuschließenden Ehe, für sich, seine Erben und Cessionare, dem besagten Joshua Burrit, seinen Erben und Cessionaren, ver= spricht, bewilligt und zusagt, daß er, der besagte Horatio Wolfe, seine Erben und Cessionare, hiernach für immer im Besitze einer gewissen Strecke oder eines Stückes Land mit Zubehör bleiben wer= den, das in der Stadt ——, County —— und Staat —— gelegen und wie folgt begrenzt und beschrieben ist (Beschreibung), und daß dasselbe nachstehendermaßen benutzt werden soll: zu seinem, des besagten Horatio Wolfe, eigenen Nutzen und Gebrauch während der Dauer seines natürlichen Lebens, ohne dasselbe in Schaden oder Verfall gerathen zu lassen, und nach seiner Verehelichung mit der besagten Lucy Green, und nach seinem Ableben, zu ihrem Nutzen, so lange sie seine Wittwe und unverheirathet bleibt, (oder, während ihres natürlichen Lebens) ohne dasselbe in Schaden oder Verfall gerathen zu lassen, als ihre Morgengabe und als Befriedigung für ihr gesammtes und als sein Besitzthum anzusprechendes Witthum, und nach ihrem Tode, oder dem Aufhören ihres Wittwenstandes, zum Nutzen seiner Erben und Cessionare für immer. Und die besagte Lucy Green verspricht und verpflichtet sich in Betracht der vorerwähn= ten Zugeständnisse und in Betracht der ihr von dem besagten Hora= tio Wolfe bezahlten Summe von einem Dollar, gegen den besagten Horatio Wolfe, daß die ihr solchermaßen angewiesenen Grundstücke ihr für das Witthum, welches sie von seinem Vermögen anzusprechen hat, vollkommen genügen, und sie auf alle weitern Ansprüche an dasselbe, im Falle sie ihn nach Eingehung der besagten Ehe überleben sollte, verzichtet; und ferner, daß sie, wenn die besagte Ehe vollzogen wird, und sie ihn überlebt, keinen Anspruch auf einen Antheil an seiner beweglichen Habe machen will, es sei denn, daß er ihr einen Theil davon durch seinen letzten Willen oder irgend einen andern nach Vollziehung des Gegenwärtigen auszustellenden Akt vermachen sollte. —

Zur Urkunde dessen haben die besagten Contrahenten hiernach ihre Unterschriften gesetzt und ihre Siegel beigedrückt an dem Eingangs benannten Tage und Jahre.

Gesiegelt, unterzeichnet und ausgefolgt in Gegenwart von   T. U. Horatio Wolfe. (L. S.) Lucy Green. (L. S.) Joshua Burrit. (L. S.)

8. Andere Art von Heirathsvertrag wodurch zugleich der Ehemann die Verwaltung des Vermögens der Frau bekömmt.

Dieser Vertrag, abgeschlossen und eingegangen zwischen Christian Stump von —— und Peter Fink von —— einerseits, und Anna Huber anderseits, bezeugt, daß der besagte Christian Stump, in Betracht der zwischen ihm und der besagten Anna Huber einzugehenden und zu vollziehenden Ehe, verspricht, verheißt, und sich gegen den besagten Peter Fink, seine Erben und Cessionare, verpflichtet, daß er, der besagte Christian Stump, seine Erben und Cessionare, fortan auf immer im Besitze der im —— gelegenen Strecke Landes bleiben sollen und werden, das er gegenwärtig thatsächlich und rechtmäßig als Freigut besitzt, und daß dieses wie folgt benutzt werden soll, nämlich: zum Nutzen und Gebrauch des besagten Christian Stump für die und während der Dauer seines natürlichen Lebens, ohne dasselbe in Schaden und Verfall gerathen zu lassen, und nach seiner Verheirathung mit der besagten Anna Huber, und nach seinem Ableben zu ihrem Nutzen und Gebrauch, so lange sie im Wittwenstande und unverheirathet bleibt, ohne dasselbe in Schaden und Verfall gerathen zu lassen, als ihre Morgengabe und als Befriedigung für ihr gesammtes, aus seinem Vermögen anzusprechendes Wittthum, und nach ihrem Tode, oder dem Aufhören ihres Wittwenstandes zum Nutzen seiner Erben und Cessionare für immer.

Und der besagte Christian Stump verspricht und verpflichtet sich, in Betracht des Vorbestimmten und der ihm bezahlten Summe von einem Dollar, in seinem, seiner Erben, Testamentsvollstrecker und Vermögensverwalter Namen, gegen den besagten Peter Fink, Bruder der besagten Anna Huber, seine Testamentsvollstrecker und Vermögensverwalter, daß er, der besagte Christian Stump, nach Vollziehung der besagten Ehe das Vermögen, das sie jetzt besitzt und das ihr im Laufe der besagten Ehe durch Intestat-Erbschaft oder gemäß dem Theilungs-Statut von Verwandten zufallen sollte, sorgfältig und nach seinem besten Urtheil verwalten, bewirthschaften und erhalten und zu seinem eigenen Nutzen während der besagten Ehe nur die Interessen und den Ertrag desselben einnehmen und verwenden, nach der Auflösung dieser Ehe aber, wenn sie ihn überlebt, ihr, oder wenn er sie überlebt, ihren Erben, all ihr besagtes Vermögen, mit Ausnahme der besagten Interessen und des Ertrages daraus, den er während der besagten Ehe eingenommen, und mit Ausnahme solcher Theile von ihrem besagten Vermögen, die unvermeidlich aufgezehrt oder zerstört, oder durch den Gebrauch abgenutzt worden, oder durch den Bankerott derer, denen dasselbe oder ein Theil davon auf Interessen angeliehen worden, verloren gegangen, durch seinen letzten Wil-

len oder auf andere Weise hinterlassen und sichern will: und daß die
besagte Anna Huber zu jeder Zeit während ihres Lebens ermächtigt
'ein soll, durch testamentarische Verfügung diejenige Person oder die
Personen zu bezeichnen und zu bestellen, welche berechtigt sein sollen,
ihr besagtes Vermögen nach ihrem Tode anzusprechen; und daß es
einer solchen Person oder solchen Personen, in Kraft dessen, rechtmäßig
zustehen solle, dasselbe in Empfang zu nehmen und zu besitzen. Und
die besagte Anna Huber verspricht und verpflichtet sich in Erwägung
des Vorgesagten und des ihr von dem besagten Christian Stump bezahlten Dollars, für sich, ihre Erben, Testamentsvollstrecker und Vermögensverwalter, gegen den besagten Christian Stump, daß das besagte, ihr so angewiesene Land ihr für das Wittthum, welches sie von
seinem Vermögen anzusprechen hat, vollkommen genüge, und sie auf
alle weiteren Ansprüche an dasselbe, im Falle sie ihn nach Eingehung
der besagten Ehe überleben sollte, verzichtet; und ferner, daß sie, wenn
die besagte Ehe vollzogen wird, und sie ihn überlebt, keinen Anspruch
auf einen Theil seiner beweglichen Habe machen will, es sei denn, daß
er ihr einen solchen Theil durch seinen letzten Willen oder irgend
einen andern, nach Vollziehung des Gegenwärtigen auszustellenden
Akt vermachen sollte.

Zur Urkunde dessen haben die genannten Contrahenten hiernach ihre
Unterschriften gesetzt und ihre Siegel beigedrückt am 17. April 1853.

Gesiegelt, unterzeichnet und ausgefolgt in Gegenwart

          Christian Stump. (L. S.)

von B. W.   Anna Huber. (L. S.)

          Peter Fink. (L. S.)

**4. Heirathsvertrag, durch welchen die Verwaltung
des Vermögens der Frau einem Pfleger (unab-
hängig vom Ehemanne) übertragen wird.**

Dieser Vertrag von drei Partien, abgeschlossen den 1. November
1850 zwischen Mathilde Frey einestheils, Carl Frid anderntheils
und August Stark drittentheils, bezeugt: Daß, da die Contrahenten
vom ersten und dritten Theile mit einander in den Stand der Ehe
zu treten gedenken und die besagte Mathilde Frey ein gewisses Per-
sonalvermögen besitzt, nämlich: die Summe von —— Dollars und
—— Aktien in dem Kapitalstock der —— Versicherungskompagnie in
——: Deshalb nun, und in Erwägung des oben Gesagten und der
von dem besagten Carl Frid an die besagte Mathilde Frey bezahlten
Summe von einem Dollar, deren Empfang hiermit bescheinigt wird,
cedirt, überträgt und verschreibt die besagte Mathilde Frey anmit an
den besagten Carl Frid und seine Testamentsvollstrecker und Vermögensverwalter, alle die vorgenannten Gelder, Eigenthum und Effekten,

auf daß er, der besagte Carl Frick, und seine Testamentsvollstrecker und Vermögensverwalter, dieselben in spezieller Pflegschaft zu folgenden Zwecken und Gebrauche verwalten, nämlich:

Erstens: Daß der besagte Carl Frick an die besagte Mathilde Frey bis zu Vollziehung der besagten Ehe all das Einkommen, den Ertrag und die Dividenden, welche die besagten Gelder und Effekten abwerfen, sowie aus jedem, wie hiernach vorgesehen, dafür etwa zu substituirenden Vermögen, entrichte oder sie ermächtige, dieselben zu ihrem eigenen Gebrauche zu erheben.

Zweitens: Daß der besagte Carl Frick von der vollzogenen Ehe an und nachher während der Ehe der besagten Mathilde, das Einkommen, den Ertrag und die Dividenden der besagten anvertrauten Gelder und Effekten oder irgend eines dafür zu substituirenden Vermögens einziehe und in Empfang nehme, so oft und wenn dieselben fällig sind, und sie nach Abzug der eigenen Auslagen an die besagte Mathilde allein und gegen besondere Bescheinigung von ihr, und frei von aller Kontrolle und Einmischung ihres besagten Ehemannes, oder irgend einer andern Person, wer sie sein möge, bezahle, oder so viel davon, als sie nicht zum Hauptstock, zum Zwecke der Anwachsung anzulegen vorschreibt.

Drittens: Daß die besagten Gelder und Effekten im Falle des Ablebens der besagten Mathilde nach Vollziehung der besagten Ehe und während ihr besagter Ehemann am Leben ist, von dem besagten Pfleger an diejenige Person oder Personen übertragen und ausgefolgt werden sollen, welche sie, die besagte Mathilde, durch ein Instrument oder eine schriftlich ausgestellte, von ihr in Gegenwart von mindestens zwei kompetenten Zeugen ausgestellte Note bezeichnen oder nennen wird, um dieselben zu empfangen; und, im Falle sie eine solche Verfügung nicht treffen sollte, dann sollen dieselben an den besagten August Stark übertragen und ausgefolgt werden: im Falle seines Ablebens endlich, bevor das besagte Eigenthum wirklich an ihn übertragen und ausgefolgt ist, soll es an solche Person oder Personen fallen, welche die gesetzlichen Repräsentanten der besagten Mathilde vermöge des Statuts über die Vertheilung von Intestat-Erbschaften sind.

Viertens: Daß im Fall des Ablebens des besagten August Stark während der Lebzeit der besagten Mathilde das gesammte, gemäß dieses Vertrages in Pflegschaft gegebene Vermögen an die besagte Mathilde zurückfallen und wieder übertragen werden soll; und bis diese Ausfolge geschehen ist, soll der Verwalter ihr das Einkommen, den Ertrag und die Dividenden desselben bezahlen, oder sie ermächtigen, dasselbe zu ihrem eigenen Nutzen in Empfang zu nehmen.

Fünftens: Daß der besagte Verwalter ermächtigt sein soll, mit Zustimmung oder auf schriftlich ausgesprochenes Verlangen der be-

14

fagten Mathilde das befagte, ihm anvertraute Vermögen, oder einen Theil davon, zu verkaufen oder fonst darüber zu verfügen und den Ertrag davon in anderem beweglichen oder Grundeigenthum, nach der geschriebenen Anweisung der befagten Mathilde anzulegen; und das fo erworbene Vermögen follen die Verwalter auf diefelbe Vollmacht hin und zu demfelben Zwecke und Gebrauche, wie vorbefagt, befitzen und verwalten.

Sechstens: Daß im Falle des Ablebens des Mitcontrahenten vom andern Theile, oder im Falle er feine Verwalterftelle niederlegen follte, er, oder feine Teftamentsvollstrecker oder Vermögensverwalter, die ganze Verwaltung des ihm anvertrauten, zu diefer Zeit in feinen Händen befindlichen Vermögens an diejenige Perfon oder Perfonen abtreten, übertragen und ausbezahlen follen, welche durch die Contrahentin vom erften Theile als Verwalter oder Pfleger gemäß diefem Vertrage fchriftlich aufgeftellt werden; und diefer neue Verwalter oder diefe Pfleger follen alle die Vollmacht haben und das anvertraute Vermögen gerade fo und nach den Beftimmungen verwalten, wie fie hiervor ausgefprochen und befchrieben find; und die von einem folchen neuen Verwalter oder folchen Pflegern für das anvertraute Vermögen ausgeftellte Empfangsbefcheinigung foll dem befagten Mitcontrahenten vom andern Theile, feinen Teftamentsvollstreckern und Vermögensverwaltern gegenüber, als eine vollftändige Entbindung und Entlaftung gelten; und auf diefelbe Weife können zu irgend einer Zeit, wie es die Umftände erfordern, neue Verwalter angeftellt werden.

Und der befagte Mitcontrahent vom andern Theil erklärt hiermit, daß er die befagten Gelder und Effekten übernehmen will, und verpflichtet fich, diefelben als anvertrautes Gut und zu den hievor genannten Zwecken zu verwahren und zu verwalten.

Und der befagte Contrahent vom dritten Theile erklärt hiermit ebenfalls feine Zuftimmung zu den vorbefchriebenen Vertragsbeftimmungen und verfpricht dem befagten Contrahenten vom andern Theile und feinen Nachfolgern in der befagten Vermögensverwaltung, der befagten Contrahentin vom erften Theile, nach Vollziehung der befagten Ehe mit ihr, zu geftatten, daß fie das vorbefagte Einkommen, den Ertrag und die Dividenden zu ihrem eigenen und befonderen Nutzen verwende, und daß fie über das in Verwaltung gegebene Vermögen durch ihren letzten Willen oder ihre teftamentarifche Beftimmung frei verfügen möge, endlich daß er fich in das befagte, in Verwaltung gegebene Vermögen auf keine andere Weife mifchen werde, als wie es die Beftimmungen diefes Heirathsvertrages vorfchreiben.

Zur Urkunde deffen haben die genannten Contrahenten hiernach ihre Unterschriften gesetzt und ihre Siegel beigedrückt an dem Eingangs genannten Tage und Jahre.

Gesiegelt, unterzeichnet und ausgefolgt in Gegenwart

Mathilde Frey. (L. S.)

von H. K.   Carl Frick. (L. S.)

August Stark. (L. S.)

———

II. Trauungsscheine.

(In den meisten Staaten können Mayors, Recorders, Aldermen, County- und Friedensrichter und Geistliche aller Confessionen Trauungen vollziehen und Trauungsscheine ausstellen.)

1. Gewöhnlicher Trauungsschein.

Hierdurch wird bezeugt, daß Francis Howard und Louisa Walsh mit ihrer wechselseitigen Zustimmung gesetzlich in den Stand der heiligen Ehe mit einander verbunden worden sind; welche Verbindung durch mich in Gegenwart glaubwürdiger Zeugen feierlich vollzogen worden ist.

Gegeben zu —— den 6. März im Jahre unseres Herrn eintausend achthundert und fünfzig.   William Young, Alderman.

2. Andere Form eines Trauungsscheines.

Berks County, } ss.
Stadt Reading.

Ich bezeuge hiermit, daß am 5. Februar 1853 im Hause des John Polk (oder: in der Dreifaltigkeitskirche) der besagten Stadt Reading George Adams von Reading und Eliza Scott von ebenda mit ihrer wechselseitigen Zustimmung gesetzlich in den Stand der heiligen Ehe mit einander verbunden worden sind und die Trauungs-Ceremonie durch mich in Gegenwart von John Polk von Reading und Frederic Tyler von da, als anwohnende Zeugen, vollzogen worden ist: Und ich bezeuge ferner, daß die besagten George Adams und Eliza Scott mir als die in diesem Trauscheine bezeichneten Personen bekannt sind (oder, daß der mir bekannte John Polk beschworen hat, daß sie dieselben sind), daß ich vor der Vollziehung der Trauungsfeier mich überzeugt habe, daß die Neuvermählten das gesetzliche Alter hatten, um einen Ehebund einzugehen, und daß sich mir, nach genauer Untersuchung, kein gesetzliches Ehehinderniß ergeben hat.

Gegeben unter meiner Unterschrift den 18. September 1850.

Isaac Wright, Pastor an der Dreifaltigkeitskirche.
(oder Zachary Fremont, Friedensrichter.)

8. Beglaubigung eines vom Geistlichen ausgestellten Trauungsscheines durch den Alderman.

Berks County, ⎱
Stadt Reading. ⎰ ss.

Ich bezeuge hiermit, daß Isaac Wright, Pastor an der Dreifaltigkeitskirche, durch den der vorstehende (oder beigeschlossene, oder der hierin beschriebene) Trauschein unterzeichnet wurde, mir persönlich bekannt ist, und heute, den 13. September 1850 den besagten Trauschein in meiner Gegenwart anerkannt hat (oder, daß am 13. September der mir bekannte John Poll persönlich vor mir erschienen ist und nach vorangegangener Beeidigung angegeben und ausgesagt hat, daß er mit dem Pastor Isaac Wright wohl bekannt sei und ihn als dieselbe Person kenne, welche vorstehenden [oder beigeschlossenen, oder hierin geschriebenen] Trauschein ausgestellt hat, und daß er gegenwärtig gewesen sei, und den besagten Isaac Wright denselben habe ausstellen sehen.)　　　Charles Broom, Alderman.

III. Scheidungsbriefe.

1. Gewöhnliche Form.

Staat Pennsylvanien, ⎱
Stadt u. County Philadelphia. ⎰ ss.

Dieser zweiseitige Vertrag, abgeschlossen den 18. August 1851 zwischen Jakob Trautmann einerseits, und Auguste Trautmann geb. Schick, seiner Ehefrau, andererseits, bezeugt: daß, nachdem unglückliche Mißverständnisse zwischen dem besagten Jakob Trautmann und seiner Ehefrau Auguste Trautmann entstanden sind, beide sich wechselseitig verständigt haben, getrennt und geschieden von einander zu leben: Daher beurkundet diese Uebereinkunft nun, daß der besagte Jakob Trautmann sich mit seiner Ehefrau, der besagten Auguste Trautmann, auf folgende Art und Weise verständigt hat, nämlich: daß es seiner Ehefrau, der besagten Auguste Trautmann erlaubt sein soll, und daß er, der besagte Jakob Trautmann, gestatten und zugeben will und wird, daß sie, die besagte Auguste Trautmann, fortan zu jeder Zeit und zu allen Zeiten während ihres natürlichen Lebens geschieden und getrennt von ihm lebe und an einem solchen Ort oder Orten und in einer solchen Familie oder Familien und bei solchen Verwandten, Freunden und andern Personen wohne und sich aufhalte und solche Geschäfte und Verkehr treibe und führe, wie es ihr, der besagten Auguste Trautmann, zu irgend einer Zeit nach ihrem Gefallen und Willen gut dünkt (trotz ihres gegenwärtigen

Thebundes, und als ob sie ein lediges und unverheirathetes Frauenzimmer wäre); und daß er, der besagte Jakob Trautmann, zu keiner
Zeit hernach die besagte Auguste Trautmann vor irgend einem Ge-
richtshofe oder Gerichtshöfen dieses Staates, oder anderwärts, be-
langen will oder wird, weil sie getrennt und geschieden von ihm lebt;
oder sie nöthigen, mit ihm zusammenzuleben, oder sie zu verklagen,
belästigen, stören oder beeinträchtigen, weil sie so geschieden und getrennt von ihm lebt, oder irgend eine andere Person, wer es sei, weil
sie dieselbe aufnimmt, beherbergt oder unterhält; eben so wenig will
und wird er die besagte Auguste Trautmann besuchen, oder wissent-
lich in ein Haus oder an einen Ort kommen, in dem sie wohnen,
sich aufhalten oder sein mag oder sollte; noch ihr einen Brief oder
eine Botschaft senden oder senden lassen; endlich will und wird er
zu keiner Zeit hernach irgend etwas von ihren Geldern, Schmuck,
u. s. w., welche die besagte Auguste Trautmann jetzt in ihrer Bewahrung, Controle oder Besitz hat, oder welche sie zu irgend einer
Zeit hernach kaufen oder erwerben möchte, ansprechen oder verlangen.

Zur Urkunde dessen haben die besagten Partien dieses Vertrages
an diesem Eingangs erwähnten Tage und Jahre hiernach ihre Unterschriften gesetzt und ihre Siegel beigedrückt.

Unterzeichnet, gesiegelt und ausgehändigt in Gegenwart

von R. K.

Jakob Trautmann. (L. S.)
Auguste Trautmann. (L. S.)

2. Andere Form eines Scheidungsbriefes.

Dieser dreiseitige Vertrag, abgeschlossen den 3. Febr. 1850 zwischen John Murphy einestheils, und Lucy Murphy, seiner Ehefrau,
anderntheils, und Theodore Cutting, drittentheils, bezeugt: Nachdem verschiedene unglückliche Zwistigkeiten und Mißverständnisse
zwischen dem besagten Contrahenten vom einen Theile und seiner
Ehefrau entstanden sind, aus welchem Grunde sie sich verständigt
haben und übereingekommen sind, während ihres natürlichen Lebens
getrennt und geschieden von einander zu leben; so verspricht, verheißt und verpflichtet sich deshalb der besagte Contrahent vom einen
Theile gegen den besagten Theodore Cutting, sowie auch gegen seine
besagte Ehefrau, daß er dieser seiner besagten Ehefrau Lucy erlauben
und gestatten will und wird, in einem solchen Orte oder Orten und
einer solchen Familie und Familien zu leben und sich aufzuhalten,
als sie zu irgend einer Zeit wünscht oder beliebt; und daß er zu keiner Zeit irgend eine Person, wer sie sei, darum belästigen oder ver-
folgen will und wird, weil sie dieselbe bei sich aufnimmt, verpflegt
oder beherbergt; und daß er nichts von ihrem Gelde, Schmuck,
Silbergeschirr, ihren Kleidern, Hausgeräthen oder Mobilier, welche

14*

die besagte Lucy jetzt in ihrer Verwaltung, Bewahrung oder Besitz ha., oder die sie zu irgend einer späteren Zeit besitzen sollte oder möchte, oder die ihr geschenkt oder vermacht werden, oder die sie sonst auf irgend eine Weise erwerben möchte, ansprechen oder verlangen will; und weiter, daß der besagte Contrahent vom einen Theile an den besagten Theodore Cutting für und zu dem Unterhalte und der Verpflegung seiner Ehefrau, der besagten Lucy Murphy, die jährliche Summe von 600 Dollars, frei und klar von allen Abzügen und Unkosten irgend einer Art, in Quartalfristen, nämlich je am 1. Januar, April, Juli und Oktober zahlbar, während der Dauer ihres natürlichen Lebens richtig und redlich bezahlen oder bezahlen lassen will; und der besagte Theodore Cutting ist einverstanden, diese Summe als vollständige Befriedigung für ihren Unterhalt und ihre Verpflegung und alle Alimentation jeder Art anzunehmen. Und der besagte Theodore Cutting verspricht und verpflichtet sich in Betracht der ihm von dem besagten John Murphy richtig bezahlten Summe von einem Dollar, gegen den besagten Contrahenten vom einen Theile, ihm für alle von seiner besagten Ehefrau, Lucy, jetzt eingegangenen oder durch sie oder auf ihre Rechnung zu contrahirenden Schulden einzustehen und ihn dafür zu entschädigen; und wenn der besagte Contrahent vom einen Theile gezwungen werden sollte, irgend eine solche Schuld oder Schulden zu bezahlen, so verpflichtet sich der besagte Theodore Cutting hiermit, dieselben auf Verlangen dem besagten Contrahenten vom ersten Theile nebst allem dadurch erlittenen Schaden und Verlust zu ersetzen.

Zur Urkunde dessen u. s. w. wie bei No. 1
Unterzeichnet u. s. w. wie bei No. 1.

John Murphy. (L. S.)
Lucy Murphy. (L. S.)
Theodore Cutting. (L. S.)

Dreizehnte Abtheilung.
Vergleiche und schiedsrichterliche Entscheidungen.

Parteien, die wegen irgend einer Rechtssache mit einander im Streite sind, können dahin übereinkommen, ihre Sache mit einer schriftlichen Darstellung einem oder mehreren Schiedsrichtern zur Entscheidung vorzulegen und so einen Vergleich herbeizuführen. Die von den Parteien gewählten Schiedsrichter haben vor einem Richter, Commissioner of Deeds, Friedensrichter oder Recorder einen Eid abzulegen, und erhalten dadurch das Recht, die betreffenden Zeugen zu vernehmen. Ihre Entscheidung geben sie in der Regel schriftlich und lassen dieselbe von einem Zeugen unterzeichnen.

Beide Parteien stellen einander eine sicherheitsleistende Verschreibung aus, wodurch sie sich verpflichten, der Entscheidung der Schiedsrichter nachzukommen. (S. No. 4.)

1. Allgemeine Form der Darstellung an die Schiedsrichter.

Inmaßen seit langer Zeit zwischen Henry Smidt von —— und Thomas Foot von —— in Bezug auf verschiedene Streit- und Zwistgegenstände Streitigkeiten obgewaltet und bestanden haben und noch obwalten und bestehen: Deshalb nun kommen wir, die unterzeichneten, vorbesagten Henry Smith und Thomas Foot, hiermit wechselseitig überein und bestimmen, daß J. Beebe, W. Boyle und S. Price von ——, oder je zwei von ihnen, über und in Bezug auf alle und jede Art von Streitigkeiten, Streitursachen, Prozessen, Controversen, Ansprüchen und Forderungen, wie sie heißen mögen, die zwischen uns, den besagten Partien, obwalten und bestehen, oder die wir gegenseitig an einander machen, schiedsrichterlich verhandeln, verfügen, entscheiden, urtheilen und bestimmen sollen; und wir kommen ferner wechselseitig mit einander überein und verpflichten uns, †††, daß die von den besagten Schiedsrichtern oder zweien derselben zu gebende Entscheidung von uns und jedem von uns treu und redlich beobachtet und ausgeführt werden soll; vorausgesetzt jedoch, daß die besagte Entscheidung schriftlich verfaßt, von den besagten J. Beebe, W. Boyle und S. Price, oder zweien von ihnen, eigenhändig unterzeichnet und zur Ausfolge an die besagten streitenden Partien, oder denjenigen davon, der sie verlangt, am 6. Januar 1854 bereit gehalten werde.

Dies bezeugen wir mit unseren Unterschriften und Siegeln den 1. December 1853.

In Gegenwart von ⎱   Henry Smith. (L. S.)
X. S.   ⎰   Thomas Foot. (L. S.)

2. Kürzere Form.

Wir, die Unterzeichneten, kommen hiermit wechselseitig überein, alle unsere Streitsachen jeder Art und Namens der schiedsrichterlichen Entscheidung und Bestimmung von J. Beebe, W. Boyle und S. Price zu unterstellen, auf daß sie dieselben untersuchen und aburtheilen und ihre Entscheidung an oder vor dem 6. Januar 1854 schriftlich abgeben.

Dies bezeugen wir mit unsern Unterschriften den 1. Dec. 1853.

In Gegenwart von ⎱   Henry Smith. (L. S.)
X. S.   ⎰   Thomas Foot. (L. S.)

8. Darstellung mit specieller Anzabe des Streitpunktes.

Da gegenwärtig zwischen Henry Smith von —— und Thomas Foot von —— in Bezug auf den Tausch von Juwelen und goldenen Uhren, welchen die besagten Partien in der vorgemeldeten Stadt—— am 6. September 1853 eingegangen haben, ein Streit besteht und obwaltet: Deshalb nun unterstellen wir, die unterzeichneten vorbesagten Henry Smith und Thomas Foot, hiermit die besagte Streitsache dem schiedsrichterlichen Urtheile von J. Beebe, W. Boyle und S. Price von ——, oder zweien von ihnen, und wir kommen wechselseitig miteinander überein und verpflichten uns, (das Folgende wie in No. 1 von den 3 Kreuzchen an).

4. Sicherheitsleistung für Gehorsam gegen die Entscheidung des Schiedsrichters.

(Diese Urkunde lautet bei beiden Parteien ganz gleich, natürlich mit Unterschied der Namen.)

Kund und zu wissen sei Jedermann durch Gegenwärtiges: Daß ich, Henry Smith von der Stadt —— im County ——, dem Thomas Foot von der Stadt —— im County, für die Summe von achthundert Dollars gesetzliches Geld der Vereinigten Staaten verfangen und verbunden bin, welche an den besagten Thomas Foot oder an seine zu bestellenden Bevollmächtigten, Testamentsvollstrecker, Vermögensverwalter oder Cessionare zu bezahlen ist, und daß diese Bezahlung treu und redlich gemacht werde, dafür verbinde ich mich, meine Erben, Testamentsvollstrecker und Vermögensverwalter durch Gegenwärtiges fest.

Die Bedingung dieser Verschreibung ist: Daß, wenn sich der hierin verbundene Henry Smith der Verfügung und Entscheidung von J. Beebe, W. Boyle und S. Price völlig und unbedingt fügt, welche sowohl von und von Seiten und behufs des besagten Henry Smith, als des besagten Thomas Foot als Schiedsrichter ernannt, auserlesen und erwählt wurden, um über und in Betreff aller und jeder Art und Arten von Streitigkeiten, Streitursachen und Prozessen, Controversen, Ansprüchen und Forderungen, wie sie heißen mögen, die zwischen dem besagten Henry Smith und dem besagten Thomas Foot gegenwärtig bestehen und obwalten, schiedsrichterlich zu verhandeln, zu verfügen, zu entscheiden, zu urtheilen und zu bestimmen, und der besagte schiedsrichterliche Bescheid schriftlich verfaßt, von den besagten J. Beebe, W. Boyle und S. Price oder je zwei von ihnen unterzeichnet und zur Ausfolge an die besagten Partien oder denjenigen davon, der es verlangt, an oder vor dem 6. Ja-

nuar 1854 bereit gehalten wird; dann soll diese Verschreibung
ungültig sein, sonst aber in voller Kraft bleiben.

Unterzeichnet und gesiegelt in }
    Gegenwart von X. S.   }   Henry Smith. (L. S.)

5. Anzeige an die Schiedsrichter von ihrer Ernennung.

An die Herren J. Beebe, W. Boyle und S. Price.

Sie werden hiermit benachrichtigt, daß Sie sowohl von Seiten
und Behufs des unterzeichneten Henry Smith von ——, als des
mitunterzeichneten Thomas Foot von —— zu Schiedsrichtern ernannt und erwählt worden sind, um über ꝛc. (hier werden die Streit-
punkte wie in der Darlegung oder Beschreibung angegeben und die
Zeit bestimmt, wann der Bescheid gegeben werden muß) schiedsrichterlich zu verhandeln, zu verfügen, zu entscheiden, zu urtheilen und
zu bestimmen; und Sie werden ersucht, mit den besagten Partien in
dem Hause des N. N., in der vorbesagten Stadt, am 5. December
1853 um 9 Uhr Vormittags dieses Tages zusammenzukommen, um
Zeit und Ort zu bestimmen, wann und wo die besagten Partien über
ihre Angaben und Beweise vernommen werden sollen.

Den 1. December 1853.   Henry Smith.
                                         Thomas Foot.

6. Schiedsrichterliche Entscheidung.

Allen, denen Gegenwärtiges zukommen, oder die es betreffen mag:

Senden Grüße J. Beebe, W. Boyle und S. Price, denen die
zwischen Henry Smith von —— und Thomas Foot von —— bestehenden Streitsachen als Schiedsrichtern unterstellt wurden, wie aus
ihrer schriftlichen Darlegung, datirt vom —— des Näheren zu
ersehen ist: Deshalb nun sollt Ihr wissen, daß wir, die in der
besagten Darlegung benannten Schiedsrichter, nachdem wir zuvor
nach Vorschrift des Gesetzes beeidigt worden, die Beweise und Angaben der Partien vernommen und die von ihnen dargelegten
Streitgegenstände untersucht haben, folgenden schriftlichen Bescheid
geben, nämlich: Der besagte Thomas Foot soll dem besagten Henry
Smith eine gute und genügende Cession eines gewissen, dem besagten
Thomas Foot ausgestellten Schuld - und Pfandscheines an oder vor
dem 1. Februar 1854 verfertigen, ausstellen und übergeben, und der
besagte Henry Smith soll an den besagten Thomas Foot die Summe
von —— Dollars unmittelbar nach Ausstellung und Ueberlieferung
der besagten Cession bezahlen oder bezahlen lassen; (oder: Der
besagte Thomas Foot soll an den besagten Henry Smith die Summe
von —— Dollars als vollständige Bezahlung, Abtragung und Be-

friedigung aller Gelder, Schulden und Rückstände, mit welchen der besagte Thomas Foot dem besagten Henry Smith verfangen ist, binnen vierzehn Tagen vom heutigen Datum an bezahlen oder bezahlen lassen). Und wir entscheiden, urtheilen und verfügen ferner, daß die besagten Henry Smith und Thomas Foot binnen der nächsten dem heutigen Datum folgenden zehn Tage einander wechselseitige und allgemeine Verzichtleistungen auf alle Streitsachen, Streiturfachen, Prozesse, Controversen, Ansprüche und Forderungen jeder Art, welche sie aus irgend einer Ursache oder über irgend einen Gegenstand von Anbeginn der Welt an bis zu der besagten Darstellung (oder Sicherheitsleistung) mit einander hatten oder an einander zu machen hatten, auszustellen haben und ausstellen sollen.

Zur Urkunde dessen haben wir Gegenwärtiges hiernach unterzeichnet am 6. Januar 1854.

In Gegenwart von }
N. N.

J. Beebe.
W. Boyle.
S. Price.

Vierzehnte Abtheilung.

Testamente. Codicille.

Jedes Testament (über unbewegliches und bewegliches Eigenthum) muß von dem Testator unterschrieben und seine Unterschrift durch mindestens zwei Zeugen beglaubigt sein. (Letztere haben außer ihrem Namen auch ihren Wohnort beizusetzen.) Bei einem Testamente über unbewegliches Eigenthum sind in vielen Staaten drei Zeugen nöthig. „Codicill" heißt man den Nachtrag zu einem Testamente, und muß dasselbe ganz auf die nämliche Weise durch Zeugen beglaubigt sein.

Mit Ausnahme von Blöd- und Irrsinnigen, verheiratheten Frauen und Kindern kann Jedermann über sein Vermögen testamentarisch verfügen. Unbewegliches Vermögen (Immobiliar-Vermögen) darf jedoch nicht an Solche vermacht werden, die zur Zeit des Todes des Testators Ausländer oder Nichtbürger sind.

Heirath, sowie die Geburt eines Kindes, n a c h d e m das Testament gemacht ist, hebt, wenn das Testament keine Verfügung für einen solchen Fall enthält, die Gültigkeit desselben auf. Ebenso wird das Testament einer unverheiratheten Frauensperson, bei nachfolgender Verheirathung derselben, in vielen Staaten als widerrufen betrachtet.

Die gesetzlichen Formen eines Testaments sind so complicirt und
in den einzelnen Staaten so verschieden, daß der nicht rechtskundige
Bürger stets besser thut, wenn er bei der Aufsetzung seines Testaments
einen Rechtsverständigen zu Rathe zieht.

1. Gewöhnliches Formular für ein Testament.

Im Namen Gottes, Amen. Ich, John Hale, von der Stadt——
im County—— und Staat——, 50 Jahre alt, bei gesundem Verstande und Gedächtnisse, und in Betracht der Unsicherheit dieses ge-
brechlichen und vergänglichen Lebens, mache, beordere, veröffentliche
und erkläre dieses als meinen letzten Willen und Testament, nämlich:

Nachdem alle meine rechtmäßigen Schulden bezahlt sein werden,
verwillige und vermache ich den Rest meines Vermögens, wie folgt,
nämlich:

An meine geliebte Ehefrau Lucy Hale, geb. Strout, das Land (hier
genaue Beschreibung seiner Lage und Beschaffenheit) und zwar für
die Zeit ihres irdischen Lebens und nach ihrem Tode unter meine Erben zu gleichen Theilen zu vertheilen:

An meinen Sohn Adolphus das Land —— (Beschreibung desselben), sowie auch 20 Actien des Bankkapitals der —— Bank. Auch
all das Uebrige und Restirende meines unbeweglichen und beweglichen
Vermögens gebe und vermache ich an mein jetzt lebendes Kind oder
an meine Kinder und deren Erben, die zur Zeit meines Ablebens
leben mögen, damit es zu gleichen Theilen unter sie vertheilt werde.

Ebenfalls mache, bestelle und constituire ich meine Brüder Joshua
und Isaac Hale zu Vollstreckern dieses meines letzten Willens und
Testaments (und widerrufe alle früher von mir gemachten Testamente).

Zur Urkunde dessen habe ich hiernach meine Unterschrift gesetzt und
mein Siegel beigedrückt den 6. Dec. 1840.   John Hale. (L. S.)

Das obige Testament ist vom genannten John Hale in unserer
Gegenwart unterschrieben und von ihm vor einem Jeden von uns,
als von ihm ausgestellt, anerkannt: und zu gleicher Zeit publicirte
und erklärte er, daß Obiges sein letzter Wille und Testament sei:
und auf des Testators Verlangen und in seiner Gegenwart haben
wir, als Zeugen, unsere Namen unterschrieben und dem Namen gegenüber unsere betreffenden Wohnorte hinzugeschrieben.

James Wilson von— (L. S.)
John Woolly von— (L. S.)
Frederick Houston von —(L. S.)

2. Andere, eben so gewöhnliche Form.

Im Namen Gottes, Amen: Ich, John Hale, von der Stadt——
im County—— und Staat——. 50 Jahre alt und bei gesundem

Verstande und Gedächtnisse, mache, veröffentliche und erkläre dieses
als meinen letzten Willen und Testament in folgender Weise, nämlich:

Erstens, gebe und vermache ich meiner Ehefrau Lucy die Summe
von 5000 Dollars, welche sie anstatt ihres Witthums annehmen und
empfangen soll; meinem Sohn Adolphus Hale die Summe von 8000
Dollars; welche besagte Legate oder Geldsummen, wie ich anmit ver-
füge und verordne, an die besagten, betreffenden Legatare binnen
einem Jahre nach meinem Tode ausbezahlt werden sollen.

Zweitens, gebe und vererbe ich an meinen Sohn Adolphus
Hale, seine Erben und Cessionare die ganze Strecke oder Stück Landes (Beschreibung), nebst allen Erbgütern und Zubehörden, welche
damit verbunden sind, oder auf irgend eine Weise dazu gehören: Auf
daß der besagte Adolphus Hale, seine Erben und Cessionare die vorbeschriebenen Güter für immer besitzen und behalten.

Und letztens, gebe und vermache ich allen Rest, Ueberrest und
Rückstand meines Mobiliarvermögens und fahrender Habe jeder Art
und Namens meiner besagten Ehefrau Lucy, die ich hiermit zur einzigen Vollstreckerin dieses meines letzten Willens und Testaments bestelle und widerrufe andurch alle von mir früher gemachten Testamente.

Zur Urkunde dessen habe ich hiernach meine Unterschrift gesetzt und
mein Siegel beigedrückt am 6. December ein tausend achthundert
und vierzig.   John Hale. (L. S.)

Das vorstehende Instrument, aus einem (oder, zwei ꝛc.) Bogen
bestehend, ist an dem vorstehenden Tage von dem besagten John Hale
in Gegenwart von uns, die wir auf sein Verlangen und in Gegenwart von ihm, sowie in Gegenwart von uns unter einander dasselbe
als Zeugen unterzeichnet haben, unterzeichnet, veröffentlicht und als
sein letzter Wille und Testament erklärt worden. (Oder: Das vorstehende Instrument, aus einem Bogen bestehend, ist uns unter dem
Datum desselben von John Hale, dem darin erwähnten Testator,
als sein letzter Wille und Testament bezeichnet worden; und zugleich
hat er uns und jedem von uns bestätigt, daß er dasselbe unterzeichnet
und gesiegelt habe; und wir haben sofort auf sein Verlangen und in
seiner Gegenwart und in Gegenwart von uns und unter einander
unsere Namensunterschriften als attestirende Zeugen darunter gesetzt.)
                                    James Wilson von —
                                    u. f. w.

8. Vollmachtertheilung an die Testamentsvoll-streder, die Hinterlassenschaft des Testators zu verwalten und zu verkaufen.

Ich gebe und vermache all mein Immobiliar- und Mobiliarver-
mögen jeder Art und Namens an die hiernach ernannten und bestell-

ten Vollſtrecker dieſes meines letzten Willens und Teſtaments zum
Zwecke der Verwaltung für die Bezahlung meiner richtigen Schulden
und der hievor angeführten Vermächtniſſe, mit der Gewalt, daſſelbe
in öffentlichem oder Privatverkaufe zu einer ſolchen Zeit oder Zeiten,
unter ſolchen Bedingungen und auf ſolche Weiſe als ihnen ange-
meſſen dünkt, zu verkaufen oder zu veräußern.

4. Beſtellung eines Vormunds für die hinter-
laſſenen Kinder.

Ich übertrage und übergebe hiermit die Pflegſchaft und Vor-
mundſchaft über meine Kinder Adolphus Hale und Sophia Hale und
jedes von ihnen für die Zeit, ſo lange dieſelben beziehungsweiſe unverheirathet bleiben und noch nicht einundzwanzig Jahre alt ſind
an meine Ehefrau Lucy Hale, vorausgeſetzt, daß ſie im Wittwenſtande
bleibe; wenn ſie aber ſterben oder ſich wieder verheirathen ſollte, ſo
lange meine Kinder oder eines derſelben ledig und minderjährig iſt,
ſo übertrage und übergebe ich hiermit die Pflegſchaft und Vormund-
ſchaft über dieſelben an meine hiernach ernannten und beſtellten Teſtamentsvollſtrecker.

5. Vermächtniß einer Leibrente.

Ich gebe, vermache und hinterlaſſe meiner Ehefrau Lucy Hale und
ihren Ceſſionaren für und während der Dauer ihres natürlichen Lebens eine Leibrente oder reines Jahreseinkommen oder Summe von
1000 Dollars, frei von allen Steuern und Abgaben, die aus dem
oben beſchriebenen, meinem Sohne Adolphus Hale vermachten Grundeigenthum fällig und zahlbar werden, in gleichen halbjährigen Raten,
je am erſten Januar und Juli jeden Jahres zahlbar; und ich unter-
werfe und belaſte hiermit das beſagte Grundeigenthum mit der Bezahlung der beſagten Leibrente, Jahreseinkommen oder Summe von
1000 Dollars, zu den vorbeſagten Zeiten und auf die beſagte Weiſe
zahlbar, indem ich zugleich meiner beſagten Ehefrau und ihren Ceſſionaren volle Macht und Gewalt ertheile, wenn die beſagte Leibrente
oder ein Theil davon nach Ablauf von zwanzig Tagen über die Zeit,
wenn dieſelbe, wie vorbeſagt, fällig und zahlbar iſt, alle und jede der
mit der vorbeſagten Leibrente belaſteten Grundſtücke und die Pacht-
zinſe, den Ertrag und Gewinn daraus mit Beſchlag zu belegen, zu
nehmen und zu empfangen, bis ſie oder ihre Ceſſionare daraus und
damit oder durch die Perſon oder Perſonen, welche zu der Zeit zum
unmittelbaren Beſitze derſelben berechtigt ſind, für alle ihr Guthaben,
Rückſtände und alle durch die Nichtbezahlung erwachſenen Koſten,
Schaden und Auslagen vollſtändig entſchädigt und befriedigt ſind.

6. Codicill (Nachtrag zum Testament).

Dieweil ich, John Hale von —— ein vom 6. December im Jahre des Herrn eintausend achthundert und vierzig datirtes Testament und letzten Willen gemacht, in und durch welches ich (hier sind die Vermächtnisse aufzuzählen, die der Testator zu ändern wünscht) gegeben und vermacht habe: Deshalb nun verordne und erkläre ich durch diese meine Schrift, welche ich hiermit als ein Codicill zu meinem besagten Testamente und letzten Willen erkläre und als Theil desselben betrachtet wissen will, daß es mein Wille ist, daß meiner Ehefrau Lucy nur die Summe von 4000 Dollars als volle Befriedigung für das ihr von mir bestimmte und vermachte Legat ausbezahlt, der bevorbleibende Theil des besagten Legates aber meinem Sohne Adolphus Hale gegeben und bezahlt werden soll: Und schließlich ist es mein Wille, daß dieses Codicill meinem vorbesagten Testamente und letzten Willen angeschlossen werden und zu allen Zwecken und Absichten einen Theil desselben bilden soll.

Zur Urkunde dessen habe ich hiernach meine Unterschrift gesetzt und mein Siegel beigedrückt den 8. September 1848.

John Hale. (L. S.)

Das vorstehende Instrument ist an dem vorstehenden Tage von dem besagten John Hale in Gegenwart von uns, die wir auf sein Verlangen und in Gegenwart von ihm, sowie in Gegenwart von uns unter einander dasselbe als Zeugen unterzeichnet haben, unterzeichnet, veröffentlicht und als sein letzter Wille und Testament erklärt worden. James Warden von —— u. s. w.

Fünfzehnte Abtheilung.
Schenkungen, Cessionen und Vermögensabtretungen.

I. Schenkungen.

Ein Vertrag, wodurch eine Sache Jemanden unentgeltlich und ohne rechtlich dazu verpflichtet zu sein, überlassen wird, heißt eine Schenkung. Wenn eine Schenkung wirksam sein soll, so muß eine schriftliche Urkunde verfaßt werden; denn aus einem b l o s m ü n d l i c h e n, ohne wirkliche Uebergabe geschlossenen Schenkungsvertrage erwächst dem Geschenknehmer kein Klagerecht. Uebrigens sind die Urkunden über Schenkungen entweder einseitig als einfache Willensbestimmungen, oder ein Vertrag zwischen dem Geber und dem bestimmten Empfänger.

1. Schenkungsvertrag über unbewegliches Eigenthum (Grundeigenthum.)

Dieser Vertrag, abgeschlossen den 3. April 1850 zwischen J. Badger, einerseits, und S. Badger, Sohn des W. Badger, Bruders von J. Badger, andererseits, bezeugt: Daß der besagte J. Badger sowohl aus und in Betracht der natürlichen Liebe und Zuneigung, die er, der besagte J. Badger für den besagten S. Badger hat und empfindet, als auch zum bessern Unterhalte, Verpflegung und Fortkommen des besagten S. Badger, diesem ebengenannten S. Badger, seinen Erben und Cessionaren das Land —— (hier die Beschreibung desselben) geschenkt, überlassen und bestätigt hat, und durch Gegenwärtiges schenkt, überläßt und bestätigt; nebst allen und jeden dazu gehörigen oder irgend damit zusammenhängenden Erbstücken und Zubehörden, und dem Rückfall und den Rückfällen, dem Rest und den Resten, Miethen, Ertrag und Gewinn davon, und all dem Besitz, Recht, Titel, Interesse, Eigenthum, Anspruch und Forderung irgend einer Art, die er, der besagte J. Badger, an, in und von dem besagten Grundeigenthum, und an, in und von irgend einem Theil und Stück derselben oder der Zubehörden zu machen hat: Auf daß der besagte S. Badger, seine Erben und Cessionare, alle und jede der hierdurch überlassenen und bestätigten Grundstücke und Zubehörden zu seinem, seiner Erben und Cessionare, alleinigem, eigenen Nutzen und Gebrauch für immer besitze und behalte. Und der besagte J. Badger verspricht und verpflichtet sich, für sich, seine Erben, Testamentsvollstrecker und Vermögensverwalter gegen den besagten S. Badger, seine Testamentsvollstrecker, Vermögensverwalter und Cessionare, die Schenkung des besagten Eigenthums, die er hierdurch dem besagten S. Badger, seinen Testamentsvollstreckern, Vermögensverwaltern und Cessionaren gemacht hat, gegen alle und jede Person oder Personen, wer sie sein mögen, zu verbürgen und zu vertheidigen.

Zur Urkunde dessen hat der Contrahent vom einen Theile hiernach seine Unterschrift gesetzt und sein Siegel beigedrückt am Eingangs geschriebenen Tage und Jahre.

Gesiegelt, unterzeichnet und ausgefolgt in Gegenwart
von B. C.   J. Badger. (L. S.)

2. Schenkungsvertrag über bewegliches Eigenthum.

Kund und zu wissen sei Jedermann durch Gegenwärtiges: Daß ich, J. Badger von —— in Betracht der natürlichen Liebe und Zuneigung, welche ich für S. Badger, Sohn meines Bruders W. Badger habe und besitze, so wie auch aus verschiedenen anderen, mich, ben besagten J. Babger, hierzu bewegenden Ursachen und Rücksichten, an besagten S. Babger alle und jebe meine fahrende Habe, Hausgeräthe und anderes bewegliches Eigenthum jeder Art und Namens, in wessen Händen, Verwahrung und Besitz sie sich immer befinden mögen, (ober, die folgenden beweglichen Güter und Geräthe, nämlich ꝛc. hier beschrieben) geschenkt, überlassen und bestätigt habe und durch Gegenwärtiges schenke, überlasse und bestätige: Auf daß er, der besagte S. Babger, seine Testamentsvollstrecker, Vermögensverwalter und Cessionare Alles und Jedes der besagten fahrenden Habe, Hausgeräthe und beweglichen Eigenthums (ober, der beweglichen Güter und Geräthe), wie vorbesagt, zu seinem, des vorbesagten S. Babger, oder seiner Testamentsvollstrecker, Vermögensverwalter und Cessionare einzigem und eigenem Nutzen und Gebrauch für immer besitzen und behalten. Und ich, der besagte J. Babger, will und werde alle und jebe vorbesagte fahrende Habe, Hausgeräthe und bewegliches Eigenthum (ober, beweglichen Güter und Geräthe) dem besagten S. Babger, seinen Testamentsvollstreckern, Vermögensverwaltern und Cessionaren, gegen mich, den besagten J. Babger, meine Testamentsvollstrecker und Vermögensverwalter, und gegen alle und jebe andere Personen, wer sie sein mögen, garantiren und für immer schützen.

Zur Urkunde dessen habe ich hiernach meine Unterschrift gesetzt und mein Siegel beigedrückt den 3. April 1850.

Gesiegelt, unterzeichnet und ausgefolgt in Gegenwart
von B. C.   J. Babger. (L. S.)

II. Cessionen und Vermögensabtretungen.

Wenn Jemand das Interesse, das er an einem Eigenthume, einer Leibrente oder an einem Einkommen hat, einem Anderen (schriftlich) abtritt, so heißt dies eine Abtretung oder Cession. Der Abtretende wird in der Sprache der Rechtsgelehrten Cebent, und der, an welchen die Abtretung geschieht, Cessionarius genannt. Die Cession muß in deutlichen Worten alle Rechte, Ansprüche und Interessen des Cedenten an den Cessionar übertragen und diesem den unbeschränkten Besitz und Genuß derselben zusichern. Natürlich darf keine Cession gemacht werden, durch welche der Gläubiger des Cedenten benachtheiligt und betrogen wird.

1. Allgemeine Form einer Vermögens-Abtretung.

Kund und zu wissen sei Jedermann durch Gegenwärtiges: Daß ich, Gustav Schüler von ——, für den empfangenen Werth an Ro-

kort Hartmann von —— durch Gegenwärtiges alle die Wechsel,
Rechnungen, Guthaben, Forderungen und Ausstände, welche in dem
beigeschlossenen Schedul, bezeichnet „Schedul A." verzeichnet sind,
überlassen, cedirt und übergeben habe, auf daß der besagte Robert
Hartmann und seine Testamentsvollstrecker, Vermögensverwalter und
Cessionare dieselben für immer zu ihrem eigenen Nutzen behalten
und besitzen; und ich ernenne hiermit den besagten Robert Hartmann zu dem besagten Zwecke unwiderruflich zu meinem wahren
und gesetzlichen Vertreter, daß er in meinem Namen, Platze und an
meiner Stelle alle diejenigen Geldsummen, welche jetzt auf und durch
alle und jede der vorhin cedirten Wechsel, Rechnungen, Guthaben, Forderungen und Ausstände zu erheben sind, fordere, verlange, gerichtlich
verfolge, in Beschlag nehme, erhebe, einziehe und einnehme, und ich gebe
und ertheile meinem besagten Vertreter volle Macht und Gewalt, alle
und jede Handlungen und Sachen, wie sie immer erforderlich und
nöthig sind, eben so vollständig und zu allen Zwecken und Absichten
auszuführen und zu verrichten, wie ich selbst gethan haben möchte
oder könnte, wenn ich persönlich anwesend gewesen wäre, zugleich mit
voller Gewalt, Anwälte zu bestellen, zu substituiren und zu widerrufen; schließlich genehmige und bestätige ich anmit Alles, was der
besagte Vertreter oder seine Bevollmächtigten kraft dieses Instruments
thun oder thun lassen.

Zur Urkunde dessen habe ich hiernach meine Unterschrift gesetzt
und mein Siegel beigedrückt am 6. April des Jahres eintausend
achthundert und zweiundvierzig.

Unterzeichnet, gesiegelt und ausgefolgt in Gegenwart
von A. B.   Gustav Schüler. (L. S.)

2. Andere Form (auf die Rückseite der Urkunde zu schreiben, in welcher die abzutretenden Interessen aufgeführt sind.)

In Erwägung der mir von Robert Hartmann von —— bezahlten Summe von —— Dollars, deren Empfang ich hiermit bescheine,
übertrage, cedire und überschreibe ich an den besagten Robert Hartmann, seine Erben und Cessionare alle meine Rechte, Titel und
Interessen an und auf das innen stehende Instrument; und ich bestelle hierdurch den besagten Robert Hartmann zu meinem Vertreter,
um in meinem Namen oder sonst, jedoch auf seine eigenen Kosten
und Lasten, alle gesetzlichen Schritte zu thun, die zur vollständigen
Erlangung und zum Genusse der cedirten Gegenstände nothwendig
und angemessen sein mögen.

Bekräftigt durch meine Unterschrift und Siegel in Gegenwart
von A. B.   Gustav Schüler. (L. S.)

3. Cession einer Schuldverschreibung.

Kund und zu wissen sei Jedermann durch Gegenwärtiges: Daß ich, Gustav Schüler von ——, einer Seits, für und in Erwägung der mir von Robert Hartmann von ——, anderer Seits, baar bezahlten Summe von —— Dollars gesetzliches Geld der Vereinigten Staaten von Amerika, für deren Empfang ich hierdurch bescheinige, an den besagten Contrahenten vom andern Theile, seine Testamentsvollstrecker, Vermögensverwalter oder Cessionare eine gewisse geschriebene Schuldverschreibung oder Obligation, nebst der dieser angehängten Bedingung, welche vom 6. Juli eintausend achthundert und zwei und vierzig datirt und von Franz Graf dem besagten Gustav Schüler ausgestellt ist, und alle daraus fälligen oder fällig werdenden Geldsummen verhandelt, verkauft und cedirt habe und durch Gegenwärtiges cedire: Und ich versichere dem besagten Contrahenten vom andern Theile andurch, daß nun von der besagten Schuldverschreibung oder Obligation, gemäß der dieser angehängten Bedingung, an Capital und Interessen die Summe von —— Dollars fällig ist; und ermächtige anmit den besagten Contrahenten vom anderen Theile in meinem Namen, das schuldige und aus der besagten Schuldverschreibung fällig werdende Geld zu verlangen, zu fordern, einzuklagen, zu erheben und einzunehmen.

Zur Urkunde dessen habe ich hiernach meine Unterschrift gesetzt und mein Siegel beigedrückt am oben genannten Tage und Jahre.

Unterzeichnet, gesiegelt und ausgefolgt ⎬ Gustav Schüler. (L. S.)
in Gegenwart von A. B. ⎭

4. Cession eines Schuld- und Pfandscheines.

Kund und zu wissen sei hiermit Allen und Jeden durch Gegenwärtiges: Daß ich, Gustav Schüler von ——, einer Seits, in Erwägung der mir von Robert Hartmann von ——, anderer Seits, baar bezahlten Summe von —— Dollars gesetzliches Geld der Vereinigten Staaten, deren Empfang ich andurch bescheinige, an den besagten Contrahenten vom andern Theile einen gewissen, am 5. März achtzehnhundert und sechs und vierzig von Franz Graf und Margarethe, seiner Ehefrau, von dem besagten Contrahenten vom einen Theile aus- und zugestellten Pfandschein, nebst dem darin beschriebenen Schuldschein oder Obligation und den daraus fälligen oder fällig werdenden Geldern und Interessen, überlassen, verhandelt, verkauft, cedirt, übertragen und überschrieben habe, und durch Gegenwärtiges überlasse, verhandle, verkaufe, cedire, übertrage und überschreibe: auch daß der besagte Contrahent vom andern Theile, seine Testamentsvollstrecker, Vermögensverwalter und Cessionare dieselben zu ihrem eigenen Nutzen und Vortheile besitzen und behalten.

Und ich mache, ernenne und bestelle anmit den besagten Contrahenten vom andern Theile unwiderruflich zu meinem wahren und gesetzlichen Vertreter, daß er in meinem Namen oder sonstwie, jedoch auf seine eigenen Kosten und Lasten, alle gesetzlichen Mittel und Wege gebrauche, anwende und benütze, um das besagte Geld nebst Interessen beizutreiben, und nach erfolgter Bezahlung dafür so vollständig quittire, wie ich es gethan haben möchte oder könnte, wenn diese Urkunde nicht ausgestellt worden wäre. Und ich versichere hiermit dem besagten Contrahenten vom andern Theile, daß auf den besagten Schuld= und Pfandschein jetzt die Summe von —— Dollars, nebst Interessen vom 1. April 1846 an zu erheben ist, und daß ich ein gutes Recht habe, denselben, wie vorhin geschehen, zu verkaufen, zu übertragen und zu cediren.

Zur Urkunde dessen (Fortsetzung wie bei No. 1).

5. Kürzere Form der Cession eines Schuld- und Pfandscheines.

Gustav Schüler
vs.
Franz Graf und Margarethe, seine Ehefrau.

} Pfandschein, datirt vom 5. März 1846, ausgeschrieben von Franz Graf und Margarethe, seiner Ehefrau, gegen Gustav Schüler über Verpfändung gewisser, darin beschriebener Grundstücke, (Angabe ihrer Lage ꝛc.), registrirt in der —— County Clerk's Office im Unterpfandsbuche No. 30, Seite 440 ꝛc.

Schuldschein vom selben Tage, dem vorbesagten Gustav Schüler von Franz Graf über die für die Bezahlung von —— Dollars bedungene Straffsumme von —— Dollars ausgestellt und mit Interessen durch obiges Unterpfand am 5. März 1846 gesichert.

In Erwägung der mir von Robert Hartmann von —— bezahlten —— Dollars cedire, übertrage und überschreibe ich anmit dem besagten Robert Hartmann den oben bezeichneten Pfandschein und den wie vorgemeldet denselben begleitenden Schuldschein zu seinem Nutzen und Vortheile und ermächtige ihn hierdurch, die Bezahlung desselben in meinem Namen, aber auf seine Kosten, gütlich, gerichtlich oder sonst zu erwirken. Und ich bestätige andurch, daß auf den besagten Schuld= und Pfandschein jetzt die Summe von —— Dollars nebst Interessen vom 1. April 1846 an fällig ist, und daß ich vollkommen berechtigt bin, denselben zu verkaufen und zu cediren.

Zur Urkunde (Fortsetzung wie bei No. 1).

8. Cession einer durch richterliche Entscheidung zuerkannten Forderung.

Dieser Vertrag, abgeschlossen den 1. Oktober eintausend achthundert und fünfzig zwischen Gustav Schüler von —— einer Seits, und Robert Hartmann von —— anderer Seits: Nachdem dem besagten Contrahenten vom einen Theile am 1. September eintausend achthundert und fünfzig durch einen in der Supreme Court des Staates —— erlangten gerichtlichen Bescheid gegen Franz Graf von —— die Summe von —— Dollars Entschädigung und Kosten zuerkannt worden ist: Deshalb nun bezeugt dieser Vertrag, daß der Contrahent vom einen Theile in Erwägung der ihm richtig bezahlten Summe von —— Dollars an den besagten Contrahenten vom andern Theile und seine Cessionare den besagten gerichtlichen Bescheid und alle und jede mittelst dessen zu bekommenden oder zu erlangenden Geldsummen oder irgend einen Ertrag daraus verkauft hat und durch Gegenwärtiges cedirt, überträgt und zuschreibt. Und der besagte Contrahent vom einen Theile ernennt und bestellt hiermit den besagten Contrahenten vom andern Theile und seine Cessionare unwiderruflich zu seinem wahren und gesetzlichen Vertreter oder Vertretern mit der Gewalt der Substitution und des Widerrufs, um auf Kosten und Lasten des besagten Contrahenten vom andern Theile das auf den besagten gerichtlichen Bescheid hin schuldige oder fällig werdende Geld zu fordern, zu verlangen und einzuziehen, durch Execution beizutreiben und alle gesetzlichen Schritte zu ergreifen, um in dessen Besitz zu gelangen, und nach erlangter Bezahlung die Befriedigung anzuerkennen und den Schuldner zu entbinden; zugleich bestätigt und genehmigt er Alles, was sein besagter Vertreter oder dessen substituirte Anwälte in der vorbemeldeten Sache gesetzlich thun oder thun lassen mögen. Und der besagte Contrahent vom einen Theile versichert andurch, daß nun auf den besagten gerichtlichen Bescheid hin die Summe von —— Dollars fällig ist, und daß er dieselbe, oder einen Theil davon nicht einziehen oder einnehmen und den Schuldner nicht quittiren und von dem gerichtlichen Bescheide entbinden will; der Contrahent vom zweiten Theile entbindet dagegen den Contrahenten vom ersten Theile von allen ferneren Kosten und Auslagen zu Ausführung des Vorgesagten.

Zur Urkunde dessen hat der Contrahent vom einen Theile hiernach seine Unterschrift gesetzt und sein Siegel beigedrückt am Eingangs erwähnten Tage und Jahre.

Gesiegelt und ausgefolgt in ⎱ Gustav Schüler. (L. S.)
Gegenwart von H. S. ⎰

7. Kürzere Form der Cession unter No. 6.

Supreme Court:

Gustav Schüler ⎱ Gericht'icher Bescheid für $—— auf einen
vs. ⎰ Schuldschein vom 1. Mai 1850. Bedungen für
Franz Graf. die Bezahlung von $—— und Interessen ——

Koften auf $—— angeſchlagen. Urtheil ausgeſtellt den 1. Oktober 1850 in der County Clerk's Office.

In Erwägung der mir bezahlten —— Dollars verkaufe, cedire und übertrage ich anmit an Robert Hartmann den oben erwähnten gerichtlichen Beſcheid zu ſeinem Nußen und Vortheil, und ermächtige ihn hierdurch, die Bezahlung auf denſelben hin in meinem Namen gutwillig, gerichtlich oder auf andere Weiſe, aber auf ſeine eigenen Koſten und Laſten beizutreiben; und beſtätige, daß die Summe von —— Dollars nebſt Intereſſen vom 1. November 1850, mit den Koſten daraus fällig iſt.

Zur Urkunde (Fortſeßung wie bei No. 1).

8. Ceſſion eines rückſtändigen Arbeitslohnes.

Kund und zu wiſſen ſei Jedermann durch Gegenwärtiges: Daß ich, Guſtav Schüler von ——, für und gegen die mir von Robert Hartmann von —— bezahlte Summe von —— Dollars, deren Empfang ich hiermit beſcheinige, an den beſagten Robert Hartmann eine gewiſſe Schuldforderung im Betrage von —— Dollars, die ich an Friedrich Stang für Arbeit (Werk oder Dienſte) zu fordern habe, verkauft habe und durch Gegenwärtiges verkaufe, cedire, übertrage und überſchreibe, mit aller Gewalt, dieſelbe in meinem Namen, jedoch auf ſeine Koſten und Laſten, einzuklagen, einzuziehen und dafür zu quittiren, oder ſie wieder zu verkaufen und zu cediren. Und ich beſtätige hierbei, daß ich die beſagte Summe von —— Dollars richtig zu fordern habe, wie vorgeſagt, und daß ich keine Handlung begangen, noch begehen werde, um die Beitreibung derſelben durch den beſagten Robert Hartmann zu hindern oder zu verhüten.

Zur Urkunde (Fortſeßung wie bei No. 1).

9. Ceſſion eines Miethkontraktes.

Kund und zu wiſſen ſei Jedermann durch Gegenwärtiges: Daß ich, Guſtav Schüler von——, für die und in Betracht der mir von Robert Hartmann von—— bezahlten Summe von——Dollars geſeßliches Geld der Vereinigten Staaten an den beſagten Robert Hartmann verkauft habe und durch Gegenwärtiges überlaſſe, übergebe, cedire, übertrage und überſchreibe einen gewiſſen, vom 15. Februar ein tauſend acht hundert und vierzig cedirten, mir, dem beſagten Guſtav Schüler von Adolph Herwig von—— über die Vermiethung eines gewiſſen Wohnhauſes in—— gelegen, ausgeſtellten Miethkontrakt, nebſt allen und jeden in dieſem beſchriebenen und erwähnten Grundſtücken, den auf denſelben ſtehenden Gebäulichkeiten und den Zubehörden; auf daß der beſagte Robert Hartmann, ſeine Erben, Teſtamentsvollſtrecker, Vermögensverwalter und Ceſſionare dieſelben

vom 1. März d. J. an für und auf die Dauer der ganzen noch rückständigen, übrig bleibenden und noch abzulaufenden Zeit von ——
Jahren, wie in dem besagten Miethkontrakte erwähnt, benutzen und
behalten; jedoch den darin beschriebenen Pakten, Bedingungen und
Vorschriften nachkommen und den Miethzins bezahlen: Und ich bestätige und versichere dem besagten Robert Hartmann hierdurch, daß
die besagten, anmit cedirten Miethgegenstände frei und rein von allen
frühern und andern Cessionen, Uebertragungen, Ueberlassungen, Be-
willigungen, Verkäufen, Aftermiethen, gerichtlichen Urtheilen, Exeku-
tionen, Rückständen an Miethzinsen, Steuern, Abgaben und andern
Lasten, wie sie heißen mögen, sind.

Zur Urkunde (Fortsetzung wie bei Nr. 1).

10. Cession eines Kaufkontraktes.

Kund und zu wissen sei Jedermann durch Gegenwärtiges: Daß
ich, Gustav Schüler von ——, für die und in Betracht der mir von
Robert Hartmann bezahlten Summe von —— Dollars gesetzliches
Geld der Vereinigten Staaten an den besagten Robert Hartmann
verkauft habe und durch Gegenwärtiges verkaufe, übertrage, cedire
und überschreibe einen Kontrakt über den Ankauf eines gewissen Grund-
stückes, (hier die vollständige Beschreibung desselben) welch besagter
Kontrakt von Friedrich Kuhn von —— mit dem besagten Gustav
Schüler eingegangen und abgeschlossen worden und vom 6. März
1850 datirt ist; auf daß der besagte Robert Hartmann, seine Erben,
Testamentsvollstrecker, Vermögensverwalter und Cessionare denselben
zu seinem und ihrem Nutzen und Vortheile für immer behalten und
benutzen, jedoch den darin erwähnten Pakten, Bedingungen und Zahlungen nachkommen: Und ich ermächtige den besagten Robert Hartmann und ertheile ihm andurch volle Macht und Gewalt, wenn er
den besagten Pakten und Bedingungen nachkommt, von dem besagten
Friedrich Kuhn das von diesem in dem erwähnten Kontrakte verspro-
chene Kaufsinstrument auf dieselbe Weise und zu all den Zwecken
und Absichten, wie ich selbst gethan haben möchte und könnte, wenn
die gegenwärtige Cession nicht ausgestellt worden wäre, zu fordern
und zu empfangen.

Zur Urkunde (Fortsetzung wie bei Nr. 1).

11. Ein Associé tritt seinen Antheil an einem Handelsgeschäfte an den andern Associé ab, wodurch die Compagnie aufgehoben wird.

Dieweil zwischen Gustav Schüler und Robert Hartmann, beide
von der Stadt —— im County —— und Staat ——, bisher eine
Handelsgesellschaft unter der Firma Schüler und Hartmann bestan-

den hat, welche Handelsgesellschaft hiermit aufgelöst und beendigt ist.
Deshalb nun bezeugt dieser, am heutigen Tage, den 8. Juli 1852
durch und von dem besagten Gustav Schüler einerseits und dem besagten Robert Hartmann anderseits abgeschlossene Vertrag: Daß der
besagte Gustav Schüler hiermit an den besagten Robert Hartmann
seine Hälfte an all den Vorräthen im Geschäfte, Gütern, Waaren,
Effekten und Eigenthum jeder Art, welche der besagten Handelsgesellschaft gehören und zustehen, wo sie immer sich befinden mögen, nebst
allen Außenständen, im Prozesse befindlichen Forderungen und den
Geldsummen, welche die besagte Firma bei allen und jeden Personen,
wer sie immer seien, gut und zu fordern hat, verkauft, überträgt, cedirt und überschreibt, auf daß der besagte Robert Hartmann und seine
Cessionare dieselben für immer zu folgenden Zwecken in Verwaltung
behalten, nämlich: Daß der besagte Robert Hartmann all die Güter,
Eigenthum und Effekten, welche der besagten Firma zustehen, zu einer
solchen Zeit und auf eine solche Weise, wie sie ihm am klügsten dünkt,
verkaufe und verwerthe, und mit angemessenem Fleiße alle die Ausstände und Geldsummen, welche die besagte Firma gut und zu fordern hat, einziehe, und aus dem Erlöse der besagten Verkäufe und
mit den solchergestalt eingezogenen Geldern alle die Schulden und
Geldsummen, welche die besagte Firma jetzt schuldet und zu bezahlen
hat, so weit der besagte Erlös aus den Verkäufen und die eingezogenen Gelder dazu ausreichen, bezahle und abtrage, und wenn alle
Forderungen, welche an die besagte Firma gemacht werden, vollständig befriedigt sind, die eine Hälfte des Ueberrestes an den besagten
Gustav Schüler oder seine Vertreter ausfolge.

Und der besagte Gustav Schüler ernennt und bestellt hiermit den
besagten Robert Hartmann unwiderruflich zu seinem Bevollmächtigten, daß der besagte Robert Hartmann in seinem eigenen Namen oder
im Namen der besagten Firma alle und jede der besagten Firma zuständigen und ausstehenden Forderungen und Geldsummen verlange,
eintreibe, einklage und einnehme; zu deren Beitreibung Prozesse ein-
leite und fortsetze, oder Vergleiche abschließe, wie es ihm am ange-
messensten dünkt; in allen gegen die besagte Firma erhobenen Rechts-
streiten dieselbe vertheidige, und überhaupt in allen Dingen so handle
und verfahre, wie er es für die gänzliche und vollständige Beilegung
aller Geschäftsangelegenheiten der besagten Firma für nothwendig
und passend erachtet.

Und der besagte Robert Hartmann verpflichtet sich andurch für sich
selbst und seine Erben, Testamentsvollstrecker und Vermögensverwalter gegen den besagten Gustav Schüler und dessen Vertreter, daß er
alles Eigenthum und die Effekten der Handelsgesellschaft zum besten
Vortheile derselben verkaufen und verwerthen, seinen äußersten Fleiß

und Mühe aufbieten will, deren Ausstände und Guthaben einzutreiben und den Ertrag der Verkäufe und die eingezogenen Gelder richtig und getreu zur Bezahlung, Berichtigung und Befriedigung aller Schulden und Verpflichtungen der Firma, so weit jene dazu hinreichen, verwenden, von dem nach Befriedigung derselben etwa zurückbleibenden Ueberschusse aber die Hälfte an den besagten Gustav Schüler oder seine Vertreter einhändigen und schließlich, daß er eine vollständige und genaue Rechnung über alle von ihm für verkaufte Güter oder eingezogene Schulden eingenommenen, sowie über die ausbezahlten Gelder halten und dem besagten Gustav Schüler oder seinen Vertretern eine richtige, getreue und vollständige Abrechnung darüber zustellen will.

Und der besagte Gustav Schüler verpflichtet sich für sich selbst, seine Erben, Testamentsvollstrecker und Vermögensverwalter gegen den besagten Robert Hartmann, seine Erben &c., daß er, wenn sich ergeben sollte, daß die Schulden der besagten Firma den Betrag der aus dem Verkaufe des Gesellschaftseigenthums und dem Einzuge der Ausstände eingehenden Gelder übersteigen sollten, an den besagten Robert Hartmann oder seine Cessionare die Hälfte der auf der besagten Firma lasten bleibenden Balance bezahlen will.

Zur Urkunde dessen haben die besagten Kontrahenten vom einen und andern Theile hiernach ihre betreffenden Unterschriften gesetzt und ihre Siegel beigedrückt am Eingangs erwähnten Tage und Jahre.

Unterzeichnet, gesiegelt und ausgefolgt in Gegenwart

von S. T.   Gustav Schüler. (L S.)
                 Robert Hartmann. (L. S.)

Sechzehnte Abtheilung.

Vollmachten.

Die Bevollmächtigung ist die bestimmte Willenserklärung Jemandes, wodurch er einen Andern vollkommen berechtigt, ein Geschäft, eine Rechtssache, u. dgl. in seinem Namen und für ihn zu betreiben oder auszuführen. Was also der Mandatarius (Bevollmächtigte) seinem Auftrage gemäß thut, ist anzusehen, als wenn es der Machtgeber (Mandant) selbst gethan hätte, und dieser muß es genehmigen. In einer Vollmacht (Mandat) müssen, außer dem Geschäfte, welches übertragen wird, auch die Grenzen der Bevollmächtigung genau bestimmt werden. Man unterscheidet General=Vollmachten, Special=Vollmachten, Prozeß=Vollmachten. Die rechtliche Kraft des Mandats (Vollmacht) erlischt, entweder nach Ausführung des Geschäfts, worauf es lautet, oder wenn beide Theile in dessen Aufhebung willigen, oder mit dem Tode des einen oder des anderen Theiles, und durch Zurückziehen oder durch Zurückgabe des Mandats.

Wenn eine Vollmacht in einem andern Staate, als in dem, in welchem sie ausgestellt wurde, gelten soll, so muß sie von einem Commissioner of Deeds oder Friedensrichter des Staats, in welchem sie ausgestellt wurde, beglaubigt werden (s. Beglaubigungen).

I. In Deutschland gebräuchliche Vollmachten.

Da der Deutschamerikaner oft in den Fall kommen kann, eine Vollmacht nach Deutschland zu schicken, so folgen hier einige Muster deutscher Vollmachten. Da aber beinahe jeder deutsche Staat seine eigenen Vollmachten hat, so kann man keine ganz stricte Vorschrift geben, doch ist die Vollmacht in Deutschland überall gültig, wenn der Sinn des Mandats ausgedrückt und die gesetzliche Beglaubigung beigesetzt ist. (Sogar die englischen Formulare, natürlich mit deutscher Uebersetzung, werden in Deutschland angenommen.)

1. General-Vollmacht.

Ich, der endesunterzeichnete John Rumpp, Mechaniker, geboren zu Eningen, Oberamt Reutlingen, Königreich Württemberg, ehelicher und großjähriger Sohn des daselbst wohnenden und verbürgerten Schmiedmeisters Jakob Rumpp und der Katharina gebornen Burg, dermalen in den Vereinigten Staaten von Nordamerika mich aufhaltend, ernenne anmit zu meinem

General-Bevollmächtigten

meinen Schwager, Philipp Keßler, Schlossermeister in Eningen, und ertheile ihm volle Macht und Gewalt, alle mir durch Erbschaft oder Vermächtniß zufallenden, mir bereits eröffneten oder noch zu eröffnenden Verlassenschaften zu meinem Vortheile entweder unbedingt oder unter der Rechtswohlthat des Inventars anzunehmen, oder darauf Verzicht zu leisten, Siegelanlegen zu begehren, oder Siegel abnehmen zu lassen, alle Inventarien, gerichtliche wie außergerichtliche Mobiliar- und Immobiliarabtheilungen zu requiriren, denselben beizuwohnen und sie zu unterzeichnen, das mir angefallene Mobiliar- und Immobiliarvermögen entweder selbst zu verwalten oder dessen Veräußerung unter Klauseln und Bedingungen, sowie für Preise, welche er für gut finden wird, zu bewerkstelligen, den aus der Verwaltung oder dem Verkaufe erzielten Betrag anzunehmen und dafür zu quittiren, Schulden und Steuern zu bezahlen, Cessionen vorzunehmen, nothwendige Prozesse einzuleiten und entweder selbst

vor den Vermittelungskammern und Gerichten klagend und verthei-
digend aufzutreten, oder Anwälte zu bestellen und sie zu entschädigen,
Eide zu schwören und schwören zu lassen, und meine Rechte in jeder
Beziehung zu wahren, alle Vor- und Anträge, wie sie ihm gut dün-
ken, zu machen, Urtheile zu erwirken und sie vollziehen zu lassen, alle
Arten von Erekutionen und Erpropriationen vorzunehmen und dazu
die nöthigen Mandate zu ertheilen, alle Arten von Vergleichen abzuschließen, alle Urkunden zu unterzeichnen, Schiedsrichter und Er-
perte zu ernennen und zu widerrufen, hypothekarische Einschreibun-
gen zu nehmen und zu löschen, zu opponiren, zu appelliren, zu substituiren, das Rechtsmittel der Kassation zu ergreifen — überhaupt
Namens meiner, des Mandanten, in Verwaltung und Veräußerung
meines jetzigen und künftigen Mobiliar- und Immobiliarvermögens
alles Dasjenige zu thun und zu unterlassen, was er, der Generalbevollmächtigte, in meinem Interesse für gut und dienlich erachten
wird, nichts ausgenommen, selbst dasjenige nicht, was hierin nicht
namentlich ausgedrückt ist und sein sollte, ohne einer besondern Vollmacht zu bedürfen, indem die gegenwärtige für alle vorhergesehenen
und nicht vorhergesehenen Fälle gültig sein soll; und ich verspreche,
alle Handlungen, welche der Generalbevollmächtigte kraft des Gegenwärtigen vornehmen wird, so anzusehen, als wären dieselben von
mir, dem Mandanten, selbst vorgenommen worden, auch denselben
für Berechnungen und Auslagen zu entschädigen.

Gegeben Cincinnati, Staat Ohio, den 3. September eintausend
achthundert und zweiundfünfzig.   John Rumpp, (L. B.)

2. Specialvollmacht zur Empfangnahme von Geld.

Ich, der endesunterzeichnete Christoph Bürk, geboren in Dresden,
Königreich Sachsen, ehelicher und großjähriger Sohn des in Dresden wohnenden Handelsmannes Gottlieb Bürk und der Anna, geb.
Sommer, dermalen wohnhaft in der Stadt Troy, Staat New York
in den Vereinigten Staaten von Nord Amerika, gebe hiermit vom
heutigen Tage an bis zum Austrag der Sache meinem Bruder, dem
Zeugschmied Christian Heinrich Bürk in Dresden Specialvollmacht
zur Empfangnahme des mir, laut einer Schuld- und Pfandverschreibung vom 10. Mai 1850 des Gerbermeisters Joh. Andreas Kling,
eigenthümlich zugehörigen Capitals von 1500 Thlrn., schreibe fünf-
zehnhundert Thaler preuß. Cour., und an meiner Statt darüber
gültig den Empfang zu bescheinigen.

Ich verspreche das, was mein Bruder in dieser Sache thun wird,
anzuerkennen, als wenn ich es selbst gethan hätte.

Gegeben Troy, den 6. August 1850.

Christoph Bürk, (L. S.)

b. Vollmacht zur Regulirung eines Nachlasses.

Ich, der endesunterzeichnete Jakob Kellermann geboren in München, Königreich Baiern, ehelicher und großjähriger Sohn des in München wohnenden Maurermeisters Karl Kellermann, und (Name der Mutter) ertheile hierdurch meinem Vater, dem Maurermeister Kellermann allerseits Vollmacht zur Regulirung des Nachlasses meines am 16. März 1850 verstorbenen Großvaters mütterlicher Seite, des Kauf- und Handelsmannes Johann Gottfried Boheim zu München, da ich wegen zu großer Entfernung nicht persönlich anwesend sein kann.

Durch diese Vollmacht ermächtige ich meinen Vater, das von meinem Großvater am 15. Januar 1850 errichtete und jetzt eröffnete Testament anzuerkennen, die Erbschaft ohne allen Vorbehalt und unter Verzichtleistung auf die Rechtswohlthat des Inventariums anzutreten, alle und jede Termine für mich abzuwarten, einen Erbtheilungsrezeß abzuschließen und zu vollziehen, Grundstücke aus der großväterlichen Nachlassenschaft zu verkaufen und in die Berichtigung des Besitztitels auf den Käufer zu willigen, den Mobiliarnachlaß ohne gerichtliche Taration zu verkaufen, ausstehende Capitalien einzuziehen, darüber zu quittiren, solche zu cediren und in Hypothek-Löschung zu willigen, Vergleiche aller Art in der Erbschaftsangelegenheit abzuschließen, auch Verzichte jeder Art zu leisten, Processe als Kläger oder Verklagter zu führen, erbschaftliche Passiva abzuführen, Pacht- und Mieth-Contracte für mich mit abzuschließen und zur gerichtlichen Rechtfertigung vorzutragen, Pacht- und Miethgelder für mich in Empfang zu nehmen und darüber Quittung zu leisten, überhaupt Alles in der Erbschaftsangelegenheit zu unternehmen und durchzuführen, was vortheilhaft ist. Dahin gehört insbesondere noch die Ermächtigung, Oberbevollmächtigte anzunehmen, so wie Rechtsanwälte mit Vollmacht zur Einklagung von Forderungen oder in andern Rechtsangelegenheiten.

Ich gebe hierdurch meine Zustimmung zu Allem, was mein Vater in der Erbschaftsangelegenheit für mich thun wird.

Gegeben, Chicago, im Staate Illinois in den Vereinigten Staaten von Nord Amerika am 1. Mai 1850.

Jakob Kellermann, (L. S)

II. In den Ver. Staaten gebräuchliche Vollmachten.

1. Generalvollmacht für Geschäftsführung.

Kund und zu wissen sei Jedermann durch Gegenwärtiges: Daß ich, Francis Broom von —— heute das Haus, No. 16 in der Mar-

let Straße auf die Dauer von vier Jahren, von dem 6. August d.
J. beginnend, zu dem Zwecke gemiethet habe, um an dem vorbesagten Orte und Hausnummer ein allgemeines Spezereigeschäft zu führen: Deshalb nun habe ich, der besagte Francis Broom, den James
Deal von —— zu meinem wahren und gesetzlichen Bevollmächtigten
ernannt, eingesetzt und bestellt und ernenne, bestelle und bestätige
ihn durch Gegenwärtiges als solchen, um für mich und in meinem
Namen, Platz und an meiner Stelle das vorbesagte Geschäft an dem
vorbesagten Orte und Hausnummer zu leiten, zu führen und zu
betreiben, alle und jede solche Güter, Waaren und Kaufmannsgüter,
welche für das vorbesagte Geschäft geeignet sind, wie es mein besagter Bevollmächtigter für gut und passend findet, in Commission zu
nehmen, zu verkaufen und zu verschließen, für mich und in meinem
Namen alle Rechnungen, Schuldverschreibungen, Wechsel, Noten,
Spezificationen oder andere schriftliche Dokumente, wie sie zur gehörigen Betreibung, Führung und Leitung des vorbesagten Geschäftes
nöthig sind, auszufertigen, auszustellen, zu unterzeichnen, zu siegeln
und auszufolgen, und alle und jede Handlung oder Sache, welcher
Art und Namens sie sein möge, die gesetzlich mit dem Geschäfte ver-
knüpft ist, zu thun und auszuführen, und mich durch solche Handlungen und Sachen so fest und unwiderruflich zu verbinden, als wäre
ich selbst anwesend und ertheilte meine Einwilligung; ich genehmige,
bestätige und gestatte hiermit Alles, was mein besagter Bevollmächtigter in der vorgenannten Angelegenheit gesetzlich thun wird.

Zur Urkunde dessen habe ich hiernach meine Unterschrift gesetzt
und mein Siegel beigedrückt den 1. August 1850.

Gesiegelt und ausgefolgt in Gegenwart
von B. D.   Francis Broom (L. S.)

2. Allgemeine Form einer Spezialvollmacht.

Kund und zu wissen sei Jedermann durch Gegenwärtiges: Daß
ich, Francis Broom von —— den James Deal von —— zu meinem wahren und gesetzlichen Bevollmächtigten ernannt, eingesetzt und
bestellt habe und durch Gegenwärtiges ernenne, einsetze und bestelle,
um für mich und in meinem Namen, Platz und meiner Stelle (hier
ist der Gegenstand der Vollmacht anzugeben) zu handeln, † † †
und ich gebe und ertheile meinem besagten Bevollmächtigten volle
Macht und Gewalt, alle und jede Handlungen und Sachen, wie sie
heißen mögen, zu vollziehen und zu thun, welche zu vorbesagtem
Zwecke erforderlich und nothwendig sind, und zwar so vollständig und
zu allen Zwecken und Absichten, wie ich es selbst gethan haben könnte
oder würde, wenn ich persönlich anwesend gewesen wäre, mit voller
Gewalt zu substituiren und zu revociren, und ich genehmige und be-

stültge hiermit Alles, was mein besagter Bevollmächtigter oder sein
Substitut kraft dieser Vollmacht gesetzlich thun oder thun lassen
werden.

Zur Urkunde dessen habe ich hiernach meine Unterschrift gesetzt und
mein Siegel beigedrückt den 1. August im Jahre eintausend achthundert und fünfzig.

Gesiegelt und ausgefolgt in Gegenwart

von B. D.   Francis Broom. (L. S.)

3. Vollmacht zur Verwaltung von Grund-Eigenthum.

Kund und zu wissen sei Jedermann durch Gegenwärtiges: Daß
ich, Francis Broom von —— den James Deal von —— zu meinem wahren und gesetzlichen Bevollmächtigten ernannt, eingesetzt
und bestellt habe und durch Gegenwärtiges ernenne, einsetze und bestelle, um für mich und in meinem Namen, Platz und meiner Stelle
die allgemeine Verwaltung und Aufsicht über die mir gehörigen und
im County —— gelegenen Grundstücke, Gebäulichkeiten und Erbgüter zu führen; durch alle gesetzlichen Mittel jeder Art die Verübung irgend eines Eingriffes oder Beschädigung derselben, oder
eines Theiles davon, zu verhüten, zu verhindern und zu verbieten;
und auf meine Kosten und Lasten und nach dem Rathe meines
Sachwalters, des Herrn Charles Allen in ——, Klage zu erheben
und jede Entschädigung, welche durch Verübung eines solchen Eingriffes oder Beschädigung der besagten Grundstücke, Gebäulichkeiten
und Erbgüter, oder eines Theiles davon, erwächst, von allen und
jeden Personen, die sich deren schuldig gemacht, zu erheben, einzuziehen und einzunehmen, oder sich darüber zu vergleichen; und ich
gebe und ertheile meinem besagten Bevollmächtigten volle Macht
(Fortsetzung wie in No. 2 von den drei Kreuzchen an).

4. Vollmacht zur Eintreibung von Schulden.

Kund und zu wissen sei Jedermann durch Gegenwärtiges: Daß
ich, Francis Broom von ——, den James Deal von —— zu
meinem wahren und gesetzlichen Bevollmächtigten ernannt, eingesetzt
und bestellt habe und durch Gegenwärtiges ernenne, einsetze und
bestelle, um für mich und in meinem Namen, Platz und meiner
Stelle alle diejenigen Geldsummen, Guthaben, Miethzinse, Rückstände, Rechnungen und andere Forderungen jeder Art, welche John
Simson von ——, seine Erben, Testamentsvollstrecker und Vermögensverwalter, oder der eine oder andere derselben in irgend einer
Weise mir schuldig rückständig und fällig sind oder werden, oder die
sie mir zu bezahlen haben oder mir vorenthalten, zu fordern, zu ver-

langen, einzuklagen, einzuziehen und zu empfangen; und ich gebe und ertheile meinem besagten Bevollmächtigten volle Macht (Fortsetzung wie in No. 2 von den drei Kreuzchen an.)

5. Vollmacht zum Empfange eines Vermächtnisses.

Kund und zu wissen sei Jedermann durch Gegenwärtiges: Daß, nachdem der verstorbene J. Hope von ——— mir durch sein Testament und letzten Willen ein Legat von ——— Dollars geschenkt und vermacht hat, das am 18. April 1850 an mich ausbezahlt werden soll, von welch besagtem Testament Paul Brown und Peter Hughes von ——— die gemeinschaftlichen Vollstrecker sind: Deshalb nun habe ich, Francis Broom von ———, den James Deal von ——— zu meinem wahren und gesetzlichen Bevollmächtigten ernannt, eingesetzt und bestellt und ernenne, bestelle und bestätige denselben durch Gegenwärtiges als solchen, um für mich und in meinem Namen, zu meinem Nutzen und Vortheil von den besagten Paul Brown und Peter Hughes, den vorgenannten Testamentsvollstreckern, das mir durch das besagte Testament des vorerwähnten J. Hope geschenkte und vermachte Legat zu fordern, zu verlangen und zu empfangen, und nach Empfang oder Bezahlung desselben an meinen besagten Bevollmächtigten eine allgemeine Bescheinigung oder Entlastung dafür auszufertigen, auszustellen oder auszufolgen; und ich genehmige, bestätige und gestatte hiermit Alles, was mein besagter Bevollmächtigter in der vorgenannten Angelegenheit gesetzlich thun wird.

Zur Urkunde dessen habe ich hiernach meine Unterschrift gesetzt und mein Siegel beigedrückt den 1. April 1850.

Gesiegelt und ausgefolgt in ⎱
Gegenwart von B. D. ⎰   Francis Broom. (L. S.)

6. Gemeinschaftliche, von einem Ehepaare ausgestellte Vollmacht zur Empfangnahme eines Erbtheiles an Mobiliar-Vermögen.

Kund und zu wissen sei Jedermann durch Gegenwärtiges: Daß, nachdem der Vater der unterzeichneten Mary Broom, John Wilburn, am 6. November 1850 gestorben ist und ein gewisses, ihm, dem besagten John Wilburn, gehöriges bewegliches Eigenthum hinterlassen hat, das unter die gesetzlichen Erben des besagten John Wilburn, gemäß den Bestimmungen des Statutes über die Intestaterbtheilung von beweglichem Eigenthum vertheilt werden soll, und nachdem Paul Brown und Peter Hughes von dem Theilungscommissär des County ——— zu Administratoren der folgenden Habe, Rechte und Guthaben des besagten, verstorbenen John Wilburn rechtsgültig bestellt worden: Deshalb nun haben wir, die unterzeichneten Francis Broom und Mary Broom, Ehefrau des erstern und Tochter des verstorbenen John Wilburn den James Deal von —————— zu unserm wahren und rechtmäßigen Bevollmächtigten ernannt, eingesetzt und bestellt, und ernennen, bestätigen und bestellen ihn durch Gegenwärtiges dazu, um für uns und in unserem Namen und an unserer Statt zu unserm Nutzen und Vortheil bei und von den besagten Paul Brown und Peter Hughes den uns nach dem Rechte der besagten Mary, als einer der gesetzlichen Erbinnen des besagten John Wilburn, an dem beweglichen Eigenthum dieses verstorbenen John Wilburn zukommenden Antheil zu verlangen, zu fordern und zu empfangen und nach Empfang oder Bezahlung desselben an unsern besagten Bevollmächtigten eine gute und hinreichende Quittung, Bescheinigung oder Entlastung dafür auszufertigen, auszustellen und auszufolgen; und wir genehmigen, bestätigen und gestatten hiermit Alles, was unser besagter Bevollmächtigter in der vorgenannten Angelegenheit gesetzlich thun wird.

Zur Urkunde dessen haben wir hiernach unsere Unterschriften gesetzt und unsere Siegel beigedrückt den 1 December eintausend achthundert und fünfzig.

Gesiegelt und ausgefolgt in ⎱   Francis Broom. (L. S.)
Gegenwart von B. D. ⎰   Mary Broom. (L. S.)

7. Vollmacht zum Verkaufe oder zur Verpachtung von Grundeigenthum.

Kund und zu wissen sei Jedermann durch Gegenwärtiges: Daß ich, Francis Broom von —————, den James Deal von ————— zu meinem wahren und gesetzlichen Bevollmächtigten ernannt, eingesetzt und bestellt habe und durch Gegenwärtiges ernenne, einsetze und bestelle, um für mich und in meinem Namen, Platz und meiner Stelle alle diejenigen Grundstücke, Gebäulichkeiten, Erbgüter und alles und jedes Realeigenthum im Staate —————, auf das und die ich in irgend einer Weise ein Recht habe oder erlangen werde, oder dabei interessirt bin oder werde, zu betreten und Besitz davon zu nehmen und dieselben oder irgend einen Theil oder Stück davon um eine solche Summe und einen solchen Preis und unter solchen Bedingungen, wie er für angemessen hält, zu übertragen, zu veräußern und zu verkaufen, und für mich und in meinem Namen gute und hinreichende Kaufbriefe und Ueberschreibungsurkunden entweder mit oder ohne besondere Pakte und Sicherheitsleistungen dafür auszufertigen, auszustellen, zu unterzeichnen und auszufolgen, und bis zur Vollziehung eines solchen Verkaufes das besagte Grundeigenthum um den besten Pachtschilling, den er erzielen kann, zu verleihen und zu verpachten, und alle Summen Geldes, welche mir durch einen solchen Verkauf und Veräußerung oder Verleihung und Verpachtung zu Gut kommen und fällig werden, zu fordern, zu verlangen, einzuziehen, zu erheben und einzunehmen; und ich gebe und ertheile meinem besagten Bevollmächtigten volle Macht (Fortsetzung wie in No. 2 von den drei Kreuzchen an).

8. Vollmacht mehrerer Gläubiger eines Verstorbenen zur Einklagung ihrer Forderungen.

Nachdem der verstorbene Patrick Green von —————— gegen uns, die hiernach Unterzeichneten, und verschiedene andere Personen durch Schuldscheine, Wechsel, Noten oder sonst verschuldet gestorben: Sei Jedermann kund und zu wissen durch Gegenwärtiges, daß wir, die besagten Gläubiger, hiermit Augustus Bell von —————— ermächtigen, bestimmen, aufstellen und ihm Gewalt geben, daß er als unser bevollmächtigter Geschäftsführer und Anwalt agire und in unserm Namen und zu unsern Gunsten eine oder mehrere Rechnungen gegen solche Person oder Personen, wie sie ihm angegeben werden sollen, bei dem Kanzeleigerichte einbringe und darauf klage, daß solche Vermögenstheile und nachgelassene Effekten des verstorbenen Patrick Green ausfindig gemacht werden, die zu Bezahlung unserer Forderungen geeignet sind und dazu verwendet werden können, und daß er ferner in unserm Namen und zu unsern Gunsten alle und jede Klagen und Prozesse vor dem geeigneten Gerichte, wie ihm, dem besagten Augustus Bell, angegeben werden wird, gegen alle und jede solche Personen erhebe und führe, welche dergleichen Vermögenstheile und Effekten des besagten Patrick Green selbst besitzen, oder besessen haben oder hatten, um die Bezahlung der besagten Schuld daraus zu erlangen; zu welchem Zwecke dies eine hinreichende Vollmacht für den besagten Augustus Bell sein soll.

Zur Urkunde dessen haben wir hiernach unsere Unterschriften gesetzt und unsere Siegel beigedrückt den ——————.

Gesiegelt und ausgefolgt in ⎫
Gegenwart von ——————.   ⎬ (Folgen die Namen mit Siegel.)
                            ⎭

9. Vollmacht zu Bewirkung einer Versicherung.

Kund und zu wissen sei Jedermann durch Gegenwärtiges: Daß ich, Francis Broom von —————— den James Deal von —————— zu meinem wahren und gesetzlichen Bevollmächtigten ernannt, eingesetzt und bestellt habe und durch Gegenwärtiges ernenne, einsetze und bestelle, um für mich und in meinem Namen, Platz und meiner Stelle bei der Feuer-Versicherungsgesellschaft in der Stadt —————— eine Versicherung auf mein Haus und Waarenlager (hier eine genaue Beschreibung des zu versichernden Eigenthums) unter solchen Bedingungen zu bewirken, als meinem besagten Bevollmächtigten angemessen und dienlich dünkt: und ich ertheile andurch meinem besagten Bevollmächtigten die Gewalt, jedes Gesuch um eine Versicherung, jede Angabe der Bedingung und des Werthes des besagten Eigenthumes, Uebereinkunft, eigenen oder Prämienwechsel und überhaupt alle Papiere, die zu diesem Zwecke nothwendig sind, zu unterzeichnen; ebenso auch irgend eine Police, die er erlangen mag, zu annulliren und zurückzugeben und bei solcher Annullirung oder dem Ablauf derselben alle Dividenden, Prämien oder Depositen, die darauf fällig werden, in Empfang zu nehmen und nach solchem Empfang volle Entlastung dafür zu geben; und ich gebe und ertheile meinem besagten Bevollmächtigten volle Macht (Fortsetzung wie in No. 2 von den drei Kreuzchen an).

10. Widerruf einer Vollmacht.

Kund und zu wissen sei Jedermann durch Gegenwärtiges: Daß, nachdem ich, Francis Broom von ——, in und durch meine am 1. April 1850 ausgestellte Vollmacht James Deal von—— zu meinem wahren und gesetzlichen Bevollmächtigten ernannt, eingesetzt und bestellt habe, damit er für mich und in meinem Namen (hier ist der Inhalt der Vollmacht anzugeben) 2c., wie aus der besagten Vollmacht des Näheren hervorgeht: Deßhalb nun habe ich, der besagte Francis Broom, die besagte Vollmacht und alle dadurch dem besagten James Deal ertheilte oder zu ertheilen beabsichtigte Macht und Gewalt widerrufen, zurückgenommen, annullirt und für ungültig erklärt und widerrufe sie, nehme sie zurück, annullire und erkläre dieselbe durch Gegenwärtiges für ungültig.

Zur Urkunde dessen habe ich hiernach meine Unterschrift gesetzt und mein Siegel beigedrückt den ersten August ein tausend acht hundert und fünfzig.

Gesiegelt und ausgefolgt in Gegenwart

von ——   Francis Broom. (L. S.)

Siebenzehnte Abtheilung.

Schuldscheine und Verschreibungen, Bodmereibriefe, Bürgschaften und Cautionen.

I. Schuldscheine und Verschreibungen.

Schuldverschreibungen oder Schuldscheine (Obligationen oder Confense) sind schriftliche Versicherungen über ein erhaltenes Darlehen, welches entweder in Geld (klingender Münze, Papiergeld) oder in öffentlichen Schuldscheinen, oder in anderen verbrauchbaren Sachen (Waaren 2c.) mit oder ohne Zinsen (Interessen) gegeben wird.

1. Gewöhnliche Form eines Schuldscheines.

Kund und zu wissen sei Jedermann durch Gegenwärtiges: Daß ich, Albert Kurz von der Stadt —— im County —— und Staate —— dem Hermann Lang von —— die Summe von zweitausend fünfhundert Dollars gesetzliches Geld der Vereinigten Staaten schuldig und fest dafür verbunden bin, welche Summe an den besagten Hermann Lang, seine Testamentsvollstrecker, Vermögensverwalter oder Cessionare heimzuzahlen ist; und für die richtige und redliche Heimzahlung derselben verpflichte und verbinde ich mich, meine Erben, Testamentsvollstrecker und Vermögensverwalter durch Gegenwärtiges fest. †††

Gesiegelt mit meinem Siegel. Datirt den 6. Mai eintausend acht hundert und fünfzig.

Gesiegelt und ausgefolgt in Gegenwart
von A. B.   Albert Kurz. (L. S.)

2. Schuldschein, in welchem verschiedene Zahlungs termine festgesetzt sind.

Kund und zu wissen sei Jedermann durch Gegenwärtiges: Daß ich, (Fortsetzung wie in Nr. 1 bis zu den drei Kreuzen. Dann weiter:)

Die Bedingung der vorstehenden Verschreibung ist die, daß, wenn der dadurch verbundene Albert Kurz, seine Erben, Testamentsvollstrecker oder Vermögensverwalter an den vorgenannten Hermann Lang, seine Testamentsvollstrecker, Vermögensverwalter oder Cessionare ††† die schuldige Summe von——Dollars auf folgende Weise gut, vollständig und richtig heimbezahlen, nämlich die Summe von —— Dollars am 1. Juli d. J.; die Summe von —— Dollars am 1. Okt. d. J., und die restirende Summe von——Dollars in einem weitern Jahre vom letztgenannten Datum an, nebst den gesetzlichen Interessen aus der ganzen, zur Zeit der Ratenzahlung noch rückständigen Hauptsumme, dann soll die obige Verschreibung ungültig sein, sonst aber in voller Kraft und Gültigkeit bleiben.

Gesiegelt mit meinem Siegel den 1. Juni 1850.

Gesiegelt und ausgefolgt in Gegenwart
von ——.   Albert Kurz. (L. S.)

3. Schuldschein, in welchem die richtige Bezahlung der Zinsen mit einbedungen ist.

Kund und zu wissen sei Jedermann durch Gegenwärtiges: Daß ich

(Fortſetzung wie in Nr. 2 bis zu den drei Kreuzen, dann weiter:) die
ſchuldige Summe von——Dollars am 3. März im Jahre unſers Herrn
1850, nebſt den geſetzlichen Intereſſen daraus, die vom heutigen Tage
an zu berechnen und halbjährig am zweiten Tage des Januar und erſten
Tage des Juli jeden Jahres und aller Jahre gut, richtig und vollſtändig zu entrichten ſind, entrichten; dann ſoll die obige Verſchrei-
bung ungültig ſein, ſonſt aber in voller Kraft und Gültigkeit bleiben.
Und es wird hiermit die ausdrückliche Uebereinkunft getroffen, daß
wenn die Entrichtung der beſagten Intereſſen, oder eines Theils davon, an einem der Tage, an dem die Bezahlung derſelben, wie vorbeſagt, erfolgen ſollte, verſäumt und während der Zeit von ſechzig
Tagen unberichtigt und im Rückſtand bleibt, dann und von da an,
nämlich nach dem Ablauf der ſechzig Tage, ſoll die vorgemeldete Hauptſumme von —— Dollars, nebſt allen daraus aufgelaufenen Intereſſen, nach dem Gutdünken des beſagten Hermann Lang, ſeiner Teſtamentsvollſtrecker, Vermögensverwalter und Ceſſionare als unmittelbar darauf verfallen und zahlbar betrachtet werden, obſchon dann
die oben beſtimmte Zeit für deren Bezahlung noch nicht abgelaufen
und was immer hievor von dem Gegentheile geſagt ſein mag.
Geſiegelt mit meinem Siegel, Datirt den——
Geſiegelt und ausgefolgt in Gegenwart
von ——. Albert Kurz. (L. S.)

4. Schuldſchein, vom Teſtamentsvollſtrecker ausgeſtellt.

Kund und zu wiſſen ſei Jedermann durch Gegenwärtiges: Daß
ich, Albert Kurz von—— dem J. Schmid und F. Wurſt, Vollſtreckern
des letzten Willens und Teſtamentes des verſtorbenen L. Groß von
—— die Summe von eintauſend*) Dollars geſetzliches Geld der
Vereinigten Staaten ſchuldig und feſt dafür verbunden bin, welche
Summe an die beſagten J. Schmid und F. Wurſt, die vorerwähnten Teſtamentsvollſtrecker, den oder die nachgelaſſenen Erben oder
ſeine oder ihre Ceſſionare heimzubezahlen iſt; und für die richtige
und redliche Heimzahlung derſelben verpflichte und verbinde ich mich,
meine Erben, Teſtamentsvollſtrecker und Vermögensverwalter durch
Gegenwärtiges feſt.
Geſiegelt mit meinem Siegel. Datirt den —— eintauſend achthundert und ——.

*) Anmerkung zu Nr. 4. Auf den erſten Blick muß es auffallen, daß die
Schuld zuerſt auf tauſend Dollars und dann weiter unten auf fünfhundert
Dollars angegeben iſt. Aber in den meiſten Staaten beſteht noch die unver-
nünftige Regel, daß der Schuldner im Schuldſcheine den doppelten Betrag
der erhaltenen Summe angiebt und erſt im Nachtrage ſagt, es ſolle nur die
Hälfte dieſer Summe bezahlt werden, wenn Capital und Zinſen zur gehörigen Zeit abbezahlt werden.

Die Bedingung der vorstehenden Verschreibung ist die, daß, wenn der dadurch verbundene Albert Kurz, seine Erben, Testamentsvollstrecker oder Vermögensverwalter, die schuldige Summe von fünfhundert Dollars auf folgende Weise gut, vollständig und richtig heimbezahlen, nämlich: die Summe von hundert Dollars am 1. Juli d. J., die Summe von zweihundert*) Dollars am 1. Oktober d. J. und die restirende Summe von zweihundert Dollars in einem weiteren Jahre vom letztgenannten Datum an, nebst den gesetzlichen Interessen aus der ganzen, zur Zeit jeder Ratenzahlung noch rückständigen Hauptsumme, dann soll die obige Verschreibung ungültig sein, sonst aber in voller Kraft und Gültigkeit bleiben.

Gesiegelt mit meinem Siegel den———
Gesiegelt und ausgefolgt in Gegenwart
den ——.   Albert Kurz. (L. S.)

II. Bodmerei=Briefe oder Schiffspfandscheine.

Der Bodmereibrief ist der Kontrakt des Schiffers oder Schiffsbesitzers, durch welchen dieser Geld aufnimmt und für die Zurückerstattung desselben mit seinem Schiffe haftet. Der Name Bodmerei kommt von dem Wort Boden her, weil das Geld auf den Boden des Schiffes geliehen wird. Im Inlande wird der Bodmereibrief von dem Schiffseigenthümer oder von dem Capitän ausgestellt, im Auslande dagegen hat der Capitän volle Gewalt, auf die Schiffseigenthümer Geld aufzunehmen und im Falle der Noth (wenn er in einen Nothhafen eingelaufen ist,) Schiff und Ladung zu verpfänden.

Bodmereibrief.

Kund und zu wissen sei Jedermann durch Gegenwärtiges, daß ich, Friedrich Schelling, Capitän und zu einem Drittheil Eigner des Schiffes Agnes, für mich selbst und für Carl Schanz, dem die andern zwei Drittheile des besagten Schiffes gehören, Julius Schulz für die Straffumme von dreitausend Dollars gesetzliches Geld verpflichtet und fest verbunden bin und für die Bezahlung derselben an den besagten Julius Schulz, seine Erben, Testamentsvollstrecker, Vermögensverwalter oder Cessionare hiermit mich, meine Erben, Testamentsvollstrecker und Vermögensverwalter durch Gegenwärtiges fest verbinde.

Gesiegelt mit meinem Siegel. Datirt den ———
In Maßen der hiervor verpflichtete Friedrich Schelling die richtige und volle Summe von eintausend fünfhundert Dollars von den be-

---

* Siehe Anmerkung auf der vorhergehenden Seite.

sagen Julius Schulz aufgenommen und empfangen hat, für welche Summe der Block und die Fracht der besagten Agnes als Bürgschafts-Obligation haftet, deren Capitän der besagte Friedrich Schelling vom Hafen Bremerhaven und auf der Fahrt nach dem Hafen New York jetzt ist, welcher das Recht hat, auf dieser Fahrt in allen Häfen und an allen Plätzen, die in dem Bereiche der Seereise liegen, gegen den Abtrag oder die Prämie von 6 Procent für die Reise zu landen sich aufzuhalten und dahin zu steuern: in Betracht welcher Prämie die gewöhnlichen Gefahren zur See, auf Flüssen, durch Feuersbrunst, Feinde, Seeräuber ꝛc. auf Rechnung des besagten Julius Schulz gehen. Und zu weiterer Sicherheit des besagten Julius Schulz verschreibt und verpfändet der besagte Friedrich Schelling dem besagten J. Schulz, seinen Erben, Testamentsvollstreckern, Vermögens-verwaltern und Cessionaren durch Gegenwärtiges das besagte Schiff Agnes und dessen Fracht, nebst ihrem ganzen Takelwerk, Schiffsge-räthe ꝛc.: Und es wird hiermit erklärt, daß das besagte Schiff Agnes und seine Fracht dadurch als Sicherheit für die aufgenommene Geld-summe von dem besagten Fr. Schelling abgetreten ist und zu keinem andern Gebrauch und Zwecke, was es immer für einer sein möge, ausgefolgt werden soll, bis die Bezahlung, zu der diese Verschrei-bung verpflichtet, einschließlich der daraus fälligen Prämie, erst ge-macht ist.

Demnach also ist die Bedingung dieses Bodmereibriefes die, daß, wenn der hiervor verbundene Fr. Schelling, seine Erben, Testaments-vollstrecker oder Vermögensverwalter die richtige und volle Summe von eintausend fünfhundert Dollars, welche die Hauptsumme dieser Verschreibung ausmachen, nebst der daraus verfallenden Prämie, vor oder bei dem Ablaufe von zwanzig Tagen nach der Ankunft des besagten Schiffes Agnes in dem Hafen von New York redlich und ehrlich an den besagten Julius Schulz, oder an seine gesetzlich zur Empfangnahme ermächtigten Anwälte, seine oder ihre Erben, Testa-mentsvollstrecker, Vermögensverwalter oder Cessionare, bezahlen oder bezahlen lassen, oder im Falle des Verlustes des besagten Schiffes, eine solche ungefähre Summe, als nach dem Herkommen von dem, was davon gerettet worden, bezahlt zu werden pflegt, dann soll diese Verschreibung ungültig sein, sonst aber in voller Kraft und Wirksamkeit bleiben.

Nachdem drei Verschreibungen desselben Inhals und Datums unterzeichnet und eine davon vollzogen worden ist, sollen die beiden andern ungültig und kraftlos sein.

Gesiegelt und ausgefolgt in Gegenwart

von ——

Friedrich Schelling für sich und
Carl Schanz. (L. S.)

17

III. Bürgschaften und Cautionen.

Wenn Jemand Geld oder Waaren zu erhalten sucht, der für seine Person keinen Credit findet, so ist es erforderlich, Jemanden aufzufinden, der für ihn dem Gläubiger mit seinem Vermögen haftet, und sich verpflichtet, die ausgeborgte Summe zu bezahlen, falls der Schuldner nach Verlauf der bedungenen Zeit mit der Zahlung nicht einhalten könnte. Wer sich nun zur Befriedigung des Gläubigers auf den erst angeführten Fall verpflichtet, wird ein **B ü r g e** und die hierüber aufgesetzte Urkunde ein **B ü r g s c h a f t s v e r t r a g** oder **B ü r g s c h a f t s s c h e i n** (Cautions-Instrument) genannt. Es können sich übrigens auch Mehrere für Einen verbürgen.

Cautionen werden aber nicht nur für Schuldner, sondern auch für Angeschuldigte (für deren Erscheinen vor Gericht) geleistet. Auch Beamte oder Privatangestellte, welche eine Kasse zu verwalten haben, leisten für dieselbe Bürgschaft.

1. B ü r g s c h a f t b e i e i n e m S c h u l d s c h e i n e.

Kund und zu wissen sei hierdurch Jedermann, daß ich, Christopher Parker von —— dem James Nappier die Summe von eintausend Dollars gesetzliches Geld der Ver. Saaten schuldig und fest dafür verbunden bin, welche Summe an den besagten James Nappier, seine Testamentsvollstrecker, Vermögensverwalter oder Cessionare heimzubezahlen ist; und für die richtige und redliche Heimzahlung derselben verpflichte und verbinde ich mich, sowie meine Erben, Testamentsvollstrecker und Vermögensverwalter durch Gegenwärtiges fest. ——

Gesiegelt mit meinem Siegel. Datirt den —— eintausend achthundert und ——   Christopher Parker.

Nachdem ich, Isaac Brown, auf das besondere Verlangen und Aufforderung des oben verbundenenen Christopher Parker mich mit dem eben genannten Christopher Parker gegen James Napplier von —— durch einen Schuldschein vom gleichen Datum wie diese Urkunde zu einer Strafsumme von eintausend Dollars gesetzliches Geld der Vereinigten Staaten verbunden habe, was als verpflichtende Bedingung für die Bezahlung der Summe von fünfhundert Dollars eingesetzt wurde, welche der besagte Christopher Parker dem besagten James Napplier wirklich schuldig ist;

Deshalb nun ist die Bedingung dieser Verschreibung die, daß, wenn der besagte Christopher Parker die Bedingung des dem James Napplier ausgestellten Schuldscheines gehörig erfüllt, dann soll diese vorliegende Verschreibung ungültig sein, sonst aber in voller Kraft und Wirksamkeit bleiben.

Gesiegelt mit meinem Siegel.   Datirt den ――

Gesiegelt und ausgefolgt in Gegenwart

von ――   Isaac Brown. (L. S.)

2. Bürgschaft für einen Angeschuldigten.

Kund und zu wissen sei Jedermann durch Gegenwärtiges: Daß wir, August Kuhn, Wilhelm Knoll und Paul Mühlenberg von ― dem Scheriff des County ――, um die Summe von tausend Dollars gesetzliches Geld der Ver. Staaten verpflichtet und fest verbunden sind; und für die richtige und redliche Bezahlung derselben verbinden wir uns und unsere wechselseitigen Erben, Testamentsvollstrecker und Vermögensverwalter, vereint und jeder insbesondere, durch Gegenwärtiges fest.

Gesiegelt mit unsern Siegeln.   Datirt den ―― im Jahre unseres Herrn eintausend achthundert und ――

Die Bedingung dieser Verschreibung ist die, daß, wenn Aloys Jung von ――, Beklagter, in dem von Gottfried Buck, Kläger, vor dem Obergerichte im Staate ―― gegen ihn, den besagten Aloys Jung, anhängig gemachten Prozesse erscheint und binnen zwanzig Tagen nach dem fünften Oktober d. J. (dem Tage der Berichterstattung über den Haftbefehl) spezielle Bürgschaft einlegt und diese Bürgschaft auf Verlangen nach dem bestehenden Gerichtsgebrauche geleistet hat, dann diese Verschreibung ungültig sein, sonst aber in voller Kraft und Wirksamkeit bleiben soll.

Gesiegelt mit unsern Siegeln.   Datirt den ――

Gesiegelt und ausgefolgt   }   Wilhelm Knoll. (L. S.

in Gegenwart von――   }   August Kuhn. (L. S.)

8. Caution eines bei einer Gesellschaft als Schatzmeister Angestellten.

Kund und zu wissen sei Jedermann durch Gegenwärtiges: Daß ich, Peter Smith von――, der――Gesellschaft für die Summe von eintausend Dollars gesetzliches Geld der Vereinigten Staaten schuldig und fest verbunden bin, welche Summe an die besagte Gesellschaft oder ihre Cessionare heimzubezahlen ist; und für die richtige und redliche Heimzahlung derselben verpflichte und verbinde ich mich, meine Erben, Testamentsvollstrecker und Vermögensverwalter durch Gegenwärtiges fest.

Gesiegelt mit meinem Siegel.   Datirt den ――

Peter Smith.

Diewell der hievor verbundene Peter Smith zum Schatzmeister der —— Gesellschaft erwählt und ernannt worden ist, in welcher Eigenschaft verschiedene Summen Geldes, Güter, Geräthe und andere Dinge, welche der besagten Gesellschaft gehören, durch seine Hände kommen: Deshalb nun ist die Bedingung der vorstehenden Verschreibung die, daß, wenn der besagte Peter Smith, seine Testamentsvollstrecker oder Vermögensverwalter bei seinem Austritt aus dem besagten Amte auf das an ihn oder sie gestellte Verlangen, der besagten Gesellschaft oder ihrem Agenten oder Anwalt eine richtige und getreue Rechnung über alle und jede solche Summe oder Summen Geldes, Güter, Geräthe und andere Dinge, die durch seine Hände, in seiner Verwaltung oder Besitz als Schatzmeister, wie vorbesagt, gekommen sind, stellt und ablegt, und seinem Amtsnachfolger oder irgend einer zu deren Empfang berechtigten Person alle solche Ballancen, oder Summen Geldes, Güter, Geräthe und andere Dinge, die sich als in seinen Händen befindlich herausstellen und die der besagten Gesellschaft gehören, bezahlen und ausliefern wird und bezahlt und ausliefert, und wenn der besagte Peter Smith der besagten Gesellschaft in seiner Eigenschaft als Schatzmeister wie vorbesagt, während der Dauer seines Amtes gut und recht, treu und redlich in allen Dingen dient; dann soll die vorstehende Verschreibung ungültig sein, sonst aber in voller Kraft und Wirksamkeit bleiben.

Gesiegelt und ausgefolgt in Gegenwart von ——

Achtzehnte Abtheilung.

Pfandscheine.

Pfandscheine sind schriftliche Erklärungen darüber, daß man irgend eine Sache als Pfand zur Sicherung einer Schuld, von der einen Seite abgegeben und von der andern empfangen hat. Während in Deutschland hierbei vorausgesetzt wird, daß das Pfand dem Empfänger nur zur Aufbewahrung gegeben ist, tritt nach englischem und amerikanischem Rechte der Pfandbesteller sein Eigenthum an den Pfandnehmer ab und der erstere bleibt nur unter gewissen Umständen Nutznießer desselben. Der Pfandbrief hat ganz die Wirkung des Kaufbriefes, nur mit dem Unterschiede, daß das abgetretene Eigenthum vom ursprünglichen Besitzer durch Rückzahlung der aufgenommenen Gelder und ihrer Zinsen wieder eingelöst werden kann.

1 Pfandscheine auf bewegliches Eigenthum oder Faust-Pfänder.

1. Pfandschein für eine Schuld.

Dieser Vertrag, abgeschlossen den 6. Mai 1850 zwischen Heinrich Schuh von —— einerseits, und David Marx von ——, anderseits, bezeugt: Daß der besagte Kontrahent vom einen Theile in Erwägung der ihm richtig bezahlten Summe von —— Dollars an den besagten Kontrahenten vom andern Theile und seine Cessionare verkauft hat und durch Gegenwärtiges überläßt und überträgt die hiernach beschriebenen Güter, fahrende Habe und Eigenthum (hier werden die Gegenstände einzeln beschrieben*), die jetzt in dem vorbesagten County u. s. w. in meinem Besitze sind, und zwar nebst dem Zubehör und allem Anspruch, Titel und Interesse, welche der besagte Kontrahent vom einen Theile daran hat. ††† Diese Abtretung hat zum Zwecke, als Sicherheit für die Bezahlung von eintausend fünfhundert Dollars nebst Interessen zu dienen, welche bei oder vor Ablauf eines Jahres von heute an erfolgen soll; ferner die Bezahlung von weiteren eintausend Dollars, welche am 6. Okt. 1851 zu erfolgen hat. Werden diese Bezahlungen richtig geleistet, so gilt dieser Vertrag nichts.

Zur Urkunde dessen hat der besagte Kontrahent vom einen Theile hiernach seine Unterschrift gesetzt und sein Siegel beigedrückt am Eingangs erwähnten Tage und Jahr.

Unterzeichnet, gesiegelt und ausgefolgt in Gegenwart
von A. B.   Heinrich Schuh. (L. S.)

2. Pfandschein zur Sicherung eines Wechsels.

Dieser Vertrag, abgeschlossen den—— (Fortsetzung wie in Nr. 1 bis zu den drei Kreuzen, dann weiter:) Vorausgesetzt jedoch, daß, wenn der besagte Kontrahent vom einen Theile an den besagten Kontrahenten vom andern Theile oder seine Cessionare den vollen Betrag, Hauptsumme und Interessen eines gewissen, von dem besagten Kontrahenten vom einen Theile für die Summe von—— Dollars, zahlbar drei Monate nach dem Tage der Ausstellung, am 1. Mai 1850 ausgestellten und jetzt im Besitze des Contrahenten vom andern Theile befindlichen, eigenen Wechsels zur Verfallzeit richtig und redlich be-

---

*) Anmerkung zu Nr. 1. Die verpfändeten Gegenstände kann man, statt im Texte, auf einem eigenen Schedul verzeichnen, den man, mit der Eingangsformel „Schedul wie oben erwähnt" und mit der Namensunterschrift versieht. Natürlich muß dann im Pfandbriefe selbst bei Erwähnung der verpfändeten Güter auf den Schedul verwiesen werden.

zahlt, dieser Vertrag ungültig sein, sonst aber in voller Kraft und Wirksamkeit bleiben soll.

Zur Urkunde dessen u. s. w. wie in Nr. 1.

3. Gewöhnlicher Pfandschein und damit verbundener Kaufvertrag.

Kund und zu wissen sei Jedermann durch Gegenwärtiges, daß ich, Heinrich Schutz von ——, für die mir bezahlte Summe von einem Dollar, deren Empfang ich hiermit bescheinige, an den besagten David Marr von—— und seine Cessionare überlassen, verhandelt, verkauft, abgetreten, übertragen und überschrieben habe, und durch Gegenwärtiges für immer überlasse rc. folgende Güter, fahrende Habe und Eigenthum, nämlich: (hier werden die Gegenstände beschrieben, oder verweist man auf den angehängten Schedul.) In Maßen ich, der besagte Heinrich Schutz dem besagten David Marr, für die Summe von fünfhundert Dollars, als richtige Schuld für empfangenes und erhaltenes Geld und an mich verkaufte und von mir erhaltene Waaren nach Abrechnung verfangen bin, welche an den besagten Heinrich Schutz oder seine Cessionare am 1. August 1850 nebst den gesetzlichen Interessen vom Tage des Empfanges an zu bezahlen sind.

So wird hiermit als Bedingung des vorstehenden Kaufvertrages festgesetzt, daß, wenn der besagte Heinrich Schutz an den besagten David Marr, oder seine Agenten, Bevollmächtigte oder Cessionare, die hiervor erwähnte Forderung zu der Zeit und in der Art und Weise, wie oben erwähnt, richtig und redlich bezahlt, und die vorgemeldeten Bedingungen und Uebereinkünfte, die er seiner Seits zu halten und zu erfüllen hat, nach dem wahren Inhalte und in der richtigen Bedeutung hält und erfüllt, dann soll der obenstehende Kaufvertrag ungültig sein: Sonst aber, wenn der besagte Heinrich Schutz verabsäumt und verfehlt, die besagte Forderung zu bezahlen und die besagten Bedingungen und Uebereinkünfte, wie vorbemeldet, zu halten und zu erfüllen, dann und für diesen Fall soll der besagte David Marr und seine Cessionare hierdurch autorisirt und ermächtigt sein, die oben (oder in dem angeschlossenen Schedul) bezeichneten Güter, fahrende Habe und Eigenthum, oder irgend einen Theil davon, im öffentlichen oder Privatverkaufe, je nach seinem oder ihrem Gutdünken, zu verkaufen und von dem Erlöse dieses Verkaufes so viel in seinen oder ihren Händen zurückzubehalten, als zu Befriedigung der oben erwähnten Forderung nebst den zur Zeit dieses Verkaufes daraus fälligen gesetzlichen Interessen und den sämmtlichen Kosten, Gebühren und Auslagen, welche für den besagten David Marr oder seine Cessionare in Folge der vorbemeldeten Verabsäumung und Verfehlung des besagten Heinrich Schutz aufgelaufen sind, nöthig ist; den Ueber-

reſt aber, wenn ein ſolcher verbleiben ſollte, hat er oder ſie dem beſagten Heinrich Schuh oder ſeinen Erben, Teſtamentsvollſtreckern,
Vermögensverwaltern oder Ceſſionaren auf Begehr auszufolgen. Der
beſagte David Marr und ſeine Ceſſionare ſind anmit ermächtigt, zu
ihrer weiteren Sicherheit die beſagten Güter, fahrende Habe und
Eigenthum zu jeder ihm oder ihnen beliebigen Zeit in ſeinen oder
ihren Beſitz zu nehmen.

Zur Urkunde deſſen habe ich hiernach meine Unterſchrift beigeſetzt
und mein Siegel beigedrückt am 1. Februar 1850.

Unterzeichnet, geſiegelt und ausgefolgt in Gegenwart

  von A. B.   Heinrich Schuh. (L. S.)

II. Pfandſcheine auf Grundeigenthum oder Hypotheken.

Bei dieſer Art von Pfandbriefen muß die Ehefrau, wie bei den
Kaufbriefen mit unterzeichnen.

1. Gewöhnliche Form eines Pfandſcheins.

Dieſer Vertrag, abgeſchloſſen den erſten April im Jahre unſeres
Herrn eintauſend achthundert und fünfzig zwiſchen James For von
—— einen Theils, und Charles Burr von —— andern Theils, bezeugt: Daß der beſagte Kontrahent vom einen Theile für und um
die Summe von —— Dollars an den beſagten Kontrahenten vom
andern Theile, ſeine Erben und Ceſſionare, abtritt, verhandelt, verkauft und beſtätigt alle (hier Beſchreibung der Grundſtücke,) nebſt
allen und jeden dazu gehörigen oder auf irgend eine Weiſe damit
verbundenen Erbſtücken und Zubehörden. Dieſe Uebertragung hat
zum Zwecke, eine Hypothek zu beſtellen, um die Bezahlung der Summe
von —— Dollars zu ſichern, die in drei Jahren, von dem heutigen
Tage an, nebſt den Jahresintereſſen nach der Bedingung einer gewiſſen, vom heutigen Tage datirten und von dem beſagten James
For dem beſagten Kontrahenten vom andern Theile ausgeſtellten
Beſchreibung erfolgen ſoll; und geſchieht dieſe Bezahlung, dann ſoll
der gegenwärtige Pfandſchein ungültig ſein. *** Wenn dagegen
verſäumt wird, die Bezahlung der Hauptſumme oder der Intereſſen,
wie vorbeſagt, zu machen, dann iſt der Kontrahent vom anden Theile,
ſeine Teſtamentsvollſtrecker, Vermögensverwalter und Ceſſionare hiermit ermächtigt, die oben beſchriebenen Grundſtücke oder einen Theil
davon auf die vom Geſetz vorgeſchriebene Weiſe zum Verkaufe zu
bringen und aus dem Erlöſe daraus die beſagte Hauptſumme und
Intereſſen nebſt den durch den Zwangsverkauf erwachſenen Koſten
und Gebühren für ſich zu behalten; der Ueberreſt aber, im Falle je
einer vorhanden, ſoll auf Verlangen von dem Verkäufer an den Kon-

trahenten vom einer Theile, seine Erben oder Cessionare zurücker-
stattet werden. †††

Zur Urkunde dessen hat der besagte Kontrahent vom einen Theile
hiernach seine Unterschrift gesetzt und sein Siegel beigedrückt am Eingangs erwähnten Tage und Jahre.

Unterzeichnet, gesiegelt und ausgefolgt in Gegenwart

von L. K.   James Fox. (L. S.)

2. Pfandschein mit der Bedingung der Feuer-versicherung.

Dieser Vertrag, abgeschlossen den —— (Fortsetzung wie in No. 1
bis zu den drei Kreuzen, dann weiter:) Und von und zwischen den
bei diesem Vertrage Betheiligten wird die weitere Uebereinkunft getroffen, daß der Kontrahent vom einen Theile die auf den durch Vor-
stehendes überschriebenen Grundstücken stehenden und noch zu errich-
tenden Gebäude gegen Feuerschaden versichert halten, und den Ver-
sicherungsschein nebst dem Certifikate darüber an den besagten Kontrahenten vom andern Theil, dessen Testamentsvollstrecker, Vermögensverwalter oder Cessionare überschreiben soll und wird; und versäumt er dieses, so soll es dem besagten Kontrahenten vom andern
Theile, seinen Testamentsvollstreckern, Vermögensverwaltern und
Cessionaren hiermit gestattet sein, eine solche Versicherung zu bewirken, und die Prämie und Prämien, die er für deren Bewirkung bezahlt, sollen auf den verpfändeten Grundstücken ebenfalls ein Pfand-
recht haben und der Betrag zu dem bereits verschriebenen und ge-
sicherten geschlagen werden.

In Urkunde dessen ꝛc. (wie in No. 1.)

3. Pfandschein von Ehemann und Ehefrau.

Dieser Vertrag, abgeschlossen den 1. April 1850 zwischen Christian
Frei und Sophie, seiner Ehefrau, von ——, einerseits, und Karl
Becker von ——, andererseits, bezeugt: Daß die Contrahenten vom
einen Theile für und in Erwägung der ihnen baar bezahlten Summe
von —— Dollars, deren Empfang hiermit bescheinigt wird, an den
besagten Contrahenten vom andern Theile, seine Erben und Cessionare, verhandelt, verkauft, abgetreten, überlassen, übertragen und
bestätigt haben und durch Gegenwärtiges für immer verhandeln,
verkaufen, abtreten, überlassen, übertragen und bestätigen alle (hier
werden die Grundstücke beschrieben) nebst allen und jeden dazu gehörigen oder auf irgend eine Weise damit verbundenen Gebäulichkeiten,
Erbstücken und Zubehörden, sowie auch allem Vermögen, Recht,
Titel, Interesse, Witthum oder Witthumsanspruch, Eigenthum, Besitz, Ansprüchen und Forderungen aller Art, welche die besagten Con-

trahenten vom einen Theile an, von unt auf dieselben zu machen
haben, endlich dem Rückfall und den Rückfällen, dem Ueberrest und
den Ueberresten, den Miethzinsen, dem Ertrag und Gewinn daraus:
Auf daß der besagte Contrahent vom andern Theile, seine Erben
und Cessionare die hievor überlassenen, verhandelten und beschriebenen Grundstücke nebst Zubehörden zu seinem und ihrem eigenen
Nutzen und Vortheile für immer behalten und besitzen. Der Zweck
dieses Vertrags ist, zu Sicherung der Bezahlung der Summe von
—— Dollars, welche binnen fünf Jahren, vom heutigen Tage an
gerechnet, zu erfolgen hat, und der daraus fälligen, halbjährig, je
am zweiten Tage des Januar und am ersten Tage des Juli jeden
Jahres zahlbaren Interessen, wie es die Bedingung einer gewissen
gleiches Datum tragenden, von dem besagten Christian Frei, dem
besagten Contrahenten vom andern Theile ausgestellten Schuldverschreibung vorschreibt, ein Unterpfand zu bestellen; und erfolgt eine
solche Bezahlung, dann ist der gegenwärtige Vertrag ungültig. Im
Falle aber die Bezahlung der Hauptsumme oder der Interessen nicht
so, wie vorgemeldet, eingehalten würde, dann soll der Contrahent
vom andern Theile, seine Testamentsvollstrecker, Vermögensverwalter
und Cessionare, hiermit ermächtigt sein, die obenbeschriebenen Grundstücke nebst allen und jeden Zubehörden, oder irgend einen Theil
davon, auf die vom Gesetze vorgeschriebene Weise zu verkaufen und
von dem daraus zu erzielenden Kaufschillinge die guthabende Kaufsumme, nebst Interessen und durch den Verkauf erwachsenen Kosten
und Auslagen, für sich zu behalten, den etwa verbleibenden Ueberrest aber den besagten Contrahenten vom einen Theile, ihren Erben
oder Cessionaren zuzustellen. Und der besagte Christian Frei verspricht und verpflichtet sich für sich selbst, seine Erben und Testamentsvollstrecker und Vermögensverwalter, an den besagten Contrahenten
vom andern Theile, seine Testamentsvollstrecker, Vermögensverwalter
oder Cessionare die besagte Geldsumme nebst Interessen, wie oben
gemeldet und wie es in der Bedingung der besagten Schuldverschreibung ausgesprochen, zu entrichten.

In Urkunde dessen haben die besagten Contrahenten vom einen
Theile hiernach ihre Unterschriften gesetzt und ihre Siegel beigedrückt
am Eingangs erwähnten Tage und Jahre.

Unterzeichnet, gesiegelt und ausgefolgt ⎫ Christian Frei. (L. S.)
in Gegenwart von R. T. ⎬ Sophie Frei. (L. S.)

**4. Pfandschein, durch welchen die Pfandnehmer
zum Verkaufe der verpfändeten Güter berechtigt werden, im Falle der Pfandbesteller
die Zinsen nicht bezahlt.**

Dieser Vertrag, abgeschlossen den —— (Fortsetzung wie in Nr 1

bis zu den drei Sternchen, dann weiter:) Wenn dagegen die Bezahlung der besagten, oben erwähnten Geldsumme, oder eines Theiles
davon, versäumt wird, oder wenn die daraus erwachsenden Interessen, oder ein Theil davon, nach Ablauf von fünfzig Tagen, nachdem
sie, der Bedingung der besagten Schuldverschreibung gemäß, fällig
und zahlbar werden, rückständig und unbezahlt bleiben; dann soll es
dem besagten Contrahenten vom andern Theile, seinen Testamentsvollstreckern, Vermögensverwaltern und Cessionaren gesetzlich gestattet
sein, den gesammten Betrag der vorbemeldeten Hauptsumme als
unmittelbar fällig und zahlbar zu betrachten und in und aus alle
und jede der hierdurch verpfändeten oder zu verpfänden beabsichtigten Grundstücke einzuziehen und dieselben nebst allen dem besagten
Contrahenten vom einen Theile, seinen Erben, Testamentsvollstreckern,
Vermögensverwaltern oder Cessionaren darauf zustehenden Rechts-
wohlthaten der Auslösung nach Vorschrift des Gesetzes auf öffentlicher Auction zu verkaufen und zu verwerthen: und als der durch
Gegenwärtiges hierzu gehörig Bevollmächtigte, aufgestellte und ein-
gesetzte Vertreter des Contrahenten vom einen Theile dem Käufer
oder den Käufern derselben einen guten, hinreichenden und gesetzlichen Kaufbrief oder Kaufbriefe darüber auszufertigen und zuzustellen; endlich von dem aus diesem Verkaufe zu erzielenden Erlöse
die guthabende Hauptsumme, nebst Interessen und durch den Verkauf erwachsenen Kosten und Auslagen für sich zu behalten, den
etwa vorhandenen Ueberrest aber dem besagten Contrahenten vom
einen Theile, seinen Erben, Testamentsvollstreckern, Vermögensverwaltern oder Cessionaren zuzustellen; ein solcher Verkauf aber soll
nach Recht und Herkommen eine bleibende und ewige Schranke für
den besagten Contrahenten vom einen Theile, seine Erben, Cessionare
und alle und jede andere Person sein, irgend einen Anspruch auf die
besagten Grundstücke oder einen Theil davon jemals zu begründen.
Zur Urkunde dessen (wie in No. 1).

5. Pfandschein, an Testamentsvollstrecker ausgestellt.

Dieser Vertrag, abgeschlossen den 15. März 1848 zwischen Wilhelm Keil von —— einerseits, und Christoph Stahl und Gustav
Schuler, beide von ——, Vollstrecker des letzten Willens und Testaments des verstorbenen Hermann Dorner, andererseits, bezeugt: Daß
der besagte Contrahent vom einen Theile für und in Erwägung der
ihm von den Contrahenten vom andern Theile bei oder vor der Siegelung und Ausfolge dieser Urkunde baar bezahlten Summe von
—— Dollars, deren richtigen Empfang er hiermit bescheinigt, überlassen, verhandelt, verkauft, veräußert, übergeben, übertragen und

bestätigt hat, und durch Gegenwärtiges für immer überläßt, verhandelt, verkauft, veräußert, übergiebt, überträgt und bestätigt alle (Beschreibung der Grundstücke); nebst allen und jeden Gebäulichkeiten, Erbstücken und Zubehörden, welche dazu gehören, oder auf irgend eine Weise damit verbunden sind, sowie nebst dem Rückfall und den Rückfällen, dem Rest und den Resten, Miethzinsen, Ertrag und Gewinn daraus; ferner alles Vermögen, Recht, Titel, Interesse, Eigenthum, Besitz, Anspruch und Forderung jeder Art, die der besagte Kontrahent von einem Theile an, auf, zu und von den besagten Grundstücken und jedem Theil und Stück davon, nebst den Zubehörden, nach Recht und Herkommen zu machen hat: Auf daß die besagten Kontrahenten vom andern Theile, ihre Erbfolger und Cessionare, dieselben zu ihrem eigenen Nutzen, Gebrauch und Vortheil für immer besitzen und behalten. Diese Uebertragung soll als Unterpfand gelten, um die Bezahlung der Summe von —— Dollars zu sichern, die in drei Jahren, von dem heutigen Tage an, nebst den Jahresinteressen erfolgen soll, gemäß der Bedingung einer dasselbe Datum tragenden, von den Kontrahenten vom einen Theile ausgestellten Schuldverschreibung; und dieser Pfandschein soll ungültig sein, wenn die Bezahlung auf die besagte Weise erfolgt. Und der besagte Kontrahent vom einen Theile verbindet und verpflichtet sich für sich selbst, seine Erben, Testamentsvollstrecker und Vermögensverwalter, dem besagten Kontrahenten vom andern Theile, dem oder den Erbfolgern oder ihren Cessionaren, die besagte Summe Geldes nebst Interessen, wie oben erwähnt und in der Bedingung der besagten Schuldverschreibung ausgesprochen, zu bezahlen; und wenn die Bezahlung der erwähnten Hauptsumme, oder der daraus erwachsenden Interessen, oder eines Theiles davon, versäumt wird, dann und in diesem Falle soll es den besagten Kontrahenten vom andern Theile, dem oder den Erbfolgern und ihren Cessionaren gesetzlich gestattet sein, alle und jede der hierdurch verpfändeten oder zu verpfänden beabsichtigten Grundstücke und Zubehörden, nebst allem Rechte und Vortheile des Wiederkaufes des besagten Kontrahenten vom einen Theile, seiner Erben, Testamentsvollstrecker, Vermögensverwalter oder Cessionare darauf, an sich zu ziehen und gemäß dem für einen solchen Fall bestehenden Gesetze im öffentlichen Aufstreiche zu verkaufen und zu veräußern: Und als der oder die für diesen Zweck durch Gegenwärtiges gehörig ermächtigten eingesetzten und bestellten Bevollmächtigten des besagten Kontrahenten vom einen Theile dem oder den Käufern derselben ein genügendes und gesetzliches Kaufsinstrument für den unbestrittenen Besitz auszustellen und auszuhändigen; und von dem aus diesem Verkauf zu erzielenden Erlöse die Hauptsumme und rückständigen Interessen nebst allen durch denselben und

die Anzeigen davon erwach'enen Kosten und Auslagen für sich zu
behalten, den etwaigen Ueberschuß aber dem Kontrahenten vom
einen Theile, seinen Erben, Testamentsvollstreckern, Vermögensverwaltern oder Cessionaren zuzustellen; ein solcher Verkauf soll endlich
ein bleibendes Hinderniß für den besagten Kontrahenten vom einen
Theile, seine Erben, Cessionare und alle anderen Personen nach Recht
und Herkommen bilden, auf die verkauften Gegenstände irgend einen
Anspruch aus irgend einem Grunde zu erheben.

Zur Urkunde dessen (wie in No. 1).

**6. Vertrag, wodurch verpfändetes Grundeigen-
thum vom Pfandnehmer an einen Dritten
verkauft wird.**

(Wenn ein Pfandbesteller seine Schuld nicht zu der im Pfandscheine bestimmten Zeit abträgt, so hat der Pfandnehmer das Recht,
die Unterpfänder zu verkaufen. Dieser Verkauf muß in öffentlicher
Versteigerung in dem County stattfinden.)

Dieser Vertrag, abgeschlossen den 1. Juli im Jahre unseres Herrn
eintausend achthundert und fünfzig zwischen Charles Burr von New
York einerseits, und Isaac Wool von New York anderseits bezeugt:
Nachdem James For durch einen gewissen, am 1. April eintausend achthundert und fünfundvierzig ausgestellten Pfandschein an Charles
Burr, seine Erben und Cessionare, das ganze, hiernach besonders beschriebene gewisse Stück Land nebst den Zubehörden unter dem in
dem besagten Pfandscheine enthaltenen Vorbehalt um die Summe
von —— Dollars verhandelt, verkauft und übertragen hat, daß
dieser Pfandschein ungültig sein soll, wenn die besagte Summe von
—— Dollars auf die in der Bedingung einer gewissen, gleiches
Datum mit dem besagten Pfandschein tragenden Schuldverschreibung oder Obligation besonders vorgeschriebene Weise an den besagten Charles Burr, seine Erben, Testamentsvollstrecker, Vermögensverwalter oder Cessionare bezahlt würde, mit einer in dem besagten
Pfandscheine enthaltenen Spezialvollmacht, welche den besagten
Charles Burr, seine Erben, Testamentsvollstrecker, Vermögensverwalter oder Cessionare ermächtigt, wenn mit der Bezahlung der in
der Bedingung der besagten Schuldverschreibung oder Obligation
erwähnten Geldsumme nebst den Interessen, oder eines Theiles davon nicht eingehalten werden sollte, die besagten Grundstücke oder
einen Theil davon, in öffentlicher Auction zu verkaufen und zu veräußern; und dem oder den Käufern derselben einen genügenden,
gesetzlichen Kaufbrief oder Kaufbriefe darüber auszustellen und auszuhändigen: Und nachdem der besagte Pfandschein gehörig und nach

Vorschrift des Gesetzes registrirt worden ist, * wie an dem besagten
Pfandscheine und dessen Registrirungsurkunde, so wie aus der darin
ertheilten Vollmacht genauer zu ersehen ist; und nachdem wegen
nicht eingehaltener Bezahlung des durch den besagten Pfandschein
sicher gestellten Geldes die hiernach besonders beschriebenen, durch
denselben bestellten Unterpfänder am 30. Juni eintausend achthundert und fünfzig an den besagten Kontrahenten vom andern Theil
als den Meistbietenden um die Summe von —— Dollars im öffentlichen Aufstreich vorschriftsmäßig durch eine in einem öffentlichen,
in der Stadt New York erscheinenden, Herald betitelten Blatte ein-
gerückte, und zwölf Wochen lang einmal wöchentlich aufgenommene
Ankündigung in dem County, in welchem die verpfändeten Grundstücke liegen, öffentlich bekannt gemacht und eine Abschrift von dieser
Ankündigung zwölf Wochen vor der darin für den Verkauf bezeichneten Zeit an der äußeren Thüre des Gerichtshauses in der Stadt
New-York, welches das Gebäude ist, in dem die County-Gerichte gehalten zu werden pflegen, angeschlagen worden ist; und nachdem endlich der besagte Kontrahent vom einen Theile allen Personen, welche
einen Anspruch auf die besagten Unterpfänder gehabt, Exemplare
von der besagten gedruckten Ankündigung richtig hatte zustellen lassen: Deshalb nun bezeugt diese Urkunde: daß der Kontrahent vom
einen Theile für und in Erwägung der in dem besagten Aufstreiche
erzielten, obengenannten Kaufsumme, welche ihm der besagte Kontrahent vom andern Theile zur Zeit der Besiegelung und Ausfolge
der gegenwärtigen Urkunde baar erlegt hat und deren richtigen Empfang er hiermit bescheinigt, an den besagten Kontrahenten vom andern Theile und an seine Erben und Cessionare überlassen, verhandelt, verkauft, veräußert, übergeben und bestätigt hat, und durch Gegenwärtiges für immer überläßt, verhandelt, verkauft, veräußert,
übergibt und bestätigt alle (Beschreibung der Grundstücke) nebst allen
und jeden Gebäulichkeiten, Erbstücken und Zubehörden, welche dazu
gehören oder auf irgend eine Weise damit verbunden sind, ebenso
alles Vermögen, Recht, Titel, Interesse, Eigenthum, Anspruch und
Forderung jeder Art, welche der besagte James For sowohl als der
besagte Kontrahent vom einen Theile nach Recht und Herkommen
an, auf und von den oben beschriebenen Grundstücken nebst den Zubehörden zu machen hat, und zwar so vollständig, zu allen Zwecken

---

*) Anmerkung zu Nr. 6. Pfandscheine auf bewegliches sowohl, als unbe-
wegliches Eigenthum müssen in dem Dorfe oder der Stadt, in welcher der Pfandbesteller wohnt, oder wenn er kein Staatsangehöriger ist, in dem Dorfe oder
der Stadt, in oder bei der das verpfändete Eigenthum sich befindet, registrirt
werden. In einigen Staaten geschieht die Registrirung in der Office des Re-
gisters (Registrators), in anderen Staaten in der Office des Townclerks, in
wieder anderen in der des Countyclerks.

18

und Absichten, als der besagte Kontrahent vom einen Theile Ma . und Gewalt hat, dieselben vermöge des besagten Pfandscheines und des für einen solchen Fall gegebenen und bestehenden Statuts, oder sonst, zu verkaufen und abzutreten: Auf daß der besagte Kontrahent vom andern Theile, seine Erben und Cessionare, die besagten Grundstücke nebst allen und jeden ihrer Zubehörden zu seinem und ihrem einzigen Nutzen, Gebrauch und Vortheil für immer besitzen und behalten.

Zur Urkunde dessen 2c. (wie in No. 1.)

7. Vertrag über den Verkauf eines Schuld- und Pfandscheines.

(Der Pfandnehmer kann den Pfandschein jederzeit an einen Dritten verkaufen, natürlich so, daß die im Pfandschein festgestellten Bedingungen für den Pfandbesteller dieselben bleiben.)

Nachdem Christian Frei von—— und Sophie, seine Ehefrau, am ersten April eintausend achthundert und fünfzig dem Karl Becker von —— einen gewissen Pfandschein und eine Schuldverschreibung vom selben Datum ausgestellt haben, welcher besagte Pfandschein und die ihn begleitende Schuldverschreibung zu dem Zwecke ausgestellt wurden, um die Bezahlung der Summe von—— Dollars vom 10. des besagten Monats April an gerechnet, nebst den jährlichen, von eben diesem Tage an fälligen Interessen zu sichern, und nachdem das besagte Unterpfand in der Office des Clerk der vorbesagten Stadt im Unterpfandbuche No. 12, p. 300, am zweiten April 1850 um 11 Uhr Mittags eingetragen worden: Deshalb nun bezeugt dieser, zwischen dem vorbesagten Karl Becker einerseits und Joseph Haug von —— andererseits abgeschlossene Vertrag: Daß der Kontrahent vom einen Theile für die hiernach erwähnten Gegenleistungen des Kontrahenten vom andern Theile verspricht und sich verpflichtet, an den besagten Kontrahenten vom andern Theile den oben beschriebenen Pfandschein und die denselben begleitende Schuldverschreibung zu verkaufen, zu übertragen, zu cediren und zu überschreiben, sobald die hiernach angeführten Bezahlungen von dem besagten Kontrahenten vom andern Theile an den besagten Kontrahenten vom einen Theile vollständig gemacht und geleistet sind: Auf daß der besagte Kontrahent vom andern Theile den besagten Schuld- und Pfandschein und alle daraus verfallenden Gelder nebst den durch denselben bedungenen Interessen und den Ansprüchen auf die dadurch verpfändeten Grundstücke für immer behalte und besitze, sobald dieser Verkauf, Uebertragung und Cession durch geschehene Zahlung rechtsgültig ist. Und der besagte Kontrahent vom einen Theile gelobt und versichert dem Kontrahenten vom andern Theile ferner, daß er ein gutes Recht hat, den vor-

besagten Schuld- und Pfandschein an den Kontrahenten vom andern
Theile zu übertragen und zu cediren, und daß auf denselben am
heutigen Tage —— Dollars Kapital und —— Dollars Interessen
fällig sind.

Und der Kontrahent vom anderen Theile verspricht und verpflichtet sich gegen den Kontrahenten vom einen Theile als Gegenleistung
für das vorhin Gesagte, an diesen Kontrahenten vom einen Theile
die Summe von —— Dollars auf folgende Weise zu bezahlen oder
bezahlen zu lassen, nämlich: —— Dollars bei der Siegelung und
Aushändigung dieses Vertrages, und die übrigen —— Dollars in
zwei gleichen Jahresraten vom heutigen Tage an, nebst den jährlichen
Interessen.

Und die vorbesagten Kontrahenten kommen ferner überein, daß
wenn der Kontrahent vom andern Theil zu irgend einer Zeit wünschen sollte, die ganze zu bezahlen bedungene Summe, nebst den daraus
fälligen gesetzlichen Interessen an den Kontrahenten vom einen Theil
ganz zu bezahlen, er das Recht dazu haben, und der Kontrahent vom
einen Theil unmittelbar, nachdem diese Zahlung geleistet, dem Kontrahenten vom andern Theil den oben erwähnten Schuld- und Pfandschein förmlich übertragen, überschreiben und cediren soll. .•·

Zur Urkunde dessen haben die vorbesagten Kontrahenten hiernach
ihre Unterschriften gesetzt und ihre Siegel beigedrückt an dem Eingangs erwähnten Tage und Jahre.

Unterzeichnet, gesiegelt und ausgefolgt in Gegenwart

von B. D.   Karl Becker. (L. S.)
                             Joseph Haug. (L. S.)

Neunzehnte Abtheilung.
Quittungen, Verzichte, Rechnungen.

Quittungen sind Bescheinigungen über Forderungen, welche bezahlt
worden sind und werden daher auch Empfangsbescheinigungen genannt. Einen ähnlichen Zweck haben die Verzichte, auch in ihnen
verzichtet der Verfasser auf seine Forderungen, entlastet also denjenigen, an welchen er etwas zu fordern hatte.

I. Quittungen.
1. Allgemeine Form einer Bescheinigung.
— $200 50. —

Philadelphia, den 1. Februar 1854.
Empfangen von John Mayer zweihundert Dollars und fünfzig

Cents in vollständiger Bezahlung aller Forderungen, die ich an ihn zu machen habe. Jakob Rall.

2. Quittung für Geld, was durch einen Dritten bezahlt wurde.

— $150. —

Baltimore, den————.

Empfangen von Adolphus Adams durch die Hand von Frederick Walker einhundert und fünfzig Dollars, auf Rechnung des Adolphus Adams zu nehmen. Henry Shell.

3. Quittung für bezahlte Zinsen.

Cincinnati, den 1. April 1853.

— $250. —

Empfangen von Theodor Fischer zweihundert und fünfzig Dollars, als die fälligen Jahreszinsen aus seiner, vom 15. März 1852 datirten und mir ausgestellten Schuldverschreibung, welche die Bedingung enthält, daß er die Summe von ———— Dollars in fünf Jahren von dem Datum heimzubezahlen und die jährlichen Interessen zu entrichten hat. Wilhelm Gaul.

4. Aehnliche Formen von Quittungen.

Quittung in voll.

Empfangen, Philadelphia, den 1. August, 1849, von Herrn Johann Sommer Fünfhundert Dollars als Bezahlung in voll.

$500 00 Heinrich Müller.

Quittung über eine Abschlagszahlung.

Empfangen, Philadelphia, den 12. August, 1849, von Herrn Heinrich May Zwanzig Dollars als Abschlagszahlung.

$20 00 Jakob Meyer.

Quittung über Hausmiethe.

Empfangen, Philadelphia, den 1. Juli, 1849, von Herrn P. Lange Fünfundsechzig Dollars vierteljährige Miethe für die Wohnung 25 Summer Straße, vom 1. April 1849 bis zum 1. Juli 1849.

$65 00 Carl Stark.

Quittung über einen Handwechsel.

Empfangen, Philadelphia, den 3. Juli, 1849, von Herrn A. Winter, seine Note, zahlbar 30 Tage nach Dato, für Fünfundsiebzig Dollars, welche, wenn bezahlt, Zahlung in voll sein wird.

$75 00 Johann Herbst.

Quittung über einen Handwechsel und eine Baarzahlung.

Empfangen, Philadelphia, den 5. August, 1849, von Herrn P. Hall Einhundert Dollars und seine Note, zahlbar 6 Monate nach Dato, für Dreihundert Dollars, welches Zahlung in voll ist.

$400 00   Leopold Greiner.

II. Verzichte. (Entlastungen.)

1. Gewöhnlicher Verzicht.

Kund und zu wissen sei Jedermann durch Gegenwärtiges: Daß ich, John Barens, von der Stadt ——, für und in Erwägung der mit von Thomas Brady baar bezahlten Summe von —— Dollars oen besagten Thomas Brady, seine Erben, Testamentsvollstrecker und Vermögensverwalter, für mich, meine Erben, Testamentsvollstrecker, Vermögensverwalter und Cessionare von allen und jeden Klagen, Streitursachen, Prozessen, Guthaben, Schuldigkeiten, Geldsummen, Ansprüchen und Forderungen jeder Art, die ich nach Recht und Herkommen jemals gegen ihn zu erheben oder an ihn zu machen hatte oder jetzt habe, oder die ich, meine Erben, Testamentsvollstrecker, Vermögensverwalter oder Cessionare hiernach aus irgend einer Ursache, Grund oder Sache von Anfang der Welt bis zum heutigen Tage zu machen haben könnten, sollten oder möchten, entlastet, sie aufgegeben, varauf verzichtet und ihn oder sie für immer davon entbunden habe and durch Gegenwärtiges aufgebe, verzichte und entbinde.

Zur Urkunde dessen habe ich hiernach meine Unterschrift gesetzt und mein Siegel beigedrückt, den fünften Mai eintausend achthundert und dreiundfünfzig.

In Gegenwart }   John Barens. (L. S.)
von H. T. }

2. Verzicht eines Pfandnehmers auf verpfändet Grundstücke.

Dieser Vertrag, abgeschlossen den 1. März 1850 zwischen John Barens und Thomas Brady, bezeugt: Daß, inmaßen der besagte Thomas Brady durch seinen am 15. Januar 1848 ausgestellten Pfandschein in Erwägung der und für die darin erwähnten Zwecke oem vorbesagten John Barens gewisse Grundstücke in vorbesagtem County verpfändet hat, von denen die hiernach beschriebenen Grundstücke Theile und Stücke ausmachen, und der besagte Thomas Brady am heutigen Tage dem besagten John Barens als Theil des durch den vorbesagten Pfandschein, wie daraus zu ersehen, versicherten Geldes die Summe von —— Dollars bezahlt hat, wogegen der be-

18*

sagte John Barens eingewilligt hat, dem besagten Thomas Brady, seinen Erben und Cessionaren, die hiernach beschriebenen Grundstücke zu entlasten und den Ueberrest der besagten, verpfändeten Grundstücke zu Sicherung der Bezahlung der noch auf dem besagten Unterpfande haftenden und unbezahlten Schuld anzunehmen und gelten zu lassen: Deshalb nun überläßt, entlastet, cedirt und überschreibt der besagte John Barens in Erwägung des vorhin Gesagten dem besagten Thomas Brady und seinen Erben und Cessionaren all den Theil der besagten, verpfändeten Grundstücke, begrenzt und beschrieben, wie folgt: (hier die Beschreibung,) nebst den dazu gehörigen oder auf irgend eine Weise damit verbundenen Erbgütern und Zubehörden: Auf daß der besagte Thomas Brady, seine Erben und Cessionare, die hiermit entlasteten und wieder übertragenen Grundstücke zu seinem und ihrem einzigen und eigenen Nutzen und Behuf für immer frei, rein und von dem besagten Pfande entbunden behalten und besitzen.

Zur Urkunde dessen hat der besagte John Barens hiernach seine Unterschrift gesetzt und sein Siegel beigedrückt an dem Eingangs erwähnten Tage und Jahre.

Gesiegelt und ausgefolgt in Gegenwart
von St. T.   John Barens. (L. S.)

8. Empfangsbescheinigung für ein Legat, wodurch zugleich der Testamentsvollstrecker seiner Pflicht enthoben wird.

Kund und zu wissen sei Jedermann durch Gegenwärtiges: Daß, nachdem Friedrich Kraus von —— im County —— und Staat —— durch seinen am 6. Juli 1850 schriftlich ausgestellten letzten Willen und Testament unter anderen, darin enthaltenen Legaten auch mich, Christoph Klinger von —— im County —— und Staat —— mit einem Legate bedacht und mir die Summe von —— Dollars vermacht und durch seinen besagten letzten Willen und Testament Emil Schwarz zum Vollstrecker desselben ernannt und bestellt hat: Deshalb nun bescheinige ich hiermit, von dem vorbesagten Testamentsvollstrecker die besagte Summe von —— Dollars, als das, wie vorbesagt, mir so vermachte und hinterlassene Legat empfangen zu haben und entlaste, entbinde und entbürde den besagten Emil Schwarz von allen Legaten, Guthaben und Forderungen jeder Art, die ich kraft des besagten letzten Willens und Testamentes an, aus und von der Verlassenschaft des besagten Friedrich Kraus anzusprechen hatte.

Zur Urkunde deſſen habe ich hiernach meine Unterſchrift geſetzt und mein Siegel beigedrückt, den 1. December 1850.

In Gegenwart ⎰
von H. K.   ⎱   Chriſtoph Klinger. (L. S.

4. Verzicht auf ein Unterpfand („Löſchung" deſſelben) nach vollſtändiger Befriedigung.

Staat ――― ⎰
County ――― ⎱ ss.

Ich, Aloys Schmid, bezeuge hiermit, daß ein gewiſſer Pfandſchein, datirt vom 1. Auguſt eintauſend achthundert und vierzig, von Jakob Balz, einerſeits, mir, dem beſagten Aloys Schmid, andererſeits, ausgefertigt und ausgeſtellt und in der Office des Clerks des County ――― im Unterpfandsbuche Band III, Seite 69 am 15. Auguſt im Jahre eintauſend achthundert und vierzig, 10 Minuten nach 1 Uhr Mittags eingetragen, bezahlt iſt, weshalb ich hiermit genehmige, daß derſelbe im Unterpfandsbuche gelöſcht werde.

Datirt den 12. November 1850.

In Gegenwart ⎰
von F. D.   ⎱   Aloys Schmid.

Staat ――― ⎰
County ――― ⎱ ss.

Am 12. November eintauſend achthundert und neunundvierzig erſchien vor mir Aloys Schmid, mir als das Individuum bekannt, welches in dem vorſtehenden Zeugniſſe benannt iſt und daſſelbe ausſtellte, und beſtätigte, daß er daſſelbe ausgeſtellt hat.

      John Waller, Friedensrichter.

―――――

III. Rechnungen.

A. Gewöhnliche Rechnungen. (Contl.)

      Baltimore, den 15. September 1853.

Herr Friedrich Bode von New York an

     Heinrich Ehrmann von Baltimore

Für geleiſtete Arbeit   .   .   .   .   . $20 50.

Andere Form mit angehängter Quittung.

Camden, N. J., den 1. August 1853.

Herr Wilhelm Koch

kaufte von Gustav Schuler

1 Oberrock	$20.
2 Paar Hosen à $6	12.
	———
Zahlung empfangen,	$32.

Gustav Schuler.

———

Schuhmachers-Rechnung.

Boston, 15. Mai 1853.

Herr William Green

an Frederick Davis

Für 1 Paar Patentleder-Stiefel mit Morrocco-Stolpen	$8 00
„ 1 Paar Patentleder-Stiefel mit kalbsledernen Stolpen	7 00
„ 1 Paar neue Gaiter-Stiefel	6 50
„ 1 „ französische Kalbsleder-Stiefel .	6 00
„ 1 „ amerikanische Kalbsleder-Stiefel .	5 00
„ 1 „ kalbslederne Stiefel, leichtere Arbeit	4 00
„ 1 „ Stiefel doppelt gesohlt . .	7 00
„ 1 „ „ mit Patentleder ausgenäht	5 00
„ 1 „ „ mit Kalbsleder . . .	4 00
„ 1 „ „ mit Tuch	4 50
„ 1 „ Congreß-Stiefel, leichte Arbeit	3 50
„ 1 „ „ mit Patentleder ausgenäht	4 50
„ 1 Paar Schuhe von französischem Kalbsleder	3 00
„ 1 „ „ „ amerikanischem Kalbsleder	2 00
„ 1 „ kalbslederne Oberschuhe . .	2 50
„ 1 „ Morocco Pantoffeln . . .	2 75
„ 1 „ Tuch „ . . .	2 50
„ 1 „ kalbslederne „ . . .	1 50
„ 1 „ gewöhnliche „ . . .	1 00
„ 1 „ Kinderschuhe	1 00
„ 1 „ „ kleinster Façon . .	75
	———
	$84 00

Schneiders-Rechnung.

Cincinnati, 15. September 1850.

Herr Christian Balde

an Bock und Comp.

1 schwarzer französischer Oberrock	. . .	$15 00
„ „ „ Frack	. . .	12 00
„ brauner „ Oberrock	. . .	11 50
„ „ „ Frack	. . .	10 00
„ grüner Gehrock	. . . .	13 50
„ „ Frack	. . . .	13 25
„ schwarzer französischer Sackrock	. . .	15 50
„ „ Chesterfield „	. . .	14 00
„ feiner schwarzer Sackrock	. . .	30 00
„ Paar schwarze französische Casimir Hosen	.	10 00
„ „ weiß leinene Hosen	. . .	2 50
„ weiße Atlaßweste	. . . .	4 50
„ schwarzseidene Weste	. . . .	3 50
„ weiße Marseilles Weste	. . .	3 00
„ schwarze Sommerweste	. . .	5 50
„ Fancy-Weste	. . . .	5 00

$168 75

Grocers-Rechnung.

Richmond, 10. August 1850.

Herr John Durr

an William Cobbin.

5	Pfund	Kaffee	. . . . . à 9	$— 45
2	„	Zucker	. . . . . „ 8	16
2	„	Reis	. . . . . „ 5	10
¼	„	Y. H. Thee	. . . à $1 00	25
¼	„	Pfeffer	. . . . à 16	4
¼	„	Senf	. . . . „ 50	12½
11½	„	Schinken	. . . . „ 10	1 15
4	„	Seife	. . . . „ 6¼	25
2½	„	Käse	. . . . „ 10	25
½	„	Essig	. . . . „ 16	8
½	„	Chocolate	. . . „ 25	12½
⅛	„	Zimmet	. . . . „ 50	6¼
4	„	Makrelen	. . . . „ 6¼	25
1	„	Stärke	. . . . .	10

Zahlung empfangen $3 39½

William Cobbin.

B. Gerichtliche (vor Gericht einzureichende) Rechnungen.

1. Auf Buch-Conto.

Staat——— } ss. Im Gericht für die Untersuchung über
County——— geringfügige Sachen, vor Hrn. Frederick
Allison, Richter.

James Hoar, Kläger,
  gegen } Schuld auf Buch-Conto.
John Dean, Beklagten.

Der Kläger fordert hundert Dollars für Saldo, der ihm auf Buch-Conto gutkommt.

Abschrift der Rechnung.

John Dean

1850.	an James Hoar.	Dr.
Juli 1.	Für 20 Säcke Kaffee, 2000 lbs. à 10 Cts.	$200 00
„ 8.	„ 2 Centner Zucker à $7	14 00
„ 12.	„ 50 lbs. Thee à 75 Cts.	37 50
Sept. 1.	„ 10 Fässer Makrelen à $11	110 00
		$361 50

1850.		Cr.
Juli 12.	Durch Baarzahlung à Conto	$150 00
Sept. 1.	„ 6 Faß Butter à $14	84 00
	„ 20 Säcke Buchweizen à $1	20 00
Oktobr. 6.	„ 4 Säcke Weizen à $2 75	11 00
		$265 00

Den 31. Juli 1853 Saldo Rest $96 50

2. Wegen einer Schuldverschreibung.

Staat——— } ss. Im Gericht für die Untersuchung über
County——— geringfügige Sachen, vor Herrn ———,
Richter.

Gottlieb Weiß, Kläger,
  gegen } Schuld.
David Heller, Beklagten.

Der Kläger fordert von dem Beklagten hundert und achtundneunzig Dollars, die ihm der Beklagte auf eine unter dem ——— ausgestellte Schuldverschreibung, durch die er sich verbindlich gemacht, die 198 Dollars mit Interessen binnen einem Jahre, bei Verfallung m eine Conditionalstrafe von vierhundert Dollars, zu bezahlen, an Hauptsumme und Interessen schuldig ist.

————, 15. Oktober 1853.

8. Gegen den Aussteller eines Wechsels.

Staat———— } ss.   Im Gericht u. s. w. wie in No. 1 u. 2.
County————

Theodor Christ, Kläger,
     gegen } Schuld.
Philipp Zahn, Beklagten.

Der Kläger fordert vom Beklagten fünfzig Dollars, die Kläger auf einen gewissen, vom Beklagten ausgestellten und ihm, dem Kläger, ausgehändigten Wechsel, datirt vom ersten Januar im Jahre unsers Herrn eintausend achthundert und fünfzig, durch den er versprach, drei Monate nach dem Datum an den Kläger oder dessen Ordre fünf und vierzig Dollars ohne Abzug oder Disconto für empfangenen Werth zu bezahlen, an Hauptsumme und Interessen zu fordern hat.

————, 1. März 1853.

4. Gegen den Bürgen bei einem Wechsel.

Staat———— } ss.   Im Gericht u. s. w. wie in No. 1 und 2
County————

Theodor Chist, Kläger,
     gegen } Schuld.
Robert Fisch, Beklagten.

Der Kläger fordert von dem Beklagten zwanzig Dollars, die dieser dem Kläger als Hauptsumme und Interessen auf einen gewissen Wechsel schuldig ist, welchen ein gewisser Philipp Zahn dem Beklagten am 1. Juli eintausend achthundert und fünfzig für fünfzehn Dollars, zahlbar an besagten Beklagten, oder dessen Ordre, sechs Monate nach dem Datum ausgestellt; welchen Wechsel der Beklagte an dem vorbesagten Tage und Jahre an den Kläger für empfangenen Werth indossirt und cedirt hat; und der Kläger bestätigt, daß er den besagten Wechsel, nachdem er ihn cedirt und später fällig geworden, dem besagten Philipp Zahn präsentirt und von ihm die Bezahlung desselben verlangt hat, welche aber der besagte Philipp Zahn verweigert und zu leisten verabsäumt, wodurch der Beklagte verbindlich geworden ist, den besagten Wechsel mit den daraus fälligen Interessen dem Kläger zu bezahlen.

5. Wegen rückständigen Lohnes.

Staat——— ⎱
County——— ⎰ ss.   Im Gericht u. f. w., wie in No. 1 u. 2.

S. Thompson, Kläger, ⎱
gegen ⎰ Schuld.
J. Bowling, Beklagten. ⎰

Der Kläger fordert von dem Beklagten fünfzig Dollars, die der Beklagte dem Kläger für Lohn als von ihm gemietheten Arbeiter schuldig ist, welche Arbeit von dem Kläger auf Verlangen des Beklagten in des letztern Werkstatt vom 1. Mai bis 15. Juli 1853 verrichtet wurde.

6. Für verkaufte Bausteine.

Staat——— ⎱
County——— ⎰ ss.   Im Gericht u. f. w., wie in No. 1 u. 2.

——— Kläger, ⎱
gegen ⎰ Schuld.
——— Beklagten. ⎰

Der Kläger fordert von dem Beklagten hundert und fünfundsiebenzig Dollars für eine Partie Bausteine, die er an den Beklagten am ersten August 1852 auf dessen Verlangen verkauft und verabfolgt hat.

————·———

Zwanzigste Abtheilung.

Beglaubigungen (Certifikate.)

Bei vielen Arten von Verträgen ist, wie wir im betreffenden Falle stets angedeutet haben, die Beglaubigung eines Beamten nöthig. Das Beglaubigungsrecht der einzelnen Beamten ist in den einzelnen Staaten verschieden und wir bemerken hier nur so viel, daß sich dasselbe stets auf den Jurisdiktionsbezirk des Gerichts der Stadt und des County, in dem die betreffenden Beamten wohnen und für die sie bestellt sind, beschränkt.

1. Certifikat, wodurch der Beamte beglaubigt, daß die Vertragsurkunde durch eine ihm bekannte Person bestätigt wurde.

Staat——— ⎱
County——— ⎰ ss.

Am fünfzehnten Juli ein tausend achthundert und zweiundfünfdig kam Sam Bigler, der mir als das in dem innen (oder, oben stehenden; oder, beigeschlossenen) Kaufbriefe (oder, Verschreibung; oder, schriftlichen Urkunde, ꝛc.) beschriebene Individuum bekannt ist und der denselben ausgestellt hat, persönlich zu mir und bestätigte daß er denselben zu dem darin angegebenen Zwecke ausgestellt habe.

William Fox, Countyrichter des besagten County.

2. Certifikat, wo die Identität der Person durch einen Dritten nachgewiesen worden.

Staat———— } ss.
County————

An diesem ersten Tage des November kam John Buren, dessen Identität mit der in dem innenstehenden Kaufbriefe beschriebenen Person, welche denselben ausstellte, mir durch den Eid des (wenn es der Fall ist, muß hier beigesetzt werden: in demselben unterzeichneten Zeugen) James Murphy genügend nachgewiesen worden ist, indem derselbe, nachdem er von mir vorschriftsmäßig beeidigt worden, angab und sagte, daß er in der Stadt ——, im County—— wohne, daß er den besagten John Buren kenne und wisse, daß er dieselbe Person sei, welche in dem innen stehenden Kaufbrief beschrieben ist, und welche denselben ausstellte, persönlich zu mir und bestätigte mir, daß er, der besagte John Buren, denselben ausgestellt habe. —

William Fitzpatrick,
Friedensrichter in und für das besagte County.

3. Certifikat der Bestätigung durch einen Bevollmächtigten.

Staat ————— } ss.
County —————

Am 15. August 1852 kam Hugo Fischer, mir als dieselbe Person bekannt, welche in dem innen stehenden Kaufbrief beschrieben ist und denselben ausgestellt hat, persönlich zu mir und bestätigte, daß er denselben als den Akt und das Dokument des darin benannten Theodor Mayer kraft einer von dem besagten Theodor Mayer gehörig ausgestellten, vom 30. Juli 1852 datirten und in der Office des Clerk des County —— im Vollmachtbuche B. Seite 100 am 3. August 1852 registrirten Vollmacht ausgefertigt habe.

N. N., Friedensrichter ꝛc.

4. Certifikat der Bestätigung durch Mann und Frau.

Staat ————— } ss.
County —————

An diesem fünfzehnten Tage des August erschienen John Weller und seine Ehefrau Mary, die mir als die Personen bekannt find, welche in dem innen stehenden Kaufbriefe beschrieben sind und denselben ausgestellt haben; und die besagte Mary bestätigte mir, nachdem ich sie allein und in Abwesenheit ihres Ehemannes vernommen, daß sie den besagten Kaufbrief freiwillig und ohne Furcht vor oder Zwang durch ihn ausgestellt habe.

X. W., Commissioner of Deeds in und für das besagte County.

5. Certifikat, wodurch der Beamte beglaubigt, daß ein Kaufbrief durch einen ihm bekannten Zeugen bestätigt sei.

Staat ——— }
County ——— } ss.

An diesem zwanzigsten Tage des Mai kam Friedrich Keller, in dem innen stehenden Kaufbriefe unterzeichneter und mir bekannter Zeuge, persönlich zu mir und gab, nachdem er von mir vorschriftsmäßig beeidigt worden, an und sagte aus, daß er in der Stadt ——— im besagten County wohne; daß er Albert Schumpp, das Individuum, welches in dem besagten Kaufbrief beschrieben ist und denselben ausstellte, kenne; daß er zugegen gewesen sei und gesehen habe, wie der besagte Albert Schumpp denselben als seinen Akt und Instrument unterzeichnete, siegelte und aushändigte; und daß der besagte Albert Schumpp damals die Aushändigung desselben anerkannt habe: worauf der besagte Friedrich Keller unterzeichnender Zeuge desselben geworden sei. N. N., Friedensrichter.

6. Certifikat, wodurch der Beamte beglaubigt, daß ihm die Vollziehung eines Kaufinstruments, dessen Zeugen alle todt sind, durch einen ihm bekannten Mann bestätigt worden sei.

Staat ——— }
County ——— } ss.

An diesem fünften Tage des Mai 1850 kam der mir bekannte August Bauer persönlich zu mir und gab, nachdem er von mir vorschriftsmäßig beeidigt und ihm der innen stehende Kaufbrief vorgezeigt worden, an und sagte aus, daß er die darin bezeichneten Partieen gekannt habe; daß er mit dem Verkäufer Ernst Geier gut bekannt gewesen sei; daß er ihn öfters hätte schreiben sehen und seine Handschrift kenne; und daß der in dem besagten Kaufbrief unterzeichnete Name wirklich die eigene Unterschrift des besagten Ernst Geier sei.

Und derselbe August Bauer erklärte ferner eidlich, daß er auch mit Leopold Frei, einem der in dem Kaufbriefe unterzeichneten Zeugen,

gut be**k**nnt gewefen fei und feine Handfchrift kenne; daß der befagte
Leopold Frei zur Zeit des Datums des befagten Kaufbriefes in der
Stadt—— im County—— gewohnt habe und feit etwa einem hal-
ben Jahre todt fei, und daß der Name des befagten, verftorbenen
Leopold Frei, welcher als Zeuge den befagten Kaufbrief unterzeich-
nete, feine eigene Unterfchrift fei.

Und der befagte Auguft Bauer gab weiter an und fagte, daß er
zur Zeit des Datums des befagten Kaufbriefes ebenfalls mit einem
gewiffen Franz Lieber, der in der befagten Stadt—— in dem County
und in der Nachbarfchaft des befagten Verkäufers gewohnt, viele Jahre
lang bekannt gewefen; daß der befagte Franz Lieber in der vorbefag-
ten Stadt —— im Jahre 1849 und nach dem Datum des befagten
Kaufbriefes geftorben fei; daß er, der befagte Auguft Bauer, die
Handfchrift des befagten Franz Lieber nicht kenne, daß er aber nie
eine andere Perfon von dem Namen Franz Lieber gekannt oder davon gehört habe.

Und ich bezeuge hiermit, daß die vorbefagte Angabe des befagten
Auguft Bauer mir als hinreichender Beweis von dem Tode aller der
in dem innenftehenden Kaufbriefe unterzeichneten Zeugen und von
der Unterfchrift des Leopold Frei, eines der befagten Zeugen, fowie
von der Unterfchrift des darin benannten Verkäufers Ernft Geier
dient.   N. N., Countyrichter des befagten County

7. Form einer Beglaubigung in den Staaten Maine, Neu-Hampfhire, Vermont, Maffachufetts, Rhode Island, Connecticut.

Staat ——— }
County ——— } ss.

Darum erfchien der oben benannte James King perfönlich vor
mir und beftätigte (oder, James King und feine Ehefrau Elifabeth,
und beide beftätigten,) daß das vorftehende Inftrument fein (oder
ihr) freier Akt und Urkunde fei.
                              N. N., Friedensrichter 2c.

8. Form einer Beglaubigung in Pennfylvanien.

Staat Pennfylvanien, }
County ——— } ss

Den erften Tag des Oktober 1850 erfchien perfönlich vor mir, einem
der Friedensrichter in und für das befagte County, der obenbenannte
James King und beftätigte (oder, und Elifabeth King, feine Ehefrau,
und beide beftätigten,) daß der voranftehend gefchriebene Kontrakt
fein (oder, ihr) Akt und Urkunde fei, zu dem Ende, daß derfelbe
nach Vorfchrift des Gefetzes regiftrirt werde. (Wenn nöthig, fo wird

beigefügt: Und sie, die besagte Elisabeth, volljährig, und von mir besonders und in Abwesenheit ihres Ehemannes vernommen, erklärte, nachdem ihr der Inhalt des besagten Kontraktes vorgelesen worden, daß sie freiwillig und aus ihrem eigenen freien Willen und Antrieb denselben, ohne irgend einen Zwang oder Nöthigung von Seiten ihres besagten Ehemannes, als ihren Akt und Urkunde gesiegelt und ausgehändigt habe.)

Dies bezeuge ich mit meiner Unterschrift und Siegel.

N. N., Friedensrichter &c.

9. Form einer Beglaubigung in den Staaten Ohio und Michigan.

Staat ——— }

County ——— } ss.

Zu wissen sei, daß an diesem ersten Tage des Oktober 1850 vor mir, einem Friedensrichter in und für das vorbesagte County, erschienen sind: James King und Elisabeth, seine Ehefrau, und wechselseitig bestätigt haben, daß sie beide das innenstehende Instrument zu den darin erwähnten Zwecken und Absichten ausgestellt haben: Und die besagte Elisabeth bestätigte bei einer in Abwesenheit ihres Mannes stattgehabten Privatvernehmung, daß sie das innenstehende Instrument freiwillig, und ohne Furcht oder Zwang vor und durch irgend Jemand ausgestellt habe. Und ich bezeuge weiter, daß mir die Personen, welche die besagte Bestätigung abgeben, als die in dem innen stehenden Instrumente bezeichneten Personen, welche dasselbe ausgestellt haben, bekannt sind.

N. N., Friedensrichter &c.

10. Form einer Beglaubigung in Indiana.

Staat Indiana. }

County ——— } ss.

Zu wissen sei, daß an dem ersten Tage des Oktober 1850 vor mir, dem Unterzeichneten, einem der Friedensrichter in und für das besagte County, persönlich erschienen, James King und Elisabeth, seine Ehefrau, die mir als die in dem innenstehenden Kaufbriefe bezeichneten Individuen welche denselben ausstellten, bekannt sind, und wechselseitig bestätigten, daß sie denselben ausgestellt haben. ††† Und die besagte Elisabeth bestätigte in einer besonders und in Abwesenheit ihres Ehemannes mit ihr vorgenommenen Privatvernehmung, daß sie solchen Kaufbrief aus ihrem eigenen Willen und Antrieb ohne Zwang oder Nöthigung ihres Ehemannes ausgestellt habe.

N. N., Friedensrichter &c.

11. Form einer Beglaubigung in Illinois.

Staat Illinois }
County —— } ss.

Zu wissen sei (Fortsetzung wie in No. 10 bis zu den drei Kreuzchen, dann weiter:) Und die besagte Elisabeth bestätigte, nachdem ich
ihr den Inhalt des besagten Kaufbriefes eröffnet, und erklärte in
einer abgesondert und in Abwesenheit ihres Mannes mit ihr vorgenommenen Vernehmung, daß derselbe ihr Akt und Urkunde sei, welche
sie freiwillig, frei und ohne Zwang von Seiten ihres besagten Ehemannes ausgestellt habe und nicht zu widerrufen wünsche.

N. N., Friedensrichter ꝛc.

Einundzwanzigste Abtheilung.

Englische Buchführung.

Die Aufgabe, eine Abhandlung über einfache Buchführung für
Handwerker zu schreiben, ist vielleicht ungleich schwerer, als eine solche
über doppelte Buchführung für die größten Handelsgeschäfte zu pro-
duciren, denn die doppelte Buchführung, an und für sich schon so einfach, ist durch den Gebrauch und die Zeit so in ihrer Einfachheit ver-
vollkommnet worden, daß es wohl kein Wissen in der Welt gibt, welches seinem Zwecke so ganz entspricht wie gerade diese sogenannte
doppelte oder italienische Buchführung. Zu gleicher Zeit kann man
aber nicht läugnen, daß bei einem Detail-Geschäft die Anwendung
dieser Buchführung oft wegen des vielen Schreibens, welches sie verursacht, unmöglich wird, da die Arbeit in den Büchern, beim Verkauf von einem Dutzend Nähnadeln oft ganz dieselbe ist, wie beim
Verkauf einer ganzen Ladung Baumwolle oder anderer Waaren.
Der Raum und andere Umstände verhindern uns jedoch, in der nach-
stehenden kurzen Abhandlung diesen Gegenstand weiter zu erörtern;
wir sind genöthigt, uns hier auf das durchaus Nothwendige zu beschränken und verweisen denjenigen, für den diese Anweisungen nicht
hinreichend sein sollten, auf das Werk des Herrn Georg J. Becker,
Professor an der hohen Schule in Philadelphia.

I. Zweck der Buchführung.

Der Hauptzweck der Buchführung eines jeden Geschäftsmannes ist
erstlich: zu wissen, und klar und deutlich zeigen zu können, wer ihm
schuldet, was und wofür man ihm schuldet. Zweitens: wem er schul-
19*

bet, wie viel und wofür er schuldet. Drittens wie groß sein Vermögen, woraus es besteht und wie es erworben oder wenn er verschuldet, wodurch diese Schuld entstanden. Die beiden ersten Punkte werden durch die einfache Buchhaltung vollkommen erreicht, und für die beiden letzteren werden wir dem Leser mit solchen Regeln an die Hand gehen, daß er auch dieses zu jeder Zeit leicht erfahren und ziemlich genau darstellen kann.

II. Die nöthigen Bücher.

Die bei einer ordentlichen Buchführung durchaus nothwendigen Bücher sind: das Hauptbuch — the Ledger — das Memorial oder die Kladde (the Day-Book) und das Cassa-Buch — Cash-Book.

Das Hauptbuch oder Ledger — enthält die Rechnungen — Accounts — der Personen, mit denen wir in Verbindung stehen. Jede dieser Rechnungen zeigt uns, wie viel die Person uns schuldet oder an uns zu fordern hat. Bei der doppelten Buchführung enthält das Hauptbuch auch noch die Rechnungen der Sachen, die für uns Werth haben, wie z. B. das Cassa-Conto — the Cash Account — Häuser-, Schiffs-Werkzeuge-, Mobilien-Conten, auch Gewinn- und Verlust-Conten.

Ein Conto im Hauptbuch nimmt zwei Seiten oder eine, der Länge nach in zwei Hälften getheilte Seite ein, und ist durch rothe Linien in mehrere Columnen eingetheilt. Ueber dieser Seite finden wir in der Mitte den Namen des Mannes mit großer deutlicher Schrift, auf der linken Seite die Buchstaben Dr., eine Abkürzung von Debtor (Schuldner), weil auf dieser Seite der Mann uns als Schuldner erscheint, oder Alles, was er uns schuldet, hier eingetragen wird. Auf der rechten Seite finden wir die Buchstaben Cr., eine Abkürzung von Creditor (Gläubiger), weil er auf dieser Seite als unser Gläubiger erscheint, und hier Alles eingetragen wird, was wir ihm schuldig geworden sind. Indem wir nun von der linken Seite anfangen, finden wir in der ersten Columne die Jahreszahl und den Monat und in der zweiten den Tag, an welchem das Geschäft gemacht worden, in der dritten, wofür er unser Schuldner geworden; die Schuld besteht entweder aus Waaren, die wir ihm verkauft haben, aus Arbeit, die wir für ihn verrichtet haben oder aus Geld, das wir ihm oder für ihn bezahlt haben. In der vierten Columne finden wir das Pagina (Page) des Memorials (Day-Book) oder des Cassa-Buches (Cash-Book), wo das Geschäft zuerst eingetragen ist. In der fünften und sechsten endlich den Betrag der Schuld. Auf der rechten Hälfte des Contos finden wir in der ersten und zweiten Columne wieder die Jahreszahl, den Monat und das Datum, wenn wir seine Schuldner geworden, in der dritten den Gegenstand der Schuld, in der vierten wieder das Pagina des Memorials oder des Cassabuchs, und in der fünften und der sechsten den Betrag dieser Schuld. Diese besteht entweder aus Waaren, die er uns verkauft hat und die wir ihm nicht gleich bezahlt haben, aus Arbeit, die er für uns verrichtet hat oder aus Geld, das er uns oder für uns bezahlt hat.

Wenn die Debet-Seite mehr enthält als die Credit-Seite, so schuldet der Mann uns, und wenn die Credit-Seite mehr enthält, so schulden wir ihm. Addiren wir die verschiedenen Summen im Debet und die im Credit zusammen und ziehen die kleinere von der größeren ab, so finden wir, wie viel er uns schuldet oder wie viel wir ihm schulden. In dieses Hauptbuch könnte man nun zwar gleich alle Geschäfte auf die respectiven Conten bringen und dadurch alle anderen Bücher entbehrlich machen, indessen würde dies durch das immerwährende Umschlagen der Blätter sehr beschwerlich fallen, und es könnten sich leicht Fehler einschleichen, die zu entdecken nachher sehr schwer sein möchte. Man bedient sich zum Eintragen aller vorkommenden Fälle zuerst des Memorials und des Cassa-Buches.

A. Das Memorial oder die Kladde.
(DAY-BOOK, BLOTTER.)

In dieses Buch werden alle in dem Geschäfte vorfallenden Ereignisse mit Ausnahme der Baarzahlungen sogleich eingetragen. Ueber jeder Seite finden wir den Platz, das Datum und die Jahreszahl. Die Seite ist vermittelst rother Linien in vier Columnen eingetheilt. Die erste Columne bleibt für's erste frei, da solche für das Pagina des Hauptbuches bestimmt ist. In die zweite schreiben wir zuerst den Namen des Mannes, mit dem wir das Geschäft gemacht, dann rechts Dr. oder Cr., je nachdem er durch dies Geschäft unser Schuldner oder unser Gläubiger wird. Unter diesem Namen beschreiben wir nun das Geschäft in so wenig Worten wie möglich und tragen dann in die für die Thaler und Cents bestimmten Columnen den Betrag ein, dieses Eintragen nennt man auf Englisch to make an entry in the Day-Book. Wenn der Einkauf oder Verkauf aus mehreren einzelnen Summen besteht, so schreibe man die einzelnen Summen zur Linken der dritten und vierten Columne und trage die Total-Summe in die dritte und vierte Columne ein.

B. Das Kassa-Buch.
(CASH-BOOK.)

Dieses Buch enthält, sowie das Hauptbuch, doppelte Seiten, eine Debet- und eine Credit-Seite. Oben auf der Seite in der Mitte

über der Linie finden wir blos das Wort Cash, auf der linken Seite
die Buchstaben Dr., und auf der rechten Seite die Buchstaben Cr
Im Debet in der ersten Colonne ist die Jahreszahl und der Monat,
in der zweiten das Datum, in der dritten die Person, von der wir
Geld empfangen haben, und wenn dieselbe kein Conto im Hauptbuche hat, und das Geschäft sogleich abgemacht ist, wofür dieses Geld
bezahlt worden; dies letztere ist aber nicht nöthig, wenn das Geschäft
schon in's Day-Book eingetragen worden, in diesem Falle schreibt
man nur den Namen der Person mit dem Wörtchen "To" (An)
hinein. Im Credit auf der rechten Seite des Buches finden wir,
nebst Jahreszahl und Datum, die Person, der wir Geld bezahlt haben, und wenn solche kein Conto im Hauptbuche hat, die Sache,
wofür dieses Geld bezahlt worden. In der vierten und der fünften
Linie ist der Betrag der erhaltenen oder ausgegebenen Gelder, und
im Credit setzt man nach der Person das Wörtchen "By," auf deutsch
(Per) vor. Das Eintragen der Geschäfte in's Cassabuch darf nie
aufgeschoben werden, wo möglich sollte man die Summen eintragen,
ehe man das Geld aus den Händen giebt, und sobald man es empfängt; auch muß die Casse oft geprüft werden, indem man beide
Seiten summirt und das Credit vom Debet abzieht; auf diese Weise
findet man, wie viel Geld in der Casse sein muß, und wenn die übrig-
bleibende Summe mit dem wirklich vorhandenen Gelde übereinstimmt, so ist die Cassa richtig; ist mehr Geld da, als nach dem Buche
da sein sollte, so hat man vergessen, irgend eine erhaltene Summe
anzuschreiben; ist weniger da, so hat man eine ausgegebene Summe
nicht eingetragen oder man hat Geld verloren. Wenn dieses der
Fall ist, suche man sich des Ausgelassenen zu erinnern, sollte indeß
am Ende doch Geld fehlen, so schreibe man die fehlende Summe in's
Credit "By money lost or short" (Per verlorenes Geld). Sollten
in einem Laden viele Kleinigkeiten verkauft werden, so schreibt man
jeden Abend die Total-Summe in's Debet des Cassa-Buches "To
Sales this day" (An heutige Verkäufe).

III. Praktische Buchführung.

Wir schreiten jetzt zur wirklichen praktischen Buchführung und
wählen das Geschäft eines Schneiders, der mit einem kleinen Kapital
anfängt und theils Kleider macht, wozu er das Tuch geliefert be-
kommt, theils solches für seine Kunden käuft, wie er dessen bedürftig,
und auch selbst einiges Tuch, Seidenzeug u. s. w. vorräthig hält. Er
ist ein verheiratheter Mann, hat einen Lehrling und läßt durch Ge-
sellen Stückweise arbeiten.

Die Bücher eines jeden andern Handwerkers werden auf dieselbe

Weife geführt und kann jeder leicht die, durch die Umstände erforderlichen Abänderungen machen.

Geschäftsvorfälle.

Ich, Carl Weber, etablire mich heute den 1. Januar 1850, in der Stadt Philadelphia als Schneider-Meister.

Mein Capital (Stock) besteht aus[1]

Baarem Gelde (Cash)		$200
Mobiliar (Furniture)		150
Heinrich Holt schuldet mir für ihm geliehenes Geld		50
		$400

——————————— Jan. 2. ———————————

Kaufe heute einen Arbeitstisch $10. — Bügeleisen u. f. w. $15[2]

"

Peter Sable bringt mir heute Tuch zu einem Paar Hosen.[3]

"

Kaufe von John Trimming auf 1 Monat Credit[4]
    3 St. Futter Kattun 84 Yds. à 12½ Cts.
    1 „ Wattirung 20 „ 25

"

Kaufe für baar Geld von Henry Stump[5]
    4 Pfund assortirten Zwirn à $1 25 Cts.
    10 Gros „ Knöpfe 3 00

[1] Ich nehme jetzt das Cassa-Buch zur Hand und schreibe ins Debet 1850 Jan. 1. To Stock ... $200. Von dem Mobiliar nehmen wir jetzt hier keine weitere Notiz.
Jetzt nehme ich das Day Book und schreibe:

Henry Holt,   Dr.
     Money lent Oct. 12, 1849. $50. (Siehe D. B. Seite 1.)

[2] Cassa-Buch — Ich habe Geld ausgegeben, schreibe also ins Credit
     By Worktable, Irons etc. $ 25.

[3] Hiervon ist für den Augenblick nichts zu notiren.

[4] Da solches keine baare Zahlung ist, so schreiben wir solches sogleich ins D. B
John Trimming,   Cr.

3 Pieces Muslin, 84 Yards à 12½ Cts.		$10 50
1 " Padding, 20 " 25		5 00
		$15 50

[5] Dieses ist für baar Geld gekauft, also ins Credit des Cassa-Buches
By H. Stump, 4 Pounds Thread $5 00
     10 Gross Buttons   3 00
               $8 00

——————————— Jan. 8. ———————————

Kaufe von John Miller auf 2 Monate Credit
    2 Stück seid. Unterfutter 42 Yds. à 75 Cts.

             "

Empfangen für Ausbesserung eines Rockes für C. Salt $1 50 Cts.⁶

             "

Schicke dem Peter Sabel seine Hosen, Arbeit und Futter ꝛc.⁷ $1 75

             "

R. Smith bestellt einen schwarzen Leibrock, schwarze Casimir-
    Hosen, einen grünen Oberrock, eine schwarze Atlas-Weste
    und eine Mode-Weste.⁸

             "

Kaufe von Stout u. Co. auf 2 Monate Credit
    1 Stück schwarzes Tuch, 16 Yards à $5 50
    1 " Casimir   20 "   2 00
    2 Yards grünes Tuch   à 4 75

             "

Kaufe von J. Miller auf 1 Monat Credit
    1 Stück schwarzen Atlas, 12 Yards à $2 50
    Zeug zu einer Weste   2 50

             "

Gebe dem John Stitchwell den Oberrock und die Hosen zu
    machen, und Mary Button die Weste.

             "

Erhalte für Ausbessern von einem Rock und zwei Paar Hosen $2 75

             "

Bezahle für Nadeln Baar $2.

             "

John Miller bestellt einen schwarzen Leibrock und Casimir-
    Hosen und eine schwarze Atlas-Weste.

             "

Gebe John Stitchwell die Hose zu machen, derselbe bringt
    mir den Oberrock und die Hose für R. Smith — Ma-
    cherlohn für den Rock $5 — für die Hose $1.⁹

----

⁶ Da dies baares Geld ist, so schreibe es ins Debet der Cassa.

⁷ Debitire denselben im Day-Book.

⁸ Hiervon nehme keine Notiz.

⁹ Jo. Stitchwell hat für mich gearbeitet, und da ich ihm nicht gleich bezahle,
so muß ich ihn im Day-Book für den Werth der Arbeit creditiren.

―――――― Jan. 8. ――――――

Mary Button bringt die Weste für R. Smith. — Macherlohn 75 Cts. [1]

Bezahle J. Stitchwell $3, — à Conto (ou Account). [2]

Gebe meiner Frau Hausstandsgeld $5. [3]

―――――――― 5. ――――――――

Liefert ab an R. Smith. [4]

1 schwarzen Leibrock	.	.	.	$18 00
1 grünen Oberrock	.	.	.	20 00
1 schwarze Atlas-Weste	.	.	5 00
1 Mode-Weste	.	.	5 00
1 Paar Casimir Hosen	.	.	10 00

――――――――――― $58 00

―――――――― 7. ――――――――

John Trimming bestellt einen Paletot von schwarzem Tuche
   und eine schwarze Atlas-Weste.

Gebe Mary Button die Weste zu machen.

Mary Button bringt mir die Weste für Jo. Miller 87½ Cts.

Bezahle Mary Button à Conto $1.

John Stitchwell bringt die Hose für Hrn. Miller — Macherlohn $1.

Saml. Jackson bestellt einen blauen Mantel mit Sammt-
   kragen, quarrirtem Unterfutter und Quaste.

―――――――― 8. ――――――――

Kaufe von J. Müller für den Mantel

	₰
6 Yards Tuch à	$5 00
2½ " Sammt	4 50
5 Ellen Unterfutter à	2 00

―――――――― 10. ――――――――

Kaufe baar eine Quaste $1 50 Cts.

[1] Dasselbe.
[2] Da ich Geld ausgebe und Stitchwell schon ein Conto hat, schreibe ins Credit der Cassa bloß
   By J. Stitchwell $3.
[3] Hier gebe ich wieder Geld aus schreibe also ins Credit der Cassa
   By House Expenses
[4] R. Smith wird mir schuldig und da er mir nicht gleich bezahlt, schreibe
ins Day Book
   R. Smith.   *Dr.*

—————— —Jan. 11. ——————

Veränbere einen Rock für einen Fremden im United States
Hotel $2 50 Cts. baar.

————————— " ——————————

Liefere ab an John Miller
    1 schwarzen Leibrock   . . $17 00
    1 schwarze Hose   . . .   9 00
    1 schwarze Atlas Weste . .   5 00
               —————— $31 00

————————— " ——————————

Erhalte von H. Holt die $50, welche er mir schuldig ist.[1]

—————————— 14. ——————————

Kaufe in Auction von Wm. Porter, 3 Stück Mode-Westen-
zeuge zahlbar ben 1. Februar.[2]
     No. 1. 1 Stück, 24 Yards à $1 00 $24 00
     " 2. 1 " 15 "   1 50   22 50
     " 3. 1 " 16 "   2 00   32 00

—————————— 15. ——————————

Schicke an Saml. Jackson seinen Mantel $65.

————————— " ——————————

Mary Button bringt eine Atlas-Weste für John Trimming 87½ Cts.

—————————— 16. ——————————

Schicke Hrn. John Trimming
    1 schwarzen Paletot   . . $12 00
    1   "   Atlas Weste . .   5 00
               —————— $17 00

————————— " ——————————

Gebe meiner Frau Hausstandsgeld $5.

—————————— 17. ——————————

Bezahle bem Lehrling für 2 Wochen $3.[3]

[1] Holt hat ein Conto im Hauptbuch, wir schreiben also nur ins Debet des
Cassa-Buches
    To H. Holt, $50.

[2] Wird eingetragen wie jeder andere Einkauf.

[3] Wenn man dem Lehrlinge seinen Lohn jede Woche oder jeden Monat
regelmäßig bezahlt, so braucht man ihm kein Conto im Hauptbuche zu eröffnen; im entgegengesetzten Falle aber eröffne man ein Conto, debitire demselben alles erhaltene Geld, und creditire ihm im Day Book den Lohn alle Monate, alle 3 Monate, oder beim Abschluß der Bücher auf folgende Art:
    P. Thumb,   Cr.
    für Lohn vom 1. Jan. bis zum 1. April,
      13 Wochen à $1 50 $19 50

——————— Jan. 18. ———————

R. Smith bestellt für seinen Sohn einen Paletot von Da-
mentuch und ein Paar Tuchhosen: die Hosen gebe dem
Jo. Stitchwell zu machen.

——————— 19. ———————

Thomas Brown bestellt bei mir zwei Westen, eine von No. 2
und eine von No. 3, welche ich der Mary Button zu
machen gebe.

——————— 20. ———————

Kaufe von Chs. Wilson für baares Geld 1 Stück Damen-
tuch, 20 Yards à $2 — $40.

——————— 21. ———————

Bezahle für Holzkohlen 2 Fässer à 35 Cts.   70
    ¼ Cord Holz, Sägen u. s. w. $3 00

——————— " ———————

Mary Button bringt die Westen für Ths. Brown $1 75

——————— " ———————

Liefere zwei Westen ab an Ths. Brown, No. 2 $4. No. 3 $5.

——————— " ———————

Gebe Mary Button à Conto $2.

——————— " ———————

Peter Sable bestellt einen schwarzen Mantel.

——————— 22. ———————

Kaufe von John Miller
    2¼ Yards Sammet à $4.   .   . $10 00
    5 "   Futter à $2 50 .   .   12 50
    1 Quaste   .   .   .   1 50
                        ——————— $24 00

——————— 23. ———————

Jo. Stitchwell bringt die Hose für R. Smith. — Macherlohn $1.

——————— " ———————

Liefere den Paletot und die Hose für Smith jr. an R. Smith
ab. — Den Paletot $9. Die Hose $9.

——————— 24. ———————

R. Smith bezahlt mir à Conto $25.

——————— " ———————

Bezahle dem Lehrling Wochenlohn $1 50 Cts.

20

——————— Jan. 24. —————————

Jonathan Gilbert bestellt einen schwarzen doppelten Paletot.

——————————— 25. ———————————

Kaufe von James Trimming Futter und Litzen zum Paletot $6 75 Cts.

——————————— 26. ———————————

Liefere ab an Peter Sable 1 Mantel $50.

„

Hausstandsgeld $5.

——————————— 28. ———————————

Bezahle Jo. Stitchwell à Conto $4.

„

Mache 2 Westen für einen Fremden in Jones' Hotel, eine
schwarze Atlas-Weste und eine Mode-Weste No. 2.

„

Mary Button Macherlohn für 2 Westen $1 75.

——————————— 29. ———————————

Liefere ab an John Trimming einen Paletot $30.

——————————— 30. ———————————

Erhalte baar von einem Fremden (Jones' Hotel) für 1
Atlas-Weste $5 und 1 Mode-Weste $4.

——————————— 31. ———————————

Bezahle Mary Button à Conto $2.

„

Empfange baar von einem Fremden für Ausbessern $3 50.

„

Bezahle heute die Rechnung an Saml. Porter $68 50 Cts.

———

IV. Eintragen in's Hauptbuch.

(POSTING THE LEDGER.)

Wir schreiten jetzt zum Uebertragen der verschiedenen Posten von
der Kladde (Day-Book) und dem Cassa-Buch (Cash-Book) ins
Hauptbuch (auf Englisch to post). Dieses kann täglich, wöchentlich,
oder monatlich geschehen. In einem kleinen Geschäfte, wo man jeden
Posten einzeln ins Hauptbuch einträgt, ist es am besten, dieses so oft
wie möglich zu thun. Man kann dann zu jeder Zeit den Bestand
einer Rechnung erfahren, indem man nur das Hauptbuch offen macht.
Man lege das Hauptbuch auf die rechte Seite und die Kladde auf die
linke Seite, etwas schräge, so daß man in beide Bücher schreiben kann.

Unterm 1. Januar finden wir in der Klabbe Henry Holt, wir eröffnen nun für ihn ein Conto. Das heißt, wir schreiben über eine Seite mit großer Schrift seinen Namen, die Buchstaben Dr. links und Cr. rechts. Jetzt sehen wir nach in der Klabbe, von welcher Art das Geschäft gewesen und wir finden, daß H. Holt unser Schuldner ist. Jetzt schreiben wir in die erste Columne links die Jahreszahl, darunter den Monat, in die zweite Columne den Tag, in die dritte (To) auf deutsch braucht man („An") und wodurch die Schuld entstanden, nämlich: "To money lent," dann die Seite der Klabbe oder des Cassa-Buches und endlich den Betrag der Schuld. Nun schreiben wir noch in die erste Columne der Klabbe das Pagina des Hauptbuchs, wo dieses eingetragen, und der erste Posten ist ins Hauptbuch übertragen (the first entry is posted).

Nun schreiten wir zum zweiten. Wir eröffnen ein Conto für John Trimming; hier steht in der Klabbe Cr., wir schreiben also ins Credit dieses Contos, nebst Jahreszahl, Datum wie oben, zuerst das Wörtchen "By" (auf Deutsch braucht man „Per") und dann Sundry Goods. — (Per verschiedene Waaren). Es ist hier nicht nothwendig, diese Waaren im Hauptbuche zu specificiren, da nicht wir, sondern er die Rechnung, wenn fällig, ausmacht; wer es indeß vorzieht, kann auch die einzelnen Waaren hineinschreiben. Jetzt schreiben wir noch die Seite der Klabbe und den Betrag hinein und dann die Seite des Hauptbuchs in die erste Columne der Klabbe, und der zweite Posten ist fertig. Nachdem einmal ein Conto für eine Person eröffnet ist, schreibt man natürlich alles darauf, was diese Person angeht. Um dieses Conto beim Eintragen sogleich finden zu können, macht man ein Alphabet oder Register, worin die verschiedenen Namen alphabetisch mit den Seiten, wo sie im Hauptbuche zu finden sind, eingetragen werden. Jedes neue Conto muß bei Eröffnung sogleich in das Register eingetragen werden, da man solches sonst leicht vergessen, und dasselbe Conto nochmals eröffnen könnte. Ueberhaupt erfordert das Eintragen aus der Klabbe ins Hauptbuch im Anfange sehr viel Aufmerksamkeit. Sollte ein Posten aus Versehen auf die unrechte Seite oder aufs unrechte Conto gebracht worden sein, so streiche man solches nicht aus, sondern schreibe auf die entgegengesetzte Seite To oder By error ... §— — An oder Per Errore (Irrthum), und dann trage man den Posten aufs Neue richtig ein.*)

*) Sobald eine oder die andere Seite voll ist, muß das Conto auf eine neue Seite übertragen werden. Man summire beide Seiten und schreibe die Totalsumme wie beim Abschluß eines Contos unter das Debet und Credit mit den Worten Carried forward. Jetzt nimmt man eine reine Seite, schreibt wieder das Conto darüber, aber auf die erste Linie ins Debet und Credit „brought forward" und den Betrag; und das Conto ist übertragen.

V. Abſchluß eines Contos.

Man hüte ſich, wenn eine Rechnung bezahlt iſt, ſolche durch-
zuſtreichen. Aus dem Caſſa-Buche trägt man die bezahlte Summe
ins Hauptbuch, und wenn das Debet und Credit gleiche Totalſummen enthalten, ſo zieht man Linien unter beiden Colonnen
und ſchreibt die Summen darunter. Will man eine Rechnung ab-
ſchließen, worauf noch ein Saldo bleibt, das heißt, wo ich der Perſon
ſchulde oder die Perſon mir ſchuldet, ſo ziehe man nach Addition bei-
der Seiten die kleinere von der größeren ab, ſchreibe, wenn das Credit um 100 Dollar kleiner, ins Credit "By Balance $100" und
ſchreibe die Totalſummen, welche jetzt gleich ſind, unter das Debet
und Credit. Im Fall das Debet kleiner iſt, ſchreibe man ins Debet
"To Balance $100" und ſchließe die Rechnung ab. Jetzt trage man
(den Saldo) the Balance aufs Neue vor, indem man im erſteren
Falle ins Debet ſchreibt "To Balance $100" und im letzteren ins
Credit "By Balance $100."

VI. Die Balanz oder der Abſchluß.
(BALANCE.)

Will man am Ende des Jahres oder eines halben Jahres wiſſen,
wie man ſteht, ſo zählt man wie ſchon beim Abſchluß einer Rechnung
vorher erwähnt, jede Seite auf, zieht die größere von der kleineren
ab und ſchreibt den Saldo (Unterſchied) auf ein Blatt Papier (Balance Sheet), welches wie das Hauptbuch linirt iſt, das heißt, ins
Debet, wenn mehr im Debet des Contos iſt, und ins Credit, wenn
mehr im Credit des Contos iſt. Nachdem man alle perſönlichen
Contos auf dieſe Art eingetragen, ſchreibe man noch auf die Debet-
Seite, wie viel Geld vorräthig, welches man aus dem Abſchluß des
Caſſa-Buches erfährt.

Jetzt mache man ein Inventarium (take Stock) von allen noch
vorräthigen Waaren, das heißt, man ſchreibe alle Waaren auf, und
berechne ſie zu dem Preiſe, den ſie zur Zeit des Inventariums werth
ſind. Die Totalſumme ſchreibe man auch ins Debet der Balance.
Nun ſchätze man die Mobilien, das Hausgeräthe, und alles, was
Werth hat, und ſchreibe alles dieſes in die Debet-Seite. Jetzt ſum-
mire man beide Seiten und ziehe die kleinere von der größeren ab.
Iſt mehr im Debet, ſo iſt der Ueberſchuß mein Capital oder Vermögen. Iſt der Ueberſchuß im Credit, ſo bin ich verſchuldet.

Bei dieſem Geſchäft iſt mein Capital laut Balanz jetzt 435 Doll.
92 Cts., am 1. Januar war es 400 Doll. Ich habe alſo in dieſem
Monate 35 Doll. 92 Cts. mehr verdient wie ausgegeben. Hiervon
ſollte ein Theil der Miethe für dieſen Monat abgezogen werden,
welche noch nicht bezahlt iſt.

Memorial (Kladde.)

(DAY BOOK.)

Posten, den ersten Januar 1854.

1.	**Heinrich Holt,** Dr.			
	Geld geliehen den 12. Okt. 1853		$50	00
	2.			
2.	**John Trimming,** Cr.			
	Von ihm gekauft auf 1 Monat Credit,			
	3 Stück Muselin, 84 Yds. à 12½ Cts.	$10.50		
	1 Stück Baumwollenzeug, 20 Yds. à 25			
	Cents	5.00		
	"		15	50
3.	**John Miller,** Cr.			
	Von ihm gekauft auf 2 Monate Credit,			
	2 Stück Seide, 42 Yards à 75 Cents		31	50
	"			
4.	**Peter Sable,** Dr.			
	1 Paar Hosen, ...		1	75
	"			
5.	**Stout & Comp.,** Cr.			
	Von ihnen gekauft auf 2 Monate Credit,			
	Schwarzes Tuch, 16 Yds. à 5.50 . .	$88.00		
	Grünes Tuch, 2 Yards à 4.75 . .	9.50		
	Schwarzen Kasmir, 20 Yds. à 2.00 .	40.00		
	"		137	50
6.	**John Miller,** Cr.			
	Von ihm gekauft auf 1 Monat Credit,			
	Schwarzen Atlas, 12 Yards à 2.50		30	00
	"			
7.	**John Stitchwell,** Cr.			
	Machte für mich			
	1 Frack	$5.00		
	1 Paar Hosen	1.00		
			6	00

Boston, den dritten Januar 1854.

7.	**Mary Button,** **Cr.**		
	Machte für mich,		
	1 Weſte		75
	———— 5. ————		
8.	**R. Schmith,** **Dr.**		
	An ihn abgegeben,		
	1 ſchwarzen Rock	$18.00	
	1 grünen Frack	20.00	
	1 ſchwarze Atlas=Weſte	5.00	
	1 Fancy=Weſte	5.00	
	1 Paar Kaſſmir=Hoſen	10.00	
			58	00
	———— 7. ————		
7.	**Mary Button,** **Cr.**		
	Machte für mich,		
	1 Weſte		87½
	———— " ————		
6.	**John Stitchwell,** **Cr.**		
	Machte für mich,		
	1 Paar Hoſen		1	00
	———— 8. ————		
8.	**John Miller,** **Cr.**		
	Von ihm gekauft,		
	Blaues Tuch, 6 Yards à $5.00	$30.00	
	Sammet, 2½ Yards à 4.50	11.25	
	Unterfutter, 5 Yards à 2.50	12.50	
			53	75
	———— 11. ————		
8.	**John Miller,** **Dr.**		
	An ihn abgegeben,		
	1 Paar ſchwarze Kaſſmir=Hoſen . . .	9.00	
	1 ſchwarzen Rock	17.00	
	1 ſchwarze Atlas=Weſte	5.00	
			31	00

Boston, den eilften Januar 1854.

9.	**Samuel Porter,**		**Cr.**		
	Von ihm gekauft,				
	Seidenzeug No. 1, 14 Yds. à $1.00	.	$14.00		
	Seidenzeug No. 2, 15 Yds. à 1.50	.	22.50		
	" " 3, 16 „ à 2.00	.	32.00		
				68	50

————— 15. —————

10.	**Samuel Jackson,**		**Dr.**		
	An ihn abgegeben,				
	1 blauen Rock			65	00

————— " —————

7.	**Mary Button,**		**Cr.**		
	Machte für mich,				
	1 Weste				87½

————— " —————

2.	**John Trimming,**		**Dr.**		
	An ihn abgegeben,				
	1 schwarzen Sackrock		$12.00		
	1 schwarze Atlas-Weste		5.00		
				17	00

————— 21. —————

7.	**Mary Button,**		**Cr.**		
	Machte für mich,				
	2 Fancy-Westen			1	75

————— " —————

11.	**Thomas Brown,**		**Dr.**		
	An ihn abgegeben,				
	1 Fancy-Weste No. 2		$4.50		
	1 " No. 3		5.00		
				9	50

Boston, den einundzwanzigsten Januar 1854.

8.	**John Miller,** **Cr.**			
	Von ihm gekauft,			
	2½ Yards Sammet à $4	$10.00		
	5 Yards Unterfutter à 2.50	12.50		
	Quaften	1.50	24	00

——————— 23. ———————

6.	**John Stitchwell,** **Cr.**			
	Machte für mich,			
	1 Paar Hofer		1	00

8.	**Robert Schmith,** **Dr.**			
	An ihn abgegeben,			
	1 Sadrod	$9.00		
	1 Paar Hofen	9.00	18	00

——————— 25. ———————

2.	**John Trimming,** **Cr.**			
	Von ihm gekauft,			
	Bordirung und Futter für 1 Sadrod . . .		6	75

" —————

4.	**Peter Sable,** **Dr.**			
	An ihn abgegeben,			
	1 schwarzen Rod		50	00

——————— 28. ———————

7.	**Mary Button,** **Cr.**			
	Machte für mich,			
	2 Westen		1	75

——————— 29. ———————

2.	**John Trimming,** **Dr.**			
	An ihn abgegeben,			
	1 großen Sadrod		80	00

Caſſa-Buch.

(CASH BOOK)

Dr.   Caffa.   **Cr.**

1854					1854			
Jan.	1	An Capital	$200 00		Jan.	2	Per Arbeitstisch	$10 00
2	"	Modeausbessern	1 50			"	Eisenwaaren, 2c.,	5 00
6	"	Ausbessern eines Rocks und Hosen	2 75			"	H. Stump, baar, 10 Gr. Knöpfe,	4 25
11	"	Aendern eines Rockes	2 50			"	Nadeln	2 00
12	"	H. Holt	50 00			"	John Stitchwell	3 00
24	"	A. Smith	25 00		4	"	Häusliche Ausgaben	5 00
29	"	1 Atlas- und 1 Fancy-Weste	3 00			"	Mary Button	1 00
31	"	Ausbessern von Kleidungsstücken	3 50		7	"	1 Luase	1 50
					10	"	Häusliche Ausgaben	5 00
					16	"	Peter Thumb, Lohn	3 00
					17	"	C. Wilson, baar, 20 Yds. Tuch	40 00
					19	"	Kohlen	70
					21	"	½ Cord Holz	3 00
						"	Mary Button	2 00
						"	Häusliche Ausgaben	5 00
					23	"	Peter Thumb, Lohn	1 50
					24	"	Häusliche Ausgaben	5 60
					26	"	John Stitchwell	4 00
					28	"	Mary Button	2 00
					31	"	Samuel Porter	68 50
			$204 25			"	Balance	122 80
			$122 80					$204 25
Feb.	1	" Balance	$122 80					

21

Hauptbuch.

(LEDGER.)

Posten, den ersten Jenner 1854.

1.	Heinrich Holt, **Dr.**		
	Geld geliehnt den 12. Okt. 1853		$50 00
	2.		
2.	John Trimming, **Cr.**		
	Von ihm gekauft auf 1 Monat Credit,		
	3 Stück Muselin, 84 Yds. à 12½ Cts.	$10.50	
	1 Stück Baumwollenzeug, 20 Yds. à 25		
	Cents	5.00	
			15 50
	"		
3.	John Miller, **Cr.**		
	Von ihm gekauft auf 2 Monate Credit,		
	2 Stück Seide, 42 Yards à 75 Cents		31 50
	"		
4.	Peter Sable, **Dr.**		
	1 Paar Hosen, ...		1 75
	"		
5.	Stout & Comp., **Cr.**		
	Von ihnen gekauft auf 2 Monate Credit,		
	Schwarzes Tuch, 16 Yds. à 5.50 . .	$88.00	
	Grünes Tuch, 2 Yards à 4.75 . .	9.50	
	Schwarzen Kasimir, 20 Yds. à 2.00 .	40.00	
			137 50
	"		
6.	John Miller, **Cr.**		
	Von ihm gekauft auf 1 Monat Credit,		
	Schwarzen Atlas, 12 Yards à 2.50		30 00
	"		
7.	John Stitchwell, **Cr.**		
	Machte für mich		
	1 Frack	$5.00	
	1 Paar Hosen	1.00	
			6 00

Boston, den dritten Januar 1854.

7.	**Mary Button,** Cr.			
	Machte für mich,			
	1 Weste			75
	5.			
8.	**R. Schmith,** Dr.			
	An ihn abgegeben,			
	1 schwarzen Rock	$18.00		
	1 grünen Frack	20.00		
	1 schwarze Atlas-Weste	5.00		
	1 Fancy-Weste	5.00		
	1 Paar Kasmir-Hosen	10.00	58	00
	7.			
7.	**Mary Button,** Cr.			
	Machte für mich,			
	1 Weste			87½
	"			
6.	**John Stitchwell,** Cr.			
	Machte für mich,			
	1 Paar Hosen		1	00
	8.			
8.	**John Miller,** Cr.			
	Von ihm gekauft,			
	Blaues Tuch, 6 Yards à $5.00 . . .	$30.00		
	Sammet, 2½ Yards à 4.50	11.25		
	Unterfutter, 5 Yards à 2.50	12.50	53	75
	11.			
8.	**John Miller,** Dr.			
	An ihn abgegeben,			
	1 Paar schwarze Kasmir-Hosen . . .	9.00		
	1 schwarzen Rock	17.00		
	1 schwarze Atlas-Weste	5.00	31	00

Boston, den eilften Januar 1854.

9.	**Samuel Porter,** Cr.			
	Von ihm gekauft,			
	Seidenzeug No. 1, 14 Ybs. à $1.00 .	$14.00		
	Seidenzeug No. 2, 15 Ybs. à 1.50 .	22.50		
	" " 8, 16 „ à 2.00 .	32.00		
			68	50

— 15. —

10.	**Samuel Jackson,** Dr.			
	An ihn abgegeben,			
	1 blauen Rock		65	00

— " —

7.	**Mary Button,** Cr.			
	Machte für mich,			
	1 Weste			87½

— " —

2.	**John Trimming,** Dr.			
	An ihn abgegeben,			
	1 schwarzen Sackrock	$12.00		
	1 schwarze Atlas-Weste	5.00		
			17	00

— 21. —

7.	**Mary Button,** Cr.			
	Machte für mich,			
	2 Fancy-Westen		1	75

— " —

11.	**Thomas Brown,** Dr.			
	An ihn abgegeben,			
	1 Fancy-Weste No. 2	$4.50		
	1 " No. 3	5.00		
			9	50

Boston, den einundzwanzigsten Januar 1854.

8.	**John Miller,** Cr.		
	Von ihm gekauft,		
	2½ Yards Sammet à $4	$10.00	
	5 Yards Unterfutter à 2.50	12.50	
	Quasten	1.50	
			24 00
	——— 23. ———		
6.	**John Stitchwell,** Cr.		
	Machte für mich,		
	1 Paar Hosen		1 00
8.	**Robert Schmith,** Dr.		
	An ihn abgegeben,		
	1 Sackrock	$9.00	
	1 Paar Hosen	9.00	
			18 00
	——— 25. ———		
2.	**John Trimming,** Cr.		
	Von ihm gekauft,		
	Bordirung und Futter für 1 Sackrock . . .		6 75
	——— " ———		
4.	**Peter Sable,** Dr.		
	An ihn abgegeben,		
	1 schwarzen Rock		50 00
	——— 28. ———		
7.	**Mary Button,** Cr.		
	Machte für mich,		
	2 Westen		1 75
	——— 29. ———		
2.	**John Trimming,** Dr.		
	An ihn abgegeben,		
	1 großen Sackrock		30 00

Caſſa-Buch.

(CASH BOOK)

Caffa.

Dr.

1854.				
Jan. 1	An Capital	. . . . .	$200	00
2	" Rockausbessern	. . .	1	50
3	" Ausbessern eines Rocks und Hosen	. .	2	75
11	" Aendern eines Rockes	. . .	2	50
12	" H. Holt	. . . .	50	00
24	" A. Smith	. . . .	25	00
29	" 1 Atlas- und 1 Fancy-Weste	.	9	00
31	" Ausbessern von Kleidungsstücken	.	3	50
			$294	25
Feb. 1	" Balance	. . . .	$122	80

Cr.

1854.				
Jan. 2	Per Arbeitstisch	. . .	$10	00
"	" Eisenwaaren, 2c.,	. .	5	00
"	" H. Stump, baar, 10 Gr. Knöpfe,		4	25
"	" Nadeln	. .	2	00
"	" John Stichwell	.	3	00
4	" Häusliche Ausgaben	.	5	00
"	" Mary Button	.	1	00
7	" 1 Quaste	. .	1	50
10	" Häusliche Ausgaben	.	5	00
16	" Peter Thumb, Lohn	.	3	00
17	" C. Wilson, baar, 20 Yds. Tuch		40	00
19	" Kohlen	. .		70
21	" ½ Cord Holz	. .	3	00
"	" Mary Button	.	2	00
"	" Häusliche Ausgaben	.	5	00
23	" Peter Thumb, Lohn	.	1	50
24	" Häusliche Ausgaben	.	5	00
26	" John Stichwell	.	4	00
28	" Mary Button	.	2	00
31	" Samuel Porter	.	68	50
"	" Balance	.	122	80
			$294	25

21

Hauptbuch,

(LEDGER.)

Inhalt des Hauptbuches.

1.

Dr. Henry Holt. **Cr.**

1854.					1854.			
Jan. 1	An geliehenem Geld im Okt. 1853,	1	$50	00	Jan. 12	Per Baar	1	$50	00

2.

Dr. John Trimming. **Cr.**

1854.					1854.				
Jan.14	An 1 schwarzen Sackrock . .	3	$12	00	Jan. 2	Per verschiedene Waaren . .	1	$15	50
" 29	" 1 schwarze Atlas-Weste .	3	5	00	25	" Futter	4	6	75
" 29	" 1 großen Sackrock . .	4	30	00	31	" Balance		24	75
			$47	00				$47	00
			$24	75					
Feb. 1	An Balance								

3. John Miller.

Dr.

1854.				
Jan. 8	An 1 Rod	. . .	2	$17 00
" "	1 Paar schwarze Hosen	. . .	2	9 00
" "	1 schwarze Atlas-Weste	. . .	2	5 00
" "	Balance	. . .		108 25
				$139 25
Feb. 2	An Balance	. . .		

Cr.

1854.				
Jan. 2	Per 42 Pds. Seide à 75 Cts.	.	1	$81 50
" 3	" 12 " schwarz. Atlas à $2.50	.	2	30 00
" 8	" verschiedene Waaren	.	3	53 75
" 21	" " "	.	4	24 00
				$139 25
Feb. 1	Per Balance	. . .		$108 25

4. Peter Sable.

Dr.

1854.				
Jan. 2	An Verfertigung 1 Paars Hosen	.	1	$1 75
" 25	" 1 schwarzen Rod	.	4	50 00
				$51 75
Feb. 2	An Balance	. . .		$51 75

Cr.

1854.				
Jan. 31	Per Balance	. . .		$51 75
				$51 75

5.

Dr. Stout u. Comp. **Cr.**

1854.				1854.			
Jan.31	An Balance	$137	50	Jan. 3	Per verschiedene Waaren	1	$137 50
				Feb. 1	Per Balance		$137 50

6.

Dr. John Stillwell. **Cr.**

1854.					1854.				
Jan. 4	An Baar	1	$4	00	Jan. 3	Per Verfertigung eines Frads .	1	$5	00
28	" "	1	3	00	" 7	" " Paar Hosen	1	1	00
31	" Balance . . .		1	00	" 23	" " " "	2	1	00
			$8	00		" " " "	4	1	00
								$8	00

7.

Mary Button.

Dr.						Cr.
1854.				1854.		
Jan. 7	An Baar	1	$1 00	Jan. 4	Per Verfertigung 1 Weste	2	75
" 21	" "	1	2 00	" 7	" " 1 "	2	87½
" 31	" "	1	2 00	" 15	" " 1 "	3	87½
"	" Balance		1 00	" 21	" " 1 "	3	1 75
				" 28	" " 1 "	4	1 75
			$6 00				$6 00
				Feb. 1	" Balance		1 00

8.

Robert Smith.

Dr.						Cr.
1854.				1854.		
Jan. 5	An 1 schwarzen Rock	2	$18 00	Jan. 24	Per Baar	1	$25 00
"	1 grünen Frack	2	20 00	" 31	" Balance		51 00
"	2 Fancy-Westen, à $5.00	2	10 00				
"	1 Paar Hosen	2	10 00				
" 23	1 Sackrock	4	9 00				
"	1 Paar Hosen	4	9 00				
			$76 00				$76 00
			$51 00				
Feb. 11	" Balance						

9. Dr   **Samuel Porter.**   **Cr.**

1854.				1854.		
Jan.31	An Baar	1	$68,50	Jan.14	Per Westenzeug	3	$68,50

10. Dr.   **Samuel Jackson.**   **Cr.**

1854.				1854.		
Jan.15	An 1 blauen Tuchmantel . . .	3	$65,00	Jan.31	Per Balance		$65,00
Feb. 1	An Balance		$65,00				

Thomas Brown.

1854.				1854.			
Jan.21	An 1 Fancy-Weste, No. 2 · · ·	3	$4 00	Jan.31	Per Balance · · · · · ·		$9 00
	" 1 " " " 8 · · ·	3	5 00				
			$9 00				
			$9 00				$9 00
Fet. 1	An Balance · · · · · ·		$9 00				

Cr.

Balance-Blatt.

Haben.

Nr.		Haben	
2	An John Trimming	$24	75
4	" John Gable	51	75
8	" Robert Smith	51	00
10	" Samuel Jackson	65	00
11	" Thomas Brown	9	00
1	" Baar	122	80
	" Waarenvorrath (f. Inventar)	198	37
	" An Möbeln, ꝛc.	147	00
	" Werkzeug	14	00
		$683	67

Soll.

Nr.		Soll	
3	Per John Miller	$108	25
5	" Stout u. Comp.	137	50
6	" John Ettershell	1	00
7	" Mary Button	1	00
	Summe des Debet	$247	75
	Der Stock, reines Capital	435	92
		$683	67

Inventar der vorräthigen Waaren, 31. Jan. 1854.

70 Yards Musselin à 12½ Cts.	$9	75
14 " Futter à 25 Cts.	3	50
32 " Seidenfutter à 75 Cts.	24	00
13 " Schwarzer Kasimir à $2.00	26	00
18 " Tuch à $2.00	36	00
12 " schwarzer Atlas à $2.50	22	50
14 " Kleiderzeug No. 1 à $1.00	14	00
14½ " " 2 à 1.50	21	37
15½ " " 3 à 2.00	30	50
Nadeln, Faden, Knöpfe, ꝛc.	11	75
	$198	37

Zweiundzwanzigste Abtheilung.

Wechsel.

Wechsel oder Wechselbriefe sind Verschreibungen, worin der Aussteller entweder sich selbst zur Bezahlung eines gewissen Betrages zu einer gewissen Zeit an eine darin benannte Person nach Wechselrecht verbindlich macht, oder einen Dritten hierzu auffordert.

Verpflichtet sich der Aussteller selbst zur Zahlung, so heißt der Wechsel ein eigener Wechsel; wenn er aber einem Dritten zur wechselmäßigen Zahlung Auftrag giebt, so wird er ein gezogener (trassirter) Wechsel, eine Tratte, genannt.

Bei dem gezogenen (trassirten) Wechsel kommen vier Personen vor: 1) Der Aussteller oder Trassant. — 2) Derjenige, welcher das Geld ausbezahlt, und sich dafür einen Wechsel geben läßt, um es an einem dritten Orte entweder selbst wieder erheben zu können, oder durch einen Andern wieder erheben zu lassen, ist der Remittent. — 3) Derjenige, welcher den gezogenen Wechsel erhält, um das Geld darauf zu erheben, heißt der Präsentant. — 4) Derjenige, auf welchen der Wechsel gezogen wird, der ihn nämlich acceptiren und bezahlen soll, ist der Bezogene oder Trassat, Acceptant, Wechselbezahler.

Wird der Wechsel bei Vorzeigung (Präsentation) vom Bezogenen angenommen (d. h. anerkannt), so schreibt er quer über den Wechsel oder auf die Rückseite „acceptirt,” oder „angenommen,” und seinen Vor- und Zunamen, oder seine Firma (wenn der Wechsel auf eine solche trassirt ist.) Auch ist die Beifügung des Datums nothwendig. Durch diese Handlung der Annahme verpflichtet sich der Bezogene (Acceptant) zur Zahlung bei Verfall.

Ist ein Wechsel auf eine Anzahl Tage Sicht, oder auf ein bestimmtes Datum gezogen, so muß ihn der Präsentant am Empfangstage oder den Tag nach dem Empfangstage zur Acceptation präsentiren. Verzögert der Präsentant die Präsentation des Wechsels und entsteht daraus für den Aussteller ein Schaden, so muß der Präsentant selber den Verlust tragen. Der Trassat hat 24 Stunden Bedenkzeit, ob er den Wechsel acceptiren will. Weigert er sich nach Verlauf dieser Zeit, den Wechselbrief zurückzugeben, so wird angenommen, er habe acceptirt.

Die sogenannten Respect- oder Discretionstage sind einige nach der Verfallzeit zugestandene Tage, innerhalb derer der Wechselzahler mit der Forderung der Zahlung geschont werden muß. Drei Respecttage werden solchen Wechseln zugestanden, die nicht auf Sicht ausgestellt sind Ein Wechsel auf Sicht ist bei der Präsentation fällig. (Der Ausdruck „auf Sicht” oder „nach Sicht” bedeutet nämlich eben, daß der Wechsel gleich bei der Vorzeigung bezahlt werden soll.

Orbre heißt die dem Besitzer eines Wechsels gegebene Ermächtigung, denselben nach Belieben zu verhandeln.

Indossement oder Giro heißt die Abtretung des Wechsels von dem früheren Inhaber an den folgenden und sofort.

Die näheren Bestimmungen über das Wechselwesen gehören nicht hierher.

1. Gewöhnliche Wechselform.

— $3000.—

New York, den 15. August 1853.

Dreißig Tage nach Sicht zahlen Sie an die Orbre der Herren Corabi u. Comp. dreitausend Dollars und stellen dieselben auf Rechnung von   William Badger.

An die Herren D—— u. Comp. in Philadelphia.

2. Eigener Wechsel.

$1000.

Dreißig Tage nach dem Datum dieses verspreche ich an Carl Braun oder den Inhaber (oder, dessen Orbre) eintausend Dollars für empfangenen Werth zu bezahlen.

Baltimore, den 1. April 1853.   Eduard Himmel.

3. Andere Form eines eigenen Wechsels.

Boston, den 5. August 1853.

Drei Monate nach dem Datum dieses verspreche ich an Gustav Schnorr oder dessen Orbre fünfhundert Dollars zu bezahlen. Werth empfangen.   Theodor Grün.

4. Eigener Wechsel, zahlbar auf Verlangen.

$150.

Auf Begehr verspreche ich an Carl Braun, oder Inhaber, (oder, dessen Orbre) hundert und fünfzig Dollars zu bezahlen. Werth empfangen.

Baltimore, den 5. März 1853.   Eduard Himmel.

5. Prima-, Secunda- und Tertia-Wechsel. (Tratte.)

No. 150. — $6000.

New Orleans, den 15. Februar 1853.

Dreißig Tage nach Sicht dieses meines Prima-Wechsels (Secunda und Tertia unbezahlt) zahlen Sie an die Herren James Broom u.

22

Comp., oder deren Ordre, sechstausend Dollars, Werth-empfange und stellen dieselben auf Rechnung von Charles Dean.
An die Herren Frederic Polk u. Comp. in New York.

No. 150. — $6000.

New Orleans, den 15. Februar .853.

Dreißig Tage nach Sicht dieses meines Secunda-Wechsels (Prima und Tertia unbezahlt) zahlen Sie an die Herren James Broom u. Comp., oder deren Ordre, sechstausend Dollars, Werth empfangen, und stellen dieselben auf Rechnung von Charles Dean.
An die Herren Frederic Polk u. Comp. in New York.

No. 150. — $6000.

New York, den 15. Februar 1853.

Dreißig Tage nach Sicht dieses meines Tertia-Wechsels (Prima und Secunda unbezahlt) zahlen Sie an die Herren James Broom u. Comp., oder deren Ordre, sechstausend Dollars, Werth empfangen, und stellen dieselben auf Rechnung von
Charles Dean.

An die Herren Frederic Polk u. Comp. in New York.

6. Auf einer Bank zahlbarer Wechsel.

$600.

Sechzig Tage nach dem Datum dieses verspreche ich an A. B., oder dessen Ordre, sechshundert Dollars auf der Mechanics und Farmers Bank zu bezahlen. Werth empfangen.

Philadelphia, den 1. März 1854. C. D.

7. In Raten abzuzahlender Wechsel.

$400.

Für empfangenen Werth verspreche ich an R. S. oder Inhaber (oder, dessen Ordre) vierhundert Dollars in folgender Weise zu bezahlen: ein hundert Dollars in drei Monaten, ein hundert Dollars in sechs Monaten, ein hundert Dollars in einem Jahre und einhundert Dollars in zwei Jahren von dem Datum dieses an, nebst Interessen aus den verschiedenen Summen, wie sie fällig werden, (oder, mit den Jahreszinsen.)

New York, den——— T. W.

8. Handwechsel rc.

Handwechsel.

$80 75. Cincinnati, Juni 2., 1849.

Drei Monate nach Dato verspreche ich an H. Heil oder Ordre achtzig Dollars und fünfundsiebenzig Cents ohne Fehl zu zahlen. Werth empfangen. W. H. Frommann.

Fällige Handscheine.

$10 00. \hfill Philadelphia, Aug. 2., 1849.

Auf Verlangen verspreche ich an Herrn Moses Haffe oder Ordre zwanzig Dollars geliehenes Geld zu bezahlen.

Ferdinand Franke.

$15 00. \hfill Philadelphia, Aug. 2., 1849.

Zahlbar an Herrn Aron Haupt, oder Ordre, fünfzehn Dollars, die in Stiefeln und Schuhen herauszunehmen sind.

Peter Allen.

Wechsel.

Für 843 Dollars. \hfill Bremen, April 6., 1849.

Nach Sicht belieben Sie zu zahlen gegen diesen ersten Wechsel, zu Gunsten des Herrn B. Barb, die Summe von achthundert und dreiundvierzig Dollars, den Werth empfangen, und stellen solchen auf Rechnung laut Bericht von

Ihrem ꝛc.
N. Hand.

Herrn M. Mann, Pittsburg, Pa.

Avisbrief (Berichtbrief.)

Bremen, April 6., 1849.

Herrn M. Mann, Pittsburg.

Geehrter Herr!

Ich habe heute für achthundert und dreiundvierzig Dollars, zahlbar nach Sicht zu Gunsten des Herrn B. Barb, auf Sie gezogen, welche Tratte Sie gefälligst honoriren und mir den Betrag ohne weiteren Bericht in Rechnung stellen wollen.

Achtungsvoll der Ihrige \hfill N. Hand.

$125 00. \hfill Philadelphia, Apr. 12., 1849.

Dreißig Tage nach Sicht belieben Sie zu zahlen an Herrn W. Clark oder Ordre die Summe von einhundert und fünfundzwanzig Dollars und stellen Sie mir dieselbe in Rechnung ohne weiteren Bericht.

Der Ihrige ꝛc. \hfill A. Willig.

Herrn H. Freund, Wheeling, Va.

9. Bürgschaft für die Bezahlung eines Wechsels auf der Rückseite beizusetzen.

Bezahlen Sie an den Inhaber und (vorstehende Worte sind bloß nöthig, wenn die Note auf Ordre gestellt ist,) für empfangenen Werth verbürge ich die Bezahlung des innen stehenden Wechsels.

Den —— \hfill N. N.

10. Protest eines Wechsels wegen Nichtaccept.

Vereinigte Staaten von Amerika, }
    Staat ——— } ss.

Am 16. Juli—— habe ich, A. B., gesetzlich bestellter und beeidig-
ter öffentlicher Notar, in der Stadt—— im vorerwähnten Staate
wohnhaft, auf Verlangen des C. D. (hier den Namen des Inhabers,
oder Indossenten, oder Indossaten einzusetzen,) den hierunten beigeschlossenen Original-Wechselbrief dem C. F., als dem darin benannten Trassaten, zum Accept präsentirt, und dieser hat denselben verweigert: Worauf ich, der besagte öffentliche Notar, auf vorbenanntes
Verlangen, sowohl gegen den Trassanten (wenn nöthig, hinzuzufü-
gen: und die Indossenten,) des besagten Wechselbriefes, als gegen
alle Andern, welche die Einlösung oder Wiedereinlösung desselben
betrifft oder betreffen mag, und alle Kosten, Schaden und Interessen,
welche bereits aufgelaufen sind oder durch den Nichtaccept nachher
aufwachsen mögen, protestirt habe und durch Gegenwärtiges öffentlich und feierlich protestire.

So geschehen und protestirt in der oben genannten Stadt ———.

Zum Zeugniß der Wahrheit,

                              A. B., öffentlicher Notar.

**11. Anzeige von einem wegen Nichtaccept erhobe-
nen Protest.**

Hrn. C. D.: Mein Herr! Sie wollen gefälligst beachten, daß Ihr
Wechsel für $2000, dreißig Tage nach Sicht zahlbar, datirt den——
gezogen auf C. F., heute wegen Nichtaccept protestirt worden ist.

N. N., den———.   A. B., öffentlicher Notar.

**12. Protest einer Tratte oder eines eigenen
Wechsels wegen Nichtbezahlung.**

Vereinigte Staaten von Amerika, }
    Staat ——— } ss:

Am 6. April —— habe ich, A. B., gesetzlich bestellter und beeidig-
ter öffentlicher Notar, in der Stadt—— im vorbesagten Staate
wohnhaft, auf Verlangen des C. D. (hier den Namen des Inhabers,
Indossenten, Indossaten oder Kassiers einzusetzen) die hierunten im
Original beigeschlossene Tratte (oder, Wechsel) dem C. F., Acceptanten (oder, Aussteller) der besagten Tratte (oder, Wechsels) präsentirt
und Bezahlung gefordert, welche er mir verweigert hat: (oder, habe
ich den hierunten angeschlossenen Original-Wechsel [oder Anweisung]
auf der——Bank, auf welcher derselbe zahlbar ist,) (oder, in dem
Geschäftsplatze des Acceptanten [oder Ausstellers] des besagten Wech-

fels [oder, Tratte, oder, Anweisung], und, da er von diesem abwesend war, in seinem Wohnhause zur Bezahlung präsentirt, welche verweigert wurde; (oder, habe ich eifrig an dem besagten Zahlorte [oder, Geschäftsplatze] und Wohnhause nach ihm gesucht, um die Bezahlung des besagten Wechsels (Tratte) von ihm zu fordern, war aber nicht im Stande, ihn zu finden:) Weshalb ich, der besagte öffentliche Notar, auf vorbenanntes Verlangen, sowohl gegen den Aussteller und die Indossenten der besagten Tratte (Wechsel, Anweisung), als gegen alle Andere, welche die Einlösung oder Wiedereinlösung derselben betrifft oder betreffen mag, und alle Kosten, Schaden und Interessen, welche bereits aufgelaufen sind, oder durch die Nichtbezahlung derselben nachher aufwachsen mögen, protestirt habe und durch Gegenwärtiges feierlich und öffentlich protestire.

So geschehen und protestirt in der obengenannten Stadt——.

Zum Zeugniß der Wahrheit.

(L. S.)   A. B. öffentlicher Notar.

22*

Anhang.

Gelegenheits-Gedichte.

I. Geburtstagswünsche.

An Eltern und Großeltern.

1.

Nimm, beste Mutter, dieses Sträußchen hin!
Sieh nicht auf seinen Werth, nicht auf die kleine Gabe,
Nur auf mein Herz; denn Alles, was ich habe,
Ist dieser Strauß! Doch soll mein Kindessinn
Nur streben, stets gehorsam Dir zu sein,
Denn dadurch kann ich Dich erfreu'n.
O! nimm als eine kleine Gabe
Auch dies Versprechen von mir an,
Da ich nichts Beß'res bringen kann!

2.

Lieber Vater, höre mich!
Heut', zu diesem Feste,
Dankerfüllet bringe ich
Dir der Wünsche beste.

Klein bin ich und schwach an Kraft,
Doch des Kindes Liebe,
Wo sie betet, was sie schafft,
Schützet Gottes Liebe.

Gott erhöret auch mein Flehn,
Schenkt dies Fest uns wieder,
Segensvolles Wohlergehn
Strahlt auf Dich hernieder.

3.

Ich trete mit den Wünschen treuer Liebe,
O theurer Vater! heute vor Dich hin;
Für Dich erfüllen heute heil'ge Triebe
So unaussprechlich Deines Kindes Sinn.
Für das, was Du bis heute mir gewesen,
Kannst Du den Dank in meinen Blicken lesen.

Nur wenig Freuden kann ich Dir bereiten,
Du guter Vater, bin ja noch so klein!
Im Guten aber immer fortzuschreiten
Soll jetzt mein Dank für Deine Liebe sein.
So wird dann auch mein Vorsatz mir gel'nger,
Mir Deinen Beifall immer zu erringen.

4.

Gute Mutter, die Du uns so theuer,
Die Du liebend sorgst mit treuem Sinn,
Nimm an Deines Wiegenfestes Feier
Unsrer Herzen reinstes Danklied hin!

Wünsche, die in unsern Herzen glühen,
Steigen für Dein Wohl zum Himmel auf;
Anmuthsvoll, wie Frühlingsblumen blühen,
Sei Dein ganzer künft'ger Lebenslauf!

Dieser Tag, der uns mit Freuden kränzet,
Sei ein Fest, das uns noch spät beglückt!
Und die Thräne, die im Auge glänzet,
Sei die schönste Zierde, die ihn schmückt!

5.

Dein siebzigstes*) Jahr legst Du heute zurück,
Und Kinder und Enkel, sie wünschen Dir Glück,
Und Freund' in der Ferne, sie freu'n sich mit Dir
Und wünschen, sie wären zum Wiegenfest hier.
O, schön ist nach heißem ermüdendem Tag
Die Kühle des Abends, wenn unter das Dach,
Wo Liebe und Treue und Redlichkeit weilt,
Zum Kreise der Seinen der Wanderer eilt.

In Mühen und Sorgen und schmerzlichem Streit
Verstrich Dir des Lebens stets wechselnde Zeit;
Doch wer für die Tugend gelebt und gewacht,
Der findet auch Licht in der dunkelsten Nacht.
So blickest Du heute voll Rührung und Dank
Auf siebenzig Jahre; im frommen Gesang
Erhebt sich die Seele zum Schöpfer der Welt,
Der väterlich liebend uns Alle erhält.

_____

*) Statt siebenzig Jahr kann auch sechzig, oder das erlebte Alter und
statt Großmutter, Großvater gesagt werden. —

Und segnend empfängt Dich der Deinigen Arm,
Sie lieben Dich Alle so treu und so warm
Und flehen um Segen den Lenker der Welt,
Dem dankbarer Kinder Opfer gefällt.
Du schauest so gütig und freundlich uns an,
O, wenn Deinen Beifall dies Liedlein gewann,
Und wenn's Dir, Großmütterchen, Freude gemacht,
Dann ist schon der süßeste Lohn uns gebracht!

II. Neujahrswünsche.

1.

Euch, theure Eltern, grüß ich froh
Am ersten Jahresmorgen.
Die Zeit, die mir so schnell entfloh,
War für mich ohne Sorgen.

O was verdanke ich Euch nicht!
Ihr sorgtet für mein Leben;
Erziehung, Bildung, Unterricht,
Ward mir durch Euch gegeben.

2.

Auf des Jahres hingeschwund'ne Tage
Blick' ich frohen Herzens heut' zurück;
Wie beneidenswerth war meine Lage,
Ich genoß durch Euch das höchste Glück!
Eure treue Elternsorge wachte
Ueber mich, ich kannte keinen Schmerz;
Wie so freundlich mir das Leben lachte,
Eure Lieb' erfreute stets mein Herz;
Möchte Gott doch für so viele Güte
Euch recht viele Freuden hier verleih'n!
Dies ist heut' mein Wunsch, dies meine Bitte;
Möcht' sie doch von Gott erfüllet sein!

3.

Ein Herz voll frommer Liebe
Bring' ich Dir heute dar,
Geliebte beste Mutter!
Zum frohen neuen Jahr.

Denn wer auf dieser Erde
Meint es so gut mit mir?
Wer pflegt mit solcher Liebe
Mein zartes Leben hier?

Ach! — ohne Dich, wo möchte
Mir wohl die Freude blühn?
Wer würde sich so zärtlich
Um meine Bildung müh'n?

Wie einsam und wie öde
Wie freudlos und entstellt
Wär' ohne Dich, Du Theure,
Mir Gottes schöne Welt!

III. Liebesgedichte.

1.

Rosen blühen und verwelken,
Auch Vergißmeinnicht und Nelken,
Ja, selbst unsre schönsten Freuden
Kommen nur, um bald zu scheiden.

Doch die zarten reinen Triebe
Meiner Freundschaft, meiner Liebe
O, die werden nie verblühen,
Ewig mir im Herzen glühen.

2.

Du Sonne meines Lebens!
Du himmlisch Ziel des innigsten Bestrebens!
Was ich auf meine Ehre,
Bei meinem Gott jetzt schwöre,
Ich will — und nimmer soll es mich gereu'n —
Mich ewig Deinem Dienste weih'n.
Mit sanftem weiblichen Erbarmen
Wirf Deine Blicke auf mich Armen,
Und tröstend sage mir Dein Wink dabei,
Daß Dir mein Dienen nicht zuwider sei.

3.

Ich liebe Dich, weil ich Dich lieben muß;
Ich liebe Dich, weil ich nicht anders kann;
Ich liebe Dich, nach einem Himmelsschluß;
Ich liebe Dich durch einen Zauberbann.

Dich lieb' ich wie die Rose ihren Strauch,
Dich lieb' ich wie die Sonne ihren Schein;
Dich lieb' ich, weil Du bist mein Lebenshauch;
Dich lieb' ich, weil Dich lieben ist mein Sein.

10

Von allem Muth, der Gutes schafft,
Hat Sanftmuth stets die meiste Kraft;
Sie wirkt nach außen, wirkt nach innen,
Und Segen wird all' ihr Beginnen

11.

Lebe wohl.

Lange Jahre werden schwinden,
Ehe wir uns wieder finden;
Bleibe aber dort, wie hier,
Eine liebe Freundin mir!
Wenig sind der Menschen Jahre,
O, wie bald kommt uns're Bahre
Heil Dir, bis Dein Auge bricht!
Lebe wohl, vergiß mein nicht!

www.ingramcontent.com/pod-product-compliance
Lightning Source LLC
Chambersburg PA
CBHW030347270326
41926CB00009B/992